Großes Übungsbuch Englisch

3000 Übungssätze zu allen wichtigen Grammatikthemen

Hans G. Hoffmann
Marion Hoffmann

Max Hueber Verlag

4. 3. 2. | Die letzten Ziffern
2009 08 07 06 05 | bezeichnen Zahl und Jahr des Druckes.
Alle Drucke dieser Auflage können, da unverändert, nebeneinander benutzt werden.
1. Auflage

Umschlaggestaltung: Parzhuber & Partner, München
Redaktion: John Stevens, Bad Münstereifel; Jürgen Frank, München
DTP: Satz + Layout Fruth GmbH, München
Druck und Bindung: Ludwig Auer GmbH, Donauwörth
Printed in Germany
ISBN 3-19-002735-8

Vorwort

Von dem englischen Philologen C. L. Wrenn (1895–1969) stammt die – auch grammatisch interessant formulierte – Erkenntnis *English is among the easiest languages to speak badly, but the most difficult to use well.*

Wahrscheinlich haben Sie diese Beobachtung auch gemacht: Beim Englischlernen geht es, im Gegensatz zu mancher anderen Sprache, zunächst ganz leicht. Man hat das Verb *is* und ein paar gängige Wörter, die sich vom Deutschen her problemlos verstehen und gebrauchen lassen, und schon kann man sich über banale Alltagsdinge verständigen.

Das geht eine Weile so, und dann reicht dieses elementare Englisch nicht mehr aus. Man möchte komplexere Sachverhalte ausdrücken, Vergangenheit und Zukunft einbeziehen, Aussagen differenzierter formulieren. Schließlich erwarten die „Gesprächspartner“, seien es die Lehrer in der Schule oder die Kollegen und Kunden im Beruf, auch ein höheres Maß an sprachlicher Richtigkeit. *Last but not least* will und muss man imstande sein, seine Gedanken zu Papier zu bringen – in der Klassenarbeit, im Brief oder in der E-Mail.

Dieses Buch setzt an der Nahtstelle zwischen *elementary* und *advanced* ein. Sie haben Grundkenntnisse und wollen diese erweitern und verfeinern: Größere Sicherheit im Gebrauch aller wichtigen grammatischen Strukturen und den Aufbau eines deutlich über dem Anfängerniveau liegenden Wortschatzes erhoffen Sie sich von diesem Übungsbuch ebenso wie die Fähigkeit, sich auch schriftlich gewandt, abwechslungsreich und korrekt auszudrücken. Genau mit dieser Zielsetzung wurde das Buch in Jahren praktischer Erprobung entwickelt.

Den Übungen dieses Buches liegt stets eine Fehlerquelle zugrunde. Ist eine Spracherscheinung so einfach, dass man als Lernende(r) mit deutscher Muttersprache problemlos auf sie kommt und sie spontan fehlerfrei anwendet, dann wird sie hier nicht geübt. Wir wissen aus jahrelanger Unterrichtspraxis und der Fehleranalyse zahlreicher Schülerarbeiten, an welchen Stellen die Fehlerversuchung groß ist; wir wissen auch, welche den Lernenden nicht so geläufigen Sprachmittel für einen gefälligen englischen Ausdruck nützlich sind. Auf solche sprachlichen Phänomene haben wir uns in diesem Buch konzentriert.

Wollten sich Autoren 3000 englische Sätze gewissermaßen aus den Rippen schneiden, so würde dabei etwas höchst Langweiliges bzw. sprachlich und gedanklich Begrenztes herauskommen. Wir haben unsere Beispiele fast alle „aus dem Leben“ genommen: aus modernen Zeitungen und Zeitschriften, Romanen, Sachbüchern usw., nicht zuletzt aus dem Internet. Was Sie in diesem Buch als Übungsmaterial vorfinden, ist also authentisch, und nicht nur das: es ist auch frequent. Mit anderen Worten: sprachliche Eintagsfliegen haben wir nicht aufgenommen. Sie können davon ausgehen, dass unsere sprachlichen Belege den aktuellen Sprachgebrauch gebildeter Schreiber und Sprecher auf den Britischen Inseln und in den USA reflektieren.

Dies ist ein Selbstlernbuch und bietet daher selbstverständlich einen Schlüssel zu allen Übungen. Gibt es mehr als eine Lösung, was oft der Fall ist, so haben wir versucht, alle naheliegenden Antworten aufzuführen, und zwar in der Reihenfolge ihrer Häufigkeit und situativen Wahrscheinlichkeit. Wir empfehlen Ihnen, Ihre Lösungen stets aufzuschreiben und anschließend mit dem Schlüssel zu vergleichen. Haben Sie besonders viele Abweichungen von den Antworten des Schlüssels, so studieren Sie die von uns gegebenen Muster aufmerksam und machen die Übung später noch einmal. Es kann durchaus sinnvoll sein, eine Übung auch mehr als einmal zu wiederholen.

Manchmal werden Sie Rückfragen haben: Warum heißt es im Schlüssel so? Ist meine Lösung wirklich falsch? Häufig finden Sie ja Erklärungen vor der Übung, die Ihnen vielleicht weiterhelfen. Wenn nicht, könnten Sie unsere *Große Lerngrammatik Englisch* zu Rate zu ziehen. Auf sie wird am Kopf fast jeder Übungsseite mit der Abkürzung GrLGr und der betreffenden Seitenzahl verwiesen. Kommen Sie auch damit nicht weiter, sind Sie eingeladen unsere Website englishmaster.de zu besuchen. Dort haben Sie die Möglichkeit, Ihre Frage anzubringen. Wir werden uns bemühen, alle Fragen zu beantworten, können es aber begreiflicherweise nicht garantieren. Übrigens soll diese Website ein Forum für Fragen zum englischen Sprachgebrauch werden, d. h., dort sollen sich Englischinteressierte und *native speakers* über Probleme des *English Usage* und der Sprachvermittlung austauschen können.

Englisch ist nicht nur die meistgebrauchte Sprache, es ist auch die Sprache mit dem größten Wortschatz und der größten Bandbreite an konkurrierenden Ausdrucksmöglichkeiten. Es ist die internationale Verkehrssprache schlechthin, und das Internet macht mit Hilfe des Englischen die Welt zu einem *global village*, in dem jeder mit jedem kommunizieren kann. Hier bietet sich Ihnen eine faszinierende Möglichkeit zum sprachlichen und gedanklichen Austausch, für die dieses Buch ein solides grammatisch-lexikalisches Fundament liefert.

Wir wünschen Ihnen Freude und Erfolg bei der Vervollkommnung Ihrer Englischkenntnisse.

Hans G. Hoffmann
Marion Hoffmann

Inhaltsverzeichnis

8 Bildung des Plurals

Die Bildung der Pluralform des Nomens ist weder schwierig noch interessant. Immerhin gilt es ein paar unregelmäßige Plurale zu beachten. Sie sind in der folgenden Übung enthalten.

1 *Setzen Sie die Pluralform ein.*

a) Although (woman) outnumber (man) in the population as a whole, in the prison population (man) outnumber (woman) by about 24 to 1.
b) My (foot) were aching, and I could feel a blister developing on my right heel.
c) I have my (tooth) checked twice a year.
d) It's not nice having (mouse) in the pantry.
e) To help prevent (louse), do not share personal (item) such as (comb), (brush), (hat), (scarf), and (towel).
f) There's a free petting zoo that features (goat), (sheep), (calf), (donkey), (duck), (goose), and (rabbit).
g) The king had four (wife) and 24 (child).
h) The (leaf) on the (tree) have started to turn brown.
i) (Loaf) of freshly baked bread were cooling on (shelf) by the window.
j) These (aircraft) are capable of carrying up to 350 (passenger).

blister ['blɪstə]	Blase
heel [hiːl]	Ferse; Absatz
check something	etwas überprüfen / kontrollieren / checken
pantry ['pæntri]	Speisekammer
personal ['pɜːsnəl] items ['aɪtəmz]	persönliche Dinge / Gegenstände
share [ʃeə] things	Dinge gemeinsam benutzen
comb [kəʊm]	Kamm
scarf [skɑːf] (*Pl.* scarves [skɑːvz])	Schal; (Hals- / Kopf- / Schulter-)Tuch
petting zoo ['petɪŋ zuː] *AE*	Streichelzoo
feature ['fiːtʃə] something	etwas (zu bieten) haben
goat [gəʊt]	Ziege
calf [kɑːf] (*Pl.* calves [kɑːvz])	Kalb
donkey ['dɒŋki]	Esel
goose (*Pl.* geese [giːs])	Gans
turn brown [tɜːn 'braʊn]	braun werden
a loaf [ləʊf] (*Pl.* loaves [ləʊvz])	ein (Laib) Brot
shelf [ʃelf] – shelves [ʃelvz]	Brett / Bord – Regal
be capable ['keɪpəbl] of carrying	befördern können

◄ GrLGr S. 20 ff. ►

Singular oder Plural?

Diese Übung ist schon schwieriger und interessanter. Bei manchen der englischen Nomen weicht nämlich der Numerus vom Deutschen ab. Mit anderen Worten: was im Deutschen Singular ist, ist im Englischen Plural – und umgekehrt. Und vom Numerus des Nomens hängt die Form des Verbs ab: *is* oder *are*, *accepts* oder *accept*? Vielleicht erleben Sie also die eine oder andere Überraschung.

2 *Setzen Sie die richtige Präsensform des eingeklammerten Verbs ein.*

a) The United States (accept) more immigrants than all the other countries of the world combined.
b) The police (be) allowed to stop and search suspects in the street.
c) The contents of the book (be) as rich and attractive as (be) the binding and typography.
d) The news we are getting (be) not encouraging.
e) I believe it (be) these traditions that make our country great.
f) The American people (want) a government that (get) things done.
g) The American people (be) not being shown the horrific devastation that the bombing is causing to civilians.
h) We are a people that (love) to laugh and to celebrate.
i) All their furniture (be) made from rare materials such as rosewood, mahogany and walnut.
j) The acoustics of the new concert hall (be) far from perfect.
k) Fifty dollars (be) too much for a room in this dump of a hotel.
l) Ten miles (be) a long way if you're travelling under your own steam.
m) A large number of people (have) been involved in the creation of this website.
n) The number of people involved in the project (be) staggering.
o) (Be) England going to win the World Cup?
p) (Be) Britain going to join the euro?

a suspect ['sʌspekt]	ein Verdächtiger / eine Verdächtige
typography [taɪ'pɒgrəfi]	Typografie
encouraging [ɪn'kʌrɪdʒɪŋ]	ermutigend
get things done	Sachen erledigen; etwas bewirken / schaffen
horrific [hɒ'rɪfɪk]	entsetzlich; schrecklich
devastation [devə'steɪʃn]	Verwüstung(en)
bombing ['bɒmɪŋ]	Bombardement(s); Bombenangriff(e)
celebrate ['seləbreɪt]	feiern
mahogany [mə'hɒgəni]	Mahagoni
acoustics [ə'ku:stɪks]	Akustik
dump [dʌmp]	Dreckloch

travel under one's own steam	zu Fuß unterwegs sein
be involved [ɪn'vɒlvd] in something	an etwas beteiligt sein
the creation [kri'eɪʃn] of a website	die Erstellung einer Website
staggering ['stægərɪŋ]	verblüffend; unglaublich
win the World Cup [wɜ:ld 'kʌp]	die Weltmeisterschaft gewinnen
join the euro ['jʊərəʊ]	dem Euro beitreten

In den nächsten beiden Übungen ist die Frage, was richtig ist: Singularform oder Pluralform? Seien Sie auf Überraschungen vorbereitet!

Mit oder ohne -s?

3 *Setzen Sie das Nomen in die korrekte Form.*

a) We have two (dozen) eggs in the fridge at the moment.
b) (Dozen) of people are feared dead after a river of molten rock poured from the volcano.
c) What is the best time to hunt wild (boar)?
d) Both Asian and African (elephant) are highly intelligent and peaceful (animal) whose continued existence is threatened.
e) We caught three (trout) that averaged about five (pound) each.
f) When the potatoes are tender, heat the cream and add two (spoonful) of parsley.
g) Our son is ten (year) old.
h) We have a ten-(year)-old son.
i) One of the most interesting exhibits was a fifty-(inch) model of the Mayflower.
j) At six (foot) four (inch), Abraham Lincoln was the tallest US president.
k) She weighs two hundred and thirty (pound).
l) The club can't afford to spend a few (million) (euro) on new players just like that.
m) The club has spent (million) of (euro) on new players.

molten ['məʊltən] rock	geschmolzenes Gestein
pour [pɔ:]	gießen; sich ergießen; strömen
volcano [vɒl'keɪnəʊ]	Vulkan
hunt [hʌnt]	(be)jagen
wild boar [waɪld 'bɔ:]	Wildschwein
continued existence [kəntɪnju:d ɪg'zɪstəns]	Fortbestand
catch [kætʃ] (– caught [kɔ:t] – caught)	fangen
trout [traʊt]	Forelle(n)

average ['ævrɪdʒ]	durchschnittlich betragen / erreichen / wiegen / *etc.*
tender ['tendə]	zart; weich
cream [kri:m]	Sahne
parsley ['pɑ:sli]	Petersilie
exhibit [ɪg'zɪbɪt]	Ausstellungsstück; Exponat
the Mayflower ['meɪflaʊə]	(das Schiff, das die Pilgrim Fathers, d.h. die ersten Siedler, 1620 nach Amerika brachte)
1 inch [ɪntʃ]	(= 2,54 cm)

4 *Setzen Sie das Nomen in die korrekte Form.*

a) The industrial revolution of the 18th and 19th (century) saw a massive change in the way people lived and how this affected their (health).
b) You can find a lot of (information) on the internet.
c) The defendant was represented by two (counsel).
d) The robbers locked the cashier in the toilet and made off with the (content) of the safe.
e) The worm can cause all (manner) of problems in your computer.
f) We all looked at each other and shook our (head) in disbelief.
g) As many as ten thousand people lost their (life) in the fighting.
h) The flu is being blamed for the (death) of two more (people) in Colorado.
i) (People) are feeling down in the (mouth) and glum about the future, that's why they're not spending their (dollar).
j) Babies go on putting things in their (mouth) well into their second (year).

affect [ə'fekt] something	sich auf etwas auswirken; etwas beeinflussen
defendant [dɪ'fendənt]	Angeklagte(r); Beklagte(r)
counsel ['kaʊnsl]	(Rechts-)Anwalt / Anwälte; Prozessbevollmächtigte(r)
cashier [kæ'ʃɪə]	Kassierer(in)
make off (– made – made) with something	sich mit etwas davonmachen
worm [wɜ:m]	(*Computer:*) Wurm, Virus
all manner of problems ['prɒbləmz]	alle möglichen Probleme
in disbelief [dɪsbɪ'li:f]	ungläubig
flu [flu:]	Grippe
down in the mouth [maʊθ]	deprimiert; niedergeschlagen
glum [glʌm]	bedrückt

 Singular oder Plural?

Diese Übung bringt nun auch noch direkt das Deutsche ins Spiel. Die Interferenz, also die Einwirkung, das Dazwischenfunken unserer Muttersprache verleitet uns in der Fremdsprache zu Fehlern. Wenn wir – wie hier und noch an vielen Stellen dieses Buches – durch das Kontrastieren von Deutsch und Englisch Fehler provozieren, erreichen wir ein gewisses Maß an Immunisierung – so wie das auch bei einer Impfung geschieht.

Es geht um den Numerus der Nomen:
advice [əd'vaɪs] (Singular)
contents ['kɒntents] (Plural)
furniture ['fɜːnɪtʃə] (Singular)
glasses ['glɑːsɪz] (Plural)
goods (Plural)
information [ɪnfə'meɪʃn] (Singular)
knowledge ['nɒlɪdʒ] (Singular)
progress ['prəʊgres] (Singular)
stairs (Plural)
trousers ['traʊzəz] / *pants* [pænts] (Plural)

5 *Singular- oder Pluralnomen? – Übersetzen Sie.*

a) Seine Ratschläge wurden nicht befolgt.
b) Der Inhalt der Kisten wurde nicht beschädigt.
c) Die Möbel werden morgen geliefert.
d) Deine Brille ist auf dem Tisch im Wohnzimmer.
e) Die Ware ist gerade angekommen.
f) Das sind wichtige Informationen.
g) Seine Französischkenntnisse sind begrenzt.
h) Es sind beträchtliche Fortschritte gemacht worden.
i) Die Treppe ist für den Hund zu steil.
j) Diese Hose war ziemlich teuer.

case / box	Kiste
damage ['dæmɪdʒ]	beschädigen
deliver [dɪ'lɪvə]	liefern
arrive [ə'raɪv]	ankommen
important [ɪm'pɔːtənt]	wichtig; bedeutend
limited ['lɪmɪtɪd]	begrenzt
considerable [kən'sɪdrəbl]	beträchtlich; erheblich
steep [stiːp]	steil
rather ['rɑːðə] expensive [ɪk'spensɪv]	ziemlich teuer

Gebrauch des bestimmten Artikels (*the*)

Durch Fehler im Artikelgebrauch fallen Nichtmuttersprachler besonders häufig auf – wie jener deutsche Europapolitiker in einem auf Englisch geführten Rundfunkinterview: Der britische Interviewer sprach immer von *NATO* ['neɪtəʊ] (also ohne *the*); der deutsche Gesprächspartner konnte sich trotz des lebendigen Vorbilds nicht von der Interferenz des Deutschen (die NATO) lösen, sagte also ständig *the NATO*, was in seinem sonst guten Englisch störend auffiel.

Häufig entspricht einem deutschen Ausdruck mit dem bestimmten Artikel ein englischer ohne *the*:

I'd just finished **college** / **university** / **school**.	Ich hatte gerade die Hochschule / die Universität / die Schule absolviert.
She was elected to **Congress** / to **parliament** in 1996.	Sie wurde 1996 in den Kongress / ins Parlament gewählt.
They discussed the changing role of **women** in **American society**.	Sie diskutierten über die sich wandelnde Rolle der Frauen in der amerikanischen Gesellschaft.
It was one of the worst famines in **European history**.	Es war eine der schlimmsten Hungersnöte der europäischen Geschichte.
The government has pledged to fight **unemployment**.	Die Regierung hat versprochen, die Arbeitslosigkeit zu bekämpfen.
Oliver Cromwell was buried in **Westminster Abbey**.	Oliver Cromwell wurde in der Westminster-Abtei begraben.
They have their office on **28th Street** / on **Broadway** / in **Fleet Street**.	Sie haben ihr Büro in der 28. Straße / am Broadway / in der Fleet Street.
Chicago is located on the south-western tip of **Lake Michigan**.	Chicago liegt am Südwestzipfel des Michigan-Sees.
In Britain, **most** medical services are free.	In Großbritannien sind die meisten medizinischen Leistungen kostenlos.

6 ***Mit oder ohne* the? – *Setzen Sie* the *ein, wo es notwendig ist.***

a) _____ most people believe that there is nothing we can do to reverse _____ ageing.

b) _____ most people believe that there is nothing we can do to reverse _____ ageing process.

c) _____ women are equal to men in _____ theory but not in _____ practice.
d) _____ people don't want to hear about _____ sin or _____ death any more.
e) _____ Jews have made great contributions to _____ 20th century American music.
f) In Los Angeles, _____ automobile dominates _____ life.
g) _____ Bill of Rights, passed by _____ parliament in 1689, reduced _____ royal power.
h) Her office is near _____ Wall Street.
i) The shops in _____ High Street are more expensive than those in the back streets.
j) _____ Lincoln Elementary School is located on _____ Main Street, next to _____ town square.
k) _____ Nelson's statue overlooks _____ Trafalgar Square.
l) We strolled along _____ south bank of _____ Thames, across _____ Tower Bridge, and up to _____ Liverpool Street Station to catch our train home.
m) Have you ever walked across _____ Brooklyn Bridge at _____ sunset?
n) _____ St Paul's Cathedral was built by Christopher Wren after _____ Great Fire of London. During _____ building of _____ cathedral, Wren visited _____ site at least once a week to check on _____ progress.
o) He believes in _____ progress and _____ ability of _____ humankind to eradicate _____ evil.
p) At _____ age of 17, she left _____ school to become a nurse.
q) We discovered that the burglars had left _____ school by a door on _____ east side of _____ building.

reverse [rɪ'vɜ:s] something	etwas umkehren
ageing *BE* / *AE* aging ['eɪdʒɪŋ]	Altern; Alterung
ageing process ['prəʊses]	Alterungsprozess
be equal ['i:kwəl] to someone	jemand gleich sein
theory ['θɪəri] and practice ['præktɪs]	Theorie und Praxis
sin [sɪn]	Sünde
death [deθ]	Tod
Jew [dʒu:]	Jude / Jüdin
make a contribution [kɒntrɪ'bju:ʃn] to something	zu etwas einen Beitrag leisten
automobile ['ɔ:təməbi:l] *AE* / *BE* motor car ['məʊtə kɑ:]	Automobil
dominate ['dɒmɪneɪt]	dominieren; beherrschen
Bill of Rights [bɪl əv 'raɪts]	(brit. Grundgesetz von 1689, das die Rechte des Parlaments gegenüber der Krone festlegt)
pass [pɑ:s] a bill / law [lɔ:]	ein Gesetz verabschieden
reduce [rɪ'dju:s]	reduzieren; vermindern

royal power [rɔɪəl 'paʊə]	die königliche Macht; die Macht des Königs / der Königin
High Street *BE* / *AE* Main Street	Hauptstraße
back street ['bæk stri:t]	Seitenstraße
elementary [elɪ'mentri] school *AE* / *BE* primary ['praɪməri] school	Grundschule
square [skweə]	Platz
Nelson's ['nelsnz] statue ['stætʃu:]	die Nelson-Statue (Admiral Nelson, 1758–1805, Sieger der Seeschlacht bei Trafalgar [trə'fælgə], bei der er fiel)
stroll [strəʊl]	schlendern; bummeln
south bank ['saʊθ bæŋk]	Südufer
sunset ['sʌnset]	Sonnenuntergang
site [saɪt]	Baustelle
check [tʃek] on something	etwas überprüfen; nach etwas sehen
progress ['prəʊgres]	Fortschritt(e)
humankind [hju:mən'kaɪnd]	(die) Menschheit
eradicate something [ɪ'rædɪkeɪt]	etwas ausrotten
evil ['i:vl]	Böses; (das) Böse
nurse [nɜ:s]	(Kranken-)Schwester
discover [dɪ'skʌvə]	entdecken; feststellen
burglar ['bɜ:glə]	Einbrecher

Das gleiche Wort kann ohne oder mit *the* gebraucht werden –
ohne *the* in allgemeinem Sinn;
mit *the* bei einem bestimmten, oft durch eine *of*-Phrase ausgedrückten Bezug:

She loves **life**.	Sie liebt das Leben.
She loves **the life** of an artist.	Sie liebt das Leben einer Künstlerin.
They died for **freedom**.	Sie starben für die Freiheit.
They died for **the freedom** of their country.	Sie starben für die Freiheit ihres Vaterlandes.

7 ***Mit oder ohne* the? – *Setzen Sie* the *ein, wo es notwendig ist.***

a) I like _____ classical music.
b) I like _____ music of _____ great classical composers.
c) We all fear _____ death.
d) We all fear _____ death of a loved one.
e) Mark Twain wrote about _____ life on _____ Mississippi.

◄ GrLGr S. 46 ff. ►

f) *Porgy and Bess* is about _____ life of _____ people of _____ Catfish Row in Charleston, South Carolina.
g) When President Lyndon Johnson declared _____ war on _____ poverty in 1964, little was known about _____ nature and extent of _____ poverty in _____ United States.
h) Gandhi led his country to _____ independence from _____ British rule.
i) _____ Constitution protects _____ independence of _____ judiciary.
j) We are doing our best to promote _____ international peace and security.
k) _____ United Nations was established to promote _____ peace of _____ world and _____ well-being of _____ humankind.
l) The book vividly describes _____ life of _____ poor people in _____ medieval England.
m) The book vividly describes _____ family life in _____ England of _____ Middle Ages.
n) A conflict developed between _____ King Charles I and _____ Parliament.
o) A conflict developed between _____ authoritarian king Charles I and _____ Parliament.

classical ['klæsɪkl] music ['mju:zɪk]	klassische Musik
composer [kəm'pəʊzə]	Komponist(in)
death [deθ]	(der) Tod
the extent [ɪk'stent] of poverty ['pɒvəti]	das Ausmaß der Armut
lead [li:d] (– led – led)	führen
independence [ɪndɪ'pendəns]	Unabhängigkeit
British rule [ru:l]	(die) britische Herrschaft
protect [prə'tekt]	(be)schützen
the judiciary [dʒu:'dɪʃəri]	das Gerichtswesen; der Richterstand
promote [prə'məʊt]	fördern
security [sɪ'kjʊərəti]	Sicherheit
establish [ɪ'stæblɪʃ] an organization	eine Organisation gründen
well-being [wel'bi:ɪŋ]	Wohl(ergehen)
humankind [hju:mən'kaɪnd]	die Menschheit
vivid(ly) ['vɪvɪd(li)]	lebendig; anschaulich
describe [dɪ'skraɪb]	beschreiben
medieval [medi'i:vl]	mittelalterlich
the Middle Ages [mɪdl 'eɪdʒɪz]	das Mittelalter
develop [dɪ'veləp]	(sich) entwickeln; entstehen
parliament ['pɑ:ləmənt]	(das) Parlament
authoritarian [ɔ:θɒrɪ'teəriən]	autoritär

8 *Mit oder ohne* the*? – Übersetzen Sie.*

a) Das Glück war nicht auf unserer Seite.
b) Er reist immer erster Klasse.
c) Millers schwimmen im Geld.
d) Der Mai war in diesem Jahr besonders feucht.
e) Sie will nicht auf die Universität.
f) Leute wie er stellen eine Bedrohung für die Gesellschaft dar.
g) Die meisten Leute meinen, das Fliegen sei gefährlicher als Autofahren.
h) Die meisten Menschen in den Flüchtlingslagern haben die Hoffnung verloren.
i) Die großen Geschäfte auf der Fifth Avenue bleiben den ganzen Abend geöffnet.
j) Wenn es den Tod nicht gäbe, wäre das Leben unerträglich.
k) Ein Beispiel für diesen Sprachgebrauch findet sich in der Zeile 24.
l) Die Arbeitslosigkeit ist erneut gestiegen und beläuft sich jetzt auf 4 Millionen.
m) Die Türkei ist seit über 50 Jahren Mitglied der NATO.

be rolling in money / in it	im Geld schwimmen
particularly wet [pə'tɪkjʊləli]	besonders feucht
pose / be a threat to [θret]	eine Bedrohung sein / darstellen für
society [sə'saɪəti]	(die) Gesellschaft
refugee camp [refju'dʒi: kæmp]	Flüchtlingslager
unbearable [ʌn'beərəbl]	unerträglich
usage ['ju:sɪdʒ]	Sprachgebrauch
unemployment [ʌnɪm'plɔɪmənt]	(die) Arbeitslosigkeit
amount [ə'maʊnt] to / stand at	sich belaufen auf

9 *Mit oder ohne* the*?*

a) If you wish to succeed in _____ society, you must learn how to speak proper English.
b) _____ earth is my country and _____ mankind is my race.
c) We've got to realize that _____ times have changed radically since we were kids.
d) _____ most Americans agree with the president that tax cuts are good for _____ economy.
e) What surprised me _____ most was that nobody complained.
f) Although the children grew tremendously over the course of this project, it was their teachers who learned _____ most.
g) If _____ human beings were to disappear, _____ world would go on little changed and would heal itself from _____ damage inflicted by _____ humankind.

h) Have you ever noticed that _____ people say the strangest things when they're under stress?
i) _____ most people simply turn on _____ television out of habit or boredom and watch whatever catches their eye.
j) With _____ exception of _____ breakfast, we shared all of our meals together.
k) Blowing your nose in _____ public is considered vulgar in some societies.
l) She can read authentic English texts fairly easily with _____ help of a dictionary.

succeed [sək'si:d]	Erfolg haben
proper English [prɒpər 'ɪŋglɪʃ]	ordentliches / anständiges Englisch
mankind [mæn'kaɪnd] / (*politisch korrekt:*) humankind [hju:mən'kaɪnd]	die Menschheit
race [reɪs]	(Menschen-)Rasse
realize ['rɪəlaɪz] something	sich etwas klar machen
agree with someone that ...	mit jemand der Meinung sein, dass ...
tax cuts ['tæks kʌts]	Steuersenkungen
the economy [ɪ'kɒnəmi]	die (Volks-)Wirtschaft
grow [grəʊ] (– grew [gru:] – grown [grəʊn])	wachsen; sich (weiter)entwickeln
they grew tremendously [trə'mendəsli]	sie sind enorm gewachsen
over the course of this project ['prɒdʒekt]	während der Laufzeit dieses Projekts
a human being [hju:mən 'bi:ɪŋ]	ein Mensch
if they were to disappear [dɪsə'pɪə]	wenn / falls sie verschwinden sollten
heal [hi:l] someone	jemand heilen
inflict [ɪn'flɪkt] damage ['dæmɪdʒ] on someone	jemand Schaden zufügen
out of habit or boredom ['bɔ:dəm]	aus Gewohnheit oder Langeweile
catch (– caught [kɔ:t] – caught) someone's eye [aɪ]	jemand ins Auge fallen
exception [ɪk'sepʃn]	Ausnahme
share [ʃeə] something (together)	etwas (miteinander) teilen
blow [bləʊ] one's nose [nəʊz]	sich die Nase putzen
in public ['pʌblɪk]	in der Öffentlichkeit
consider [kən'sɪdə] something vulgar ['vʌlgə]	etwas für ordinär halten / als ordinär ansehen
society [sə'saɪəti]	Gesellschaft
an authentic [ɔ:'θentɪk] text	ein authentischer Text / Originaltext

Gebrauch des unbestimmten Artikels (*a* / *an*)

In diesem Kapitel geht es unter anderem um Zählbarkeit oder Nichtzählbarkeit. So ist zum Beispiel das deutsche Wort „Information" zählbar: eine Information. Anders dagegen seine englische Entsprechung: *information* lässt sich nicht durch Davorsetzen von *an* oder *one* zählbar machen. Den umgekehrten Fall haben wir bei Berufsbezeichnungen; hier verlangt das Englische – im Gegensatz zum Deutschen – den unbestimmten Artikel: *Her father is a doctor.* = Ihr Vater ist Arzt.
Solche Fälle abweichenden Sprachgebrauchs haben wir hier für Sie zusammengetragen. Allerdings werden Sie auch Beispiele finden, wo der Artikelgebrauch in den beiden Sprachen übereinstimmt. Sie müssen also jedes Mal eine überlegte Entscheidung treffen.

10 *Mit oder ohne* a(n)*?*

a) Dutch is _____ very picturesque language.
b) The poet creates pictures in the mind through the use of _____ picturesque language such as similes and metaphors.
c) What _____ colour would you like your hair to be?
d) What _____ interesting colour you have there.
e) What _____ heartening news this is for people suffering from this terrible disease.
f) What _____ wonderful weather for this time of year.
g) What _____ strange way of declaring one's love.
h) What _____ utter nonsense you're talking!

picturesque [pɪktʃə'resk]	bildhaft; anschaulich
poet ['pəʊɪt]	Dichter(in)
create [kri'eɪt]	schaffen; kreieren
in the mind	in der Vorstellung
simile ['sɪməli]	(bildhafter) Vergleich (*rhetorische Figur*)
metaphor ['metəfə]	Metapher; bildlicher Ausdruck
heartening ['hɑ:tnɪŋ]	ermutigend
suffer from a disease [dɪ'zi:z]	an einer Krankheit leiden
declare [dɪ'kleə] one's love	eine Liebeserklärung machen
utter nonsense ['nɒnsəns]	totaler Blödsinn

11 *Mit oder ohne* a(n)*?*

a) His eldest daughter is _____ architect.
b) Mr Curtis is _____ head of the Department of Social Services.
c) My husband was _____ Lord Mayor only two years ago and he's still _____ magistrate.
d) As _____ child I never worried about the future.
e) As _____ president, I would write my own speeches and keep them short.
f) The country needs _____ well-trained police.
g) She woke up with _____ headache.
h) Why are you in such _____ hurry?
i) When we bought the house, it was in _____ pretty bad shape.
j) The fish in the pond were obviously in _____ panic.
k) We've been working for hours without _____ break.
l) Cleaning out the pigsty is _____ rather unpleasant work.
m) Cleaning out the pigsty is _____ rather unpleasant job.

the head of the department [dɪ'pɑ:tmənt]	der Leiter / die Leiterin der Abteilung
the Department [dɪ'pɑ:tmənt] of Social Services	die Abteilung Soziale Dienste
Lord Mayor [lɔ:d 'meə]	Oberbürgermeister
magistrate ['mædʒɪstreɪt]	Richter (an erstinstanzlichem Gericht für kleinere Strafsachen)
worry ['wʌri] about something	sich um etwas Sorgen machen
future ['fju:tʃə]	Zukunft
keep (– kept – kept) a speech [spi:tʃ] short	eine Rede kurz halten; sich kurz fassen
well trained [wel 'treɪnd]	gut ausgebildet
wake (– woke – woken) up	aufwachen
headache ['hedeɪk]	Kopfschmerzen; Kopfweh
hurry ['hʌri]	Eile
be in good / bad shape	in gutem / schlechtem Zustand sein
pond [pɒnd]	Teich
obviously ['ɒbviəsli]	offensichtlich
break [breɪk]	Pause; Unterbrechung
clean out the pigsty ['pɪgstaɪ]	den Schweinestall ausmisten
unpleasant [ʌn'pleznt]	unangenehm

12 *Übersetzen Sie.*

a) Wir haben pro Tag etwa 100 Besucher.
b) Mein Anwalt hat mir einen guten Rat gegeben.
c) Der Brief enthielt eine interessante Information.
d) Das Buch bietet eine deprimierende Lektüre.
e) Du könntest zur Abwechslung ja mal ein Buch lesen.

f) Dies löst nur einen Teil des Problems.
g) Was für ein Glück, dass Sonntag war und sie nicht in die Schule musste.
h) Er ist Mitglied des hiesigen Tennisvereins.
i) Er ist Vorsitzender des hiesigen Tennisvereins.
j) Ich weiß, dass man als Christ seine Feinde lieben soll, aber ...
k) Als Premierminister kann man es sich nicht leisten, seine Feinde zu lieben.

visitor ['vɪzɪtə]	Besucher(in)
lawyer ['lɔ:jə] / *BE auch* solicitor [sə'lɪsɪtə] / *AE auch* attorney [ə'tɜ:ni]	(Rechts-)Anwalt / Anwältin
advice [əd'vaɪs]	Rat
contain [kən'teɪn]	enthalten
interesting ['ɪntrəstɪŋ]	interessant
depressing [dɪ'presɪŋ]	deprimierend
reading ['ri:dɪŋ]	Lektüre
for a change [fər ə 'tʃeɪndʒ]	zur Abwechslung
solve a problem ['prɒbləm]	ein Problem lösen
the local ['ləʊkl] tennis club	der örtliche / hiesige Tennisverein / Tennisklub
president ['prezɪdənt] (of a club)	Vorsitzende(r) (eines Vereins)
Christian ['krɪstʃən]	Christ(in)
enemy ['enəmi]	Feind(in)
be supposed [sə'pəʊzd] to do something	etwas tun sollen
prime minister [praɪm 'mɪnɪstə]	Premierminister(in)
I can't afford [ə'fɔ:d] to do that	ich kann es mir nicht leisten, das zu tun

◄ GrLGr S. 142 ff. ►

22 Steigerung und Vergleich

Hier geht es um Strukturen wie „größer als“ (= *greater than*), „die größte“ (= *the greatest*), „so groß wie“ (= *as great as*) und „je größer, desto besser“ (= *the greater, the better*).
Wichtig auch die Unterscheidung zwischen der Steigerung mit *-er/-est* und der mit *more/most*: Kurze Wörter werden mit *-er/-est* gesteigert, lange mit *more/most*. Trauen Sie hier Ihrem Gefühl für sprachlichen Wohlklang: *dearer* klingt okay, nicht aber ~~*expensiver*~~, also entscheiden Sie sich natürlich für *more expensive*. Im Zweifel wählen Sie die Steigerung mit *more/most*, dann kann eigentlich wenig schief gehen.

Typische Vergleichssätze:

a) London is (much) more expensive than New York.	(viel) teurer als
b) London is (much) less expensive than New York.	(viel) weniger teuer als
c) London is (just) as expensive as New York.	(genau)so teuer wie
d) London isn't (nearly) as expensive as New York.	nicht (annähernd) so teuer wie
e) The longer I live in London, the more / the better I like it.	je länger ... desto mehr
f) London is the greatest attraction England has to offer.	die größte Attraktion
g) London is one of the most expensive cities in* the world.	eine der teuersten

* Beachten Sie: *in the world* (nicht: ~~*of the world*~~)!

13 *Übersetzen Sie entsprechend.*

a) London ist viel älter als New York.
b) Dublin ist weniger eindrucksvoll als London.
c) Für ein Kind ist der Vater genauso wichtig wie die Mutter.
d) London ist nicht annähernd so warm wie Mailand.
e) Je mehr Menschen da sind, desto einsamer fühle ich mich.
f) Dies ist das hübscheste Haus, in dem ich je gewohnt habe.
g) Der amerikanische Präsident ist einer der mächtigsten Männer der Welt.

impressive [ɪm'presɪv]	eindrucksvoll
important [ɪm'pɔ:tənt]	wichtig; bedeutend
not nearly ['nɪəli]	nicht annähernd
Milan [mɪ'læn]	Mailand
people ['pi:pl]	Menschen
lonely ['ləʊnli]	einsam
powerful ['paʊəfl]	mächtig
world [wɜ:ld]	Welt

14 ***Bilden Sie Sätze entsprechend dem Muster.***

the Mississippi is / long / the Ohio
The Mississippi is longer than the Ohio.

the politicans are / optimistic / the experts
The politicians are more optimistic than the experts.

a) England is / large / Wales
b) nothing is / interesting / juicy stories about celebrities
c) she was / successful / her predecessors
d) the water was / warm / I had expected
e) forgetting is / easy / remembering
f) negotiating peace is / difficult / waging war
g) many people are mentally / strong / they think
h) writing a poem is / difficult / composing a business letter
i) it's actually much / simple / it looks
j) two heads are / good / one
k) some statistics are / bad / meaningless
l) I find riding a bicycle / enjoyable / driving a car
m) the average woman still earns much / little / the average man
n) there's nothing / boring / watching the commercials on TV
o) he wanted / much / I was prepared to give

politician [pɒlə'tɪʃn]	Politiker(in)
optimistic [ɒptɪ'mɪstɪk]	optimistisch
expert ['ekspɜ:t]	Experte / Expertin
interesting ['ɪntrəstɪŋ]	interessant
a juicy ['dʒu:si] story	eine pikante / schlüpfrige Geschichte
celebrity [sɪ'lebrɪti]	Prominente(r); Berühmtheit
successful [sək'sesfl]	erfolgreich
predecessor ['pri:dɪsesə]	Vorgänger(in)

24 Steigerung und Vergleich

remember [rɪ'membə]	sich erinnern
negotiate [nɪ'gəʊʃieɪt] peace	einen Frieden aushandeln
wage war [weɪdʒ 'wɔ:]	Krieg führen
mentally ['mentəli] strong	seelisch stark
poem ['pəʊɪm]	Gedicht
compose [kəm'pəʊz] a letter	einen Brief abfassen / aufsetzen
business letter ['bɪznɪs letə]	Geschäftsbrief
actually ['æktʃuəli]	eigentlich (*aber meistens ohne deutsche Entsprechung*)
meaningless statistics [stə'tɪstɪks]	Statistiken ohne Aussagekraft
ride (– rode – ridden) a bicycle ['baɪsɪkl]	Fahrrad fahren
enjoyable [ɪn'dʒɔɪəbl]	schön (*im Sinn von „angenehm / erfreulich"*)
drive [draɪv] (– drove – driven ['drɪvn]) a car	(ein) Auto fahren
average ['ævrɪdʒ]	Durchschnitts-; durchschnittlich
earn [ɜ:n]	(*Geld*) verdienen
boring ['bɔ:rɪŋ]	langweilig
watch the commercials [kə'mɜ:ʃlz] on TV	sich die Werbung im Fernsehen anschauen
be prepared [prɪ'peəd] to give something	bereit sein, etwas zu geben

15 *Setzen Sie den Superlativ ein.*

a) Buying this car was one of the (big) mistakes I ever made.
b) Actually, it's one of the (safe) and (economical) cars on the road today.
c) Arabella is one of the (nice) girls I ever met.
d) She's one of the (sensitive) people I know.
e) The car is not always the (sensible) mode of transport.
f) Franklin D. Roosevelt was one of the (great) US presidents and had the (long) term of office.
g) Olivier was one of the (accomplished) actors of his generation.
h) T. S. Eliot's "The Waste Land" was one of the (influential) poems of the 20th century.
i) India is the world's (large) democracy with 620 million voters.
j) Mr Irving is one of the party's (staunch) supporters.
k) Drunk driving is one of the (dangerous) crimes we have in this country.
l) This is the (up-to-date) dictionary currently available.
m) English is the (easy) language to speak badly, but the (difficult) to use well.
n) The statistics come from the (reliable) sources I can find.
o) She's one of the (friendly) and (solid) people I know.
p) Parenting is the (important) job in our society and the one that has been neglected (much).
q) Keeping it alone in a cage is one of the (cruel) things you can do to an animal.
r) Brian was the (tall) and (handsome) of the group.

actually ['æktʃuəli]	tatsächlich
an economical [iːkə'nɒmɪkl] car	ein wirtschaftliches / sparsames Auto
sensitive ['sensɪtɪv]	sensibel; empfindlich
sensible ['sensəbl]	vernünftig
mode of transport ['trænspɔːt]	Transportmittel
Franklin D. Roosevelt ['rəʊzəvelt]	(1882–1945, US-Präsident 1933–45)
term of office [tɜːm əv 'ɒfɪs]	Amtszeit
Olivier [ə'lɪvieɪ]	(Laurence Olivier, engl. Schauspieler, 1907–89)
an accomplished [ə'kʌmplɪʃt] actor ['æktə]	ein versierter Schauspieler
T. S. Eliot ['eliət]	(1888–1965, brit. Dichter, Dramatiker, Publizist)
The Waste Land ['weɪst lænd]	(„Das wüste Land", Gedichtzyklus, 1922)
influential [ɪnflu'enʃl]	einflussreich
poem ['pəʊɪm]	Gedicht
the 20th ['twentiəθ] century ['sentʃəri]	das 20. Jahrhundert
democracy [dɪ'mɒkrəsi]	Demokratie
voter ['vəʊtə]	Wähler(in)
a staunch [stɔːntʃ] supporter [sə'pɔːtə]	ein(e) treue(r) Anhänger(in)
drunk driving [drʌŋk 'draɪvɪŋ] *AE / BE* drink-driving	Trunkenheit am Steuer
a dangerous ['deɪnʒərəs] crime [kraɪm]	ein gefährliches Verbrechen
up-to-date [ʌp tə 'deɪt]	auf dem neuesten Stand; aktuell
dictionary ['dɪkʃənəri]	Wörterbuch
currently ['kʌrəntli] available [ə'veɪləbl]	das es zur Zeit gibt
a reliable [rɪ'laɪəbl] source [sɔːs]	eine zuverlässige Quelle
friendly ['frendli]	freundlich
solid ['sɒlɪd]	solide
parenting ['peərəntɪŋ]	das Aufziehen von Kindern; Elternschaft
society [sə'saɪəti]	Gesellschaft
neglect [nɪ'glekt] something	etwas vernachlässigen
cage [keɪdʒ]	Käfig
cruel ['kruːəl]	grausam

16 *Übersetzen Sie.*

a) Du bist genauso schlimm wie die anderen.
b) Es ist nicht so einfach, wie du vielleicht denkst.
c) Der Bahnhof ist von hier weiter entfernt als der Flughafen.
d) Er bewunderte seine Mutter mehr als seinen Vater.
e) Colin ist der ältere Bruder meines Vaters.
f) Sie ist zehn Jahre älter als ihr Mann.
g) Sie verdient bereits mehr als ihr Vater.
h) Je ruhiger das Hotel ist, desto besser.
i) Er war mehr tot als lebendig, als er hier ankam.

j) Die Menschen werden immer anspruchsvoller.
k) Der Patient wurde immer unruhiger.
l) Charles ist ihr ältester Bruder.
m) Was ist die kürzeste Route nach Aberdeen?
n) Die Rechnung kannst du bezahlen. Du hast das meiste Geld.
o) Das Empire State Building war einmal der höchste Wolkenkratzer der Welt.
p) Sie ist einer der intelligentesten Menschen, die mir je begegnet sind.
q) Die neuesten Nachrichten sind nicht sehr ermutigend.
r) Wenn es zum Schlimmsten kommt, können wir ja immer noch einen neuen kaufen.

admire [əd'maɪə]	bewundern
earn [ɜ:n] / make (– made – made)	(*Geld*) verdienen
quiet ['kwaɪət]	ruhig (= *ohne Lärm*)
alive [ə'laɪv]	lebendig
arrive [ə'raɪv]	ankommen
demanding [dɪ'mɑ:ndɪŋ]	anspruchsvoll
restless ['restləs]	unruhig
route [ru:t]	(Fahrt-)Route
Aberdeen [æbə'di:n]	(Stadt und Hafen in Nordost-Schottland)
bill *BE* / *AE* check	(*z. B.* Restaurant-)Rechnung
pay [peɪ]	(be)zahlen
Empire State Building [empaɪə 'steit bɪldɪŋ]	(Bürogebäude in Manhattan, gebaut 1931)
a very tall skyscraper ['skaɪskreɪpə]	ein sehr hoher Wolkenkratzer
meet [mi:t] (– met [met] – met) someone	jemand begegnen
encouraging [ɪn'kʌrɪdʒɪŋ]	ermutigend
news [nju:z] (*Als Singular konstruiert.*)	Nachricht(en)
bad [bæd] – worse [wɜ:s] – worst [wɜ:st]	schlimm – schlimmer – schlimmste

GrLGr S. 160 ff.

Mit oder ohne *-ly*?

Im Deutschen haben Adjektiv und Adverb die gleiche Form:
Adjektiv: *Sie ist **umsichtig**.*
Adverb: *Sie handelt **umsichtig**.*
Im Englischen dagegen haben Adjektiv und Adverb in der Regel nicht die gleiche Form:
Adjektiv: *She is **prudent**.*
Adverb: *She acts **prudently**.*
Leider gibt es Ausnahmen, d. h., gelegentlich wird das Adverb nicht durch Anhängen von *-ly* gebildet. Auch solche Fälle sind in den folgenden Übungen berücksichtigt.

Grundregel:
Bezieht sich das „Wiewort" **auf ein Nomen** (oder Pronomen), so ist es ein Adjektiv und steht ohne *-ly*; bezieht sich das „Wiewort" **nicht auf ein Nomen** (sondern z. B. auf ein Verb, Adjektiv oder Adverb), so ist es ein Adverb und erhält die Endung *-ly*.

17 *Mit oder ohne* -ly*? Wählen Sie die korrekte Form.*

a) They reacted (surprising) (quick).
b) They reacted with (surprising) speed.
c) (Quick) approval of the plan is (doubtful).
d) The plan was (quick) approved.
e) Don't you think she looks (wonderful)?
f) Don't you think she's (wonderful) (clever)?
g) Isn't it (amazing) how (clever) she is?
h) Isn't she an (amazing) (clever) girl?
i) The product has been marketed (extreme) (clever).
j) The marketing of the product has been (extreme) (clever).
k) I've got a (frightful) workload.
l) I've got a (frightful) (heavy) workload.
m) They (apparent) live in a (racial) mixed area.
n) It was becoming (increasing) (apparent) that there was a lot of (racial) tension in the area.
o) (Fresh) brewed, this coffee tastes (delicious).
p) Their (fresh) fruit cocktail tastes (delicious) (exotic).
q) We (eager) gathered around the buffet and (cautious) tasted the (strange) foods.

28 Mit oder ohne -*ly*?

react [ri'ækt]	reagieren
surprising [sə'praɪzɪŋ]	überraschend
approval [ə'pru:vl]	Billigung
doubtful ['daʊtfl]	zweifelhaft; unwahrscheinlich
approve [ə'pru:v] a plan	einen Plan billigen; einem Plan zustimmen
amazing [ə'meɪzɪŋ]	erstaunlich; verblüffend
market a product ['prɒdʌkt]	ein Produkt auf den Markt bringen
frightful ['fraɪtfl]	schrecklich; furchtbar
workload ['wɜ:kləʊd]	Arbeitspensum; arbeitsmäßige Belastung
apparent(ly) [ə'pærənt(li)]	offenbar
racial ['reɪʃl]	rassisch; Rassen-
mixed [mɪkst]	gemischt
increasing [ɪn'kri:sɪŋ]	zunehmend
racial tension [reɪʃl 'tenʃn]	Rassenspannungen
area ['eəriə]	Gegend
brew [bru:] coffee ['kɒfi]	Kaffee („brauen") kochen
taste [teɪst]	schmecken; kosten; probieren
delicious [dɪ'lɪʃəs]	köstlich
eager ['i:gə]	eifrig; erwartungsvoll
gather around the buffet ['bʊfeɪ]	sich um das Büfett versammeln
cautious(ly) ['kɔ:ʃəs(li)]	vorsichtig

18 *Mit oder ohne -ly? Wählen Sie die korrekte Form.*

a) Brian Boru won a (decisive) victory over the Vikings.
b) Brian Boru (decisive) defeated the Vikings at the battle of Clontarf.
c) A computer with a modem and a printer makes a (perfect) (adequate) fax machine.
d) I can take care of myself (perfect) (adequate).
e) The cathedral is a bit of a dog's breakfast (architectural).
f) The cathedral is an (architectural) masterpiece (possible) dating back to the 13th century.
g) The man is (utter) boring.
h) The man is an (utter) bore.
i) The new dictionary is a (superb) source of (quick) and (reliable) reference.
j) The new dictionary is not only (unique) (comprehensive) but also (superb) illustrated.
k) The illustrations are indeed (superb).
l) The next best thing to knowing something is to know where it can be (quick) and (reliable) found out.

Brian Boru ['bri:ən bə'ru:]	(941–1014, König von Irland 1002–1014)
decisive [dɪ'saɪsɪv]	entscheidend
victory ['vɪktəri]	Sieg
he defeated [dɪ'fi:tɪd] the Vikings ['vaɪkɪŋz]	er besiegte die Wikinger
Clontarf [klɒn'tɑ:f]	(heute ein Vorort von Dublin)
the battle ['bætl] of Clontarf	die Schlacht von Clontarf (1014)
adequate ['ædɪkwɪt]	adäquat; ausreichend; hinlänglich
cathedral [kə'θi:drəl]	Kathedrale; Dom
a dog's breakfast ['brekfəst] / dinner	nichts Halbes und nichts Ganzes
architectural [ɑ:kɪ'tektʃrəl]	architektonisch
masterpiece ['mɑ:stəpi:s]	Meisterwerk
possible ['pɒsəbl] – possibly ['pɒsəbli]	möglich – möglicherweise
date back to the 13th ['θɜ:ti:nθ] century ['sentʃəri]	aus dem 13. Jahrhundert stammen
utter(ly) ['ʌtə(li)]	total; absolut; ausgesprochen
dictionary ['dɪkʃənəri]	Wörterbuch
source [sɔ:s] of reference ['refrəns]	Nachschlagequelle
reliable [rɪ'laɪəbl]	verlässlich
unique [ju:'ni:k]	einmalig; außergewöhnlich
comprehensive [kɒmprɪ'hensɪv]	umfassend
superb [su'pɜ:b]	großartig; superb
illustrate ['ɪləstreɪt]	illustrieren; bebildern
illustration [ɪlə'streɪʃn]	Illustration; Abbildung
find [faɪnd] (– found [faʊnd] – found) something out	etwas herausfinden

9 *Mit oder ohne -ly? Setzen Sie die korrekte Form ein.*

a) Firearms should be (stricter? more strictly?) controlled.
b) What they want is a home where they can feel (safe) and live (reasonable) (safe).
c) It sounded like a sergeant's order – (extreme) (short) and (precise).
d) The method has the (enormous) advantage that costs are kept as (low) as possible.
e) It seems (ironic? ironical? ironically?) that complaining about lack of money has become an everyday part of our life.
f) Things do go (wrong) with computers, but the most (common) problems can be repaired fairly (easy).
g) The American south of 1900 was (predominant) rural, experiencing industrial development and urbanization (comparative) (late).
h) Few Americans seem (happy) with (current) US immigration policy. Pro-immigration groups call it (inhumane) and (economic? economical? economically?) (bad) for Americans, (particular) in the (current) tight US labour market. Anti-immigration groups see it as (ineffective): the number of

US Border Patrol agents guarding the US-Mexican border has doubled since 1993, yet more (illegal) immigrants are entering the US from Mexico. (Clear), immigration reform of some type will come; it's just a question of when.

i) Supplies of natural gas are (current) (tight), which has led to higher prices.
j) (Recent) the US has caught 1,000 Chinese entering the US (illegal).

firearms ['faɪərɑːmz]	Feuerwaffen; Schusswaffen
strict [strɪkt]	streng
control [kən'trəʊl]	kontrollieren
feel (– felt – felt) safe [seɪf]	sich sicher fühlen
reasonably ['riːznəbli] safe(ly)	leidlich sicher
sergeant ['sɑːdʒənt]	Feldwebel(in)
order ['ɔːdə]	Befehl
precise [prɪ'saɪs]	präzise; genau
method ['meθəd]	Methode
advantage [əd'vɑːntɪdʒ]	Vorteil
keep (– kept – kept) costs [kɒsts] low [ləʊ]	die Kosten niedrig halten
ironic(al) [aɪ'rɒnɪk(l)]	ironisch; paradox; witzig
complain [kəm'pleɪn] about lack of money ['mʌni]	über Geldmangel klagen
go (– went – gone [gɒn]) wrong [rɒŋ]	schief gehen
predominant(ly) [prɪ'dɒmɪnənt(li)]	überwiegend
rural ['rʊərəl]	ländlich
experience [ɪk'spɪəriəns] something	etwas erleben / erfahren
urbanization [ɜːbənaɪ'zeɪʃn]	Urbanisierung; Verstädterung
comparatively [kəm'pærətɪvli] late	verhältnismäßig / relativ spät
current ['kʌrənt]	augenblicklich; gegenwärtig
immigration [ɪmɪ'greɪʃn] policy ['pɒləsi]	Einwanderungspolitik
inhumane [ɪnhjuː'meɪn]	inhuman; menschenunwürdig
economic(ally) [iːkə'nɒmɪk(əli)]	wirtschaftlich
the tight labour ['leɪbə] market	der angespannte Arbeitsmarkt
ineffective [ɪnɪ'fektɪv]	unwirksam; ineffektiv; untauglich
US Border Patrol [pə'trəʊl] agents ['eɪdʒənts]	Beamte des US-Grenzschutzes
guard [gɑːd] a border	eine Grenze bewachen / schützen
supplies of natural gas [nætʃərəl 'gæs]	die Vorräte an Erdgas
tight [taɪt]	(*auch:*) knapp
recent(ly) ['riːsnt(li)]	kürzlich

Ausnahmen! Entgegen der Grundregel enden manche der Adverbien in den folgenden beiden Übungen nicht auf -*ly*.

20 *Mit* -ly, *ohne* -ly *oder sind beide Formen möglich?*

a) She threw back her head and laughed (loud) and (long).
b) Could you speak a little (loud), please.
c) The woman (loud) demanded to see the manager.
d) The passengers (quick) realized that something was (terrible) wrong.
e) People died because firefighters didn't get there (quick) enough.
f) Her eyes opened (wide) and she let out a (terrible) screech.
g) The University of Michigan is (wide) regarded as one of the world's finest research institutions.
h) I have (precious) little time to spend with my family these days.
i) There are (precious) few people who would give their time so (free).
j) Why pay when you can get it (free)?
k) The software is (free) available.
l) I had (clean) forgotten that it was my mother's birthday.
m) Her hands were (smooth), her nails (clean) cut.
n) She had long, (delicate) fingers with (neat), (clean) cut nails.
o) She could not help noticing his (delicate) shaped fingers with their (neat) cut nails.
p) In the (quiet) street played half a dozen (clean)-faced, (sturdy)-legged, (clean) dressed children, who smiled (shy) and after a while said "Hello" in a (hesitant) but (eager) voice.
q) Though he acted (foolish) and suffered (tremendous), he has no regrets.
r) These (foolish) acts caused (tremendous) suffering.
s) A clown is supposed to amuse people by acting (foolish).

throw [θrəʊ] (– threw [θruː] – thrown)	werfen
loud [laʊd]	laut
she demanded [dɪ'mɑːndɪd] to see the manager	sie wollte den Geschäftsführer sprechen
the passengers ['pæsɪnʒəz] realized ['rɪəlaɪzd]	die Passagiere erkannten
firefighters ['faɪəfaɪtəz]	Feuerwehrleute
let (– let – let) out a screech [skriːtʃ]	einen Schrei ausstoßen
Michigan ['mɪʃɪgən]	(Bundesstaat im Norden der USA)
regard [rɪ'gɑːd] something as	etwas ansehen als
research institution ['riːsɜːtʃ ɪnstɪtjuːʃn]	Forschungseinrichtung
precious ['preʃəs] little time	herzlich wenig Zeit
spend (– spent – spent) time with someone	Zeit mit jemand verbringen

get something (for) free	etwas kostenlos bekommen
available [ə'veɪləbl]	erhältlich
I had clean [kli:n] forgotten [fə'gɒtn]	ich hatte glatt / total vergessen
smooth [smu:ð]	glatt; weich
delicate(ly) ['delɪkɪt(li)]	fein; zart
neat [ni:t] – neatly	gepflegt – ordentlich / sauber
she could not help noticing ['nəʊtɪsɪŋ]	sie konnte nicht umhin ... zu bemerken
sturdy – sturdily ['stɜ:di(li)]	kräftig; stämmig
hesitant(ly) ['hezɪtənt(li)]	zögernd
eager ['i:gə]	eifrig; erwartungsvoll
foolish ['fu:lɪʃ]	dumm; töricht
suffer ['sʌfə] – suffering	leiden – Leid(en)
tremendous [trə'mendəs]	enorm
he has no regrets [rɪ'grets]	er bedauert / bereut nichts
act [ækt]	Handlung
cause [kɔ:z]	verursachen
clown [klaʊn]	Clown
is supposed to amuse people by ...	soll die Leute / Menschen belustigen, indem ...

21 *Mit* -ly*, ohne* -ly *oder sind beide Formen möglich?*

a) The child was (poor) dressed but looked (clean) and (healthy).
b) Beryl was (poor) this morning and I had to run her to the doctor's.
c) Gerald, for once I'm not joking – I'm (dead) serious. I need your help.
d) The plot is both complicated and (dead) boring.
e) The device is (dead) easy to use once you get the knack.
f) The night was (bitter) cold, frosty and snowy. Neither of the men was dressed for the (bitter) cold, and they had no bed but the cold ground.
g) Liverpool players complained (bitter) that the goal should not have been allowed to stand.
h) Environmentalists, not (surprising), expressed (bitter) disappointment at the court's decision.
i) It is a (shocking) fact that nearly one quarter of those sleeping (rough) in Britain are (former) members of our armed forces.
j) (Shocking), researchers found that nearly one quarter of those sleeping (rough) in Britain were (former) members of our armed forces.
k) They slept (solid) for (rough) ten hours, (gradual) waking up around noon.
l) As we (slow) drove down the (winding) (narrow) road, a (strong) smell of burning came from the brakes.
m) My mother was driving (real) (slow) and (cautious) so it took forever to get home.

Mit oder ohne *-ly*?

n) She's still on morphine, but doctors describe her recovery as "(slow) but (sure)".
o) (Slow) but (sure) progress is being made.
p) She's been sleeping (late) (late) and that's done her a lot of good.

I had to run her to the doctor's ['dɒktəz]	ich musste sie zum Arzt fahren
for once [fə 'wʌns] I'm not joking ['dʒəʊkɪŋ]	ausnahmsweise spaße ich mal nicht
I'm serious ['sɪəriəs]	ich meine es ernst; es ist mein Ernst
a complicated ['kɒmplɪkeɪtɪd] plot	eine komplizierte (Roman-/Film-)Handlung
once you get the knack [næk]	wenn man's erst mal raus hat
neither ['naɪðə] of the men [men]	keiner der beiden Männer
complain [kəm'pleɪn]	sich beklagen; reklamieren
allow a goal [gəʊl] (to stand)	(*Fußball:*) ein Tor anerkennen / geben
environmentalist [ɪnvaɪrən'mentlɪst]	Umweltschützer(in)
disappointment [dɪsə'pɔɪntmənt]	Enttäuschung
the court's [kɔːts] decision [dɪ'sɪʒn]	die Entscheidung des Gerichts
former members	frühere / ehemalige Mitglieder
the armed forces [ɑːmd 'fɔːsɪz]	die Streitkräfte
researcher [rɪ'sɜːtʃə]	Forscher(in)
find [faɪnd] (– found [faʊnd] – found)	feststellen
gradual(ly) ['grædʒuəl(i)]	allmählich
wake (– woke – woken) up [weɪk 'ʌp]	aufwachen
around noon [nuːn]	um die Mittagszeit
smell of burning ['bɜːnɪŋ]	Brandgeruch
brake [breɪk]	Bremse
cautious(ly) ['kɔːʃəs(li)]	vorsichtig
she's still on morphine ['mɔːfiːn]	sie bekommt immer noch Morphium
recovery [rɪ'kʌvəri]	Genesung
progress ['prəʊgres] is being made	es werden Fortschritte gemacht

34 Stellung des Adverbs

Für die Stellung des Adverbs ist die beabsichtigte Betonung maßgeblich: unbetont direkt vor dem Bezugswort (Verb, Adjektiv, Adverb); betont am Anfang oder Ende des Satzes oder Teilsatzes; nie zwischen dem Verb und seinem Objekt.
Wir behandeln hier nur einige besonders typische und fehleranfällige Strukturen.

22 ***Setzen Sie die Adverbien so ein, dass auf ihnen keine außergewöhnliche Betonung liegt.***

a) The book sold 300,000 copies. (quickly)
b) They thought that I was dead. (probably)
c) They forgot what they had learned. (rapidly)
d) He expects to win the case. (confidently)
e) I realized how serious the situation was. (suddenly)
f) She selected furniture for her one-bedroom apartment. (carefully)
g) You think that I don't know what I'm talking about. (obviously)
h) She buys expensive clothes. (hardly ever)
i) Their father reads them a story before they go to sleep. (usually)
j) Our dog barks when he sees a stranger. (always, loudly)

sell (– sold – sold)	verkaufen
copy ['kɒpi]	(*Buch:*) Exemplar
think (– thought [θɔ:t] – thought)	denken
dead [ded]	tot
probably ['prɒbəbli]	wahrscheinlich
forget [fə'get] (– forgot – forgotten)	vergessen
rapidly ['ræpɪdli]	schnell; rasch
expect [ɪk'spekt]	erwarten
win (– won [wʌn] – won) a case [keɪs]	einen (Gerichts-)Prozess gewinnen
confidently ['kɒnfɪdəntli]	zuversichtlich
realize ['rɪəlaɪz]	erkennen; sich bewusst werden
suddenly ['sʌdnli]	plötzlich
select [sɪ'lekt]	auswählen
furniture ['fɜ:nɪtʃə]	Möbel
apartment [ə'pɑ:tmənt] *AE* / *BE* flat	Wohnung
carefully ['keəfli]	sorgfältig
obviously ['ɒbvɪəsli]	offensichtlich
expensive [ɪk'spensɪv] clothes [kləʊðz]	teure (Anzieh-)Sachen
hardly ever ['hɑ:dli evə]	kaum je(mals); fast nie
go (– went – gone [gɒn]) to sleep	einschlafen
usually ['ju:ʒʊəli]	meistens; (für) gewöhnlich
bark [bɑ:k]	bellen
stranger ['streɪnʒə]	Fremde(r)

◄ GrLGr S. 172 ff. ►

23 *Setzen Sie die Adverbien an passender Stelle ein.*

a) I say what I think. (always)
b) They wanted to sack me. (actually)
c) She takes a stroll in the evening. (usually)
d) I didn't know what to think. (really)
e) The commission accepted my proposal. (eventually)
f) I grasped this opportunity of earning my living. (eagerly)
g) I didn't realize how difficult it would be. (honestly)
h) The union demanded a 6 per cent wage increase. (originally)
i) The committee meets once every month. (normally)
j) Make sure you wash your hands. (frequently)
k) David could have killed Saul. (easily)

actually [' æktʃuəli]	tatsächlich
sack [sæk] someone	jemand entlassen
take (– took – taken) a stroll [strəʊl]	einen gemütlichen Spaziergang machen
commission [kə'mɪʃn]	Kommission; Ausschuss
accept [ək'sept] a proposal [prə'pəʊzl]	einen Vorschlag annehmen
eventually [ɪ'ventʃuəli]	schließlich
grasp [grɑ:sp] an opportunity	eine Gelegenheit ergreifen
earn [ɜ:n] one's living	seinen Lebensunterhalt verdienen
eagerly ['i:gəli]	bereitwillig
I didn't realize ['rɪəlaɪz]	mir war nicht klar
honestly ['ɒnɪstli]	ehrlich; wirklich
union ['ju:niən]	Gewerkschaft
demand [dɪ'mɑ:nd] a wage increase ['ɪŋkri:s]	eine Lohnerhöhung fordern
per cent [pə 'sent]	Prozent
originally [ə'rɪdʒnəli]	ursprünglich
the committee [kə'mɪti] meets	der Ausschuss kommt zusammen / tagt
normally ['nɔ:məli]	normalerweise
make sure [ʃʊə] you …	achte(n Sie) darauf, dass …
frequently ['fri:kwəntli]	häufig
David ['deɪvɪd]	(biblischer König im 10. Jahrhundert v. Chr.)
Saul [sɔ:l]	(erster König Israels, Vorgänger Davids)

24 *Übersetzen Sie.*

a) Sandburg schrieb auch Gedichte für Kinder.
b) In London gehen wir oft ins Theater.
c) Sie bringt manchmal ihren Hund mit.
d) Du behandelst mich immer wie ein Kind.
e) Irgendwie mag ich ihn nicht.
f) Er bewundert die frühere Premierministerin immer noch.

g) Sie will nur ein ruhiges Leben führen.
h) Ich dachte nie, dass es mir passieren würde.
i) Du hättest dir leicht das Bein brechen können.
j) Er hatte noch nicht einmal ein Bett, sondern schlief meistens auf einer alten Matratze auf dem Fußboden.
k) Sie kam gestern Abend spät nach Hause.

Carl Sandburg [kɑ:l 'sændbɜ:g]	(1878–1967, amerik. Dichter und Schriftsteller)
write [raɪt] (– wrote – written)	schreiben
poem ['pəʊɪm]	Gedicht
bring (– brought [brɔ:t] – brought)	(mit)bringen
treat [tri:t]	behandeln
like [laɪk] someone	jemand mögen
admire [əd'maɪə]	bewundern
the former prime minister [praɪm 'mɪnɪstə]	der / die frühere Premierminister(in)
live a quiet life [kwaɪət 'laɪf]	ein ruhiges Leben führen
something happens ['hæpnz] to someone	es passiert jemand etwas
break [breɪk] (– broke – broken)	brechen
usually ['ju:ʒuəli]	meistens
mattress ['mætrəs]	Matratze
floor [flɔ:]	(Fuß-)Boden

Possessivpronomen oder *the*?

Hier gilt es, Unterschiede wie die folgenden zu beachten:

She rubbed **her eyes**.	Sie rieb **sich die Augen**.
He looked **her in the eyes**.	Er schaute **ihr in die Augen**.
He had a stick **in his hand**.	Er hatte einen Stock **in der Hand**.
She took him **by the hand**.	Sie nahm ihn **an der Hand**.

25 *Possessivpronomen oder* the*? Setzen Sie das passende Wort ein.*

a) She kicked him hard on _____ shins and punched _____ nose.
b) She punched him on _____ nose.
c) My daughter has had _____ hair dyed red and _____ nose pierced.
d) The wasp stung him on _____ foot.
e) The wasp stung _____ foot.
f) For a child, a sting in _____ throat is extremely dangerous.
g) I sat down in the chair and the dentist looked in _____ mouth.
h) Many people bow _____ heads and close _____ eyes when they pray.
i) The woman had died from a blow to _____ head.
j) You shouldn't look a gift horse in _____ mouth.
k) The fat one with the ring in _____ ear twisted _____ face into a sneer.

kick someone	jemand treten
the shins [ʃɪnz]	die Schienbeine
punch [pʌntʃ]	schlagen; boxen
dye [daɪ]	färben
pierce [pɪəs]	durchstechen; durchbohren; durchstoßen
wasp [wɒsp]	Wespe
sting (– stung – stung)	stechen
a sting	ein (*z. B.* Wespen-)Stich
bow [baʊ] one's head [hed]	den Kopf senken
pray [preɪ]	beten
a blow [bləʊ]	ein Schlag
a gift horse ['gɪft hɔːs]	ein geschenkter Gaul
twist one's face into a sneer [snɪə]	sein Gesicht zu einem höhnischen Grinsen verziehen

◄ GrLGr S. 85 ff. ►

26 *Übersetzen Sie.*

a) Sie schüttelte den Kopf.
b) Der Professor kratzte sich am Kopf.
c) Sie küsste mich auf die Wange.
d) Tränen liefen ihr über die Wangen.
e) Eine der Frauen hatte ein Baby auf dem Schoß.
f) Er trug sie auf der Schulter.
g) Sein Vater klopfte ihm auf den Rücken.
h) Sie hatte eine kleine Wunde am Arm.
i) Er packte sie am Arm.
j) Der Soldat wurde am Bein verwundet.

professor [prəˈfesə]	Professor(in)
scratch [skrætʃ]	kratzen
cheek [tʃiːk]	Wange; Backe
tears [tɪəz]	Tränen
lap [læp]	Schoß
shoulder [ˈʃəʊldə]	Schulter
pat someone on the back	jemand auf den Rücken klopfen
wound [wuːnd]	Wunde; verwunden
grab [græb] someone	jemand packen
soldier [ˈsəʊldʒə]	Soldat(in)

Wahl des passenden Pronomens (nach Geschlecht etc.)

Das Genus, also das Geschlecht der Nomen, ist für Deutschlernende ein wesentlich größeres Problem als für Englischlernende – es sei nur an das sächliche Mädchen und die weibliche Tür erinnert. Im Englischen ist alles, wie es sich logisch gehört: männliche Menschen sind männlich (*he* etc.), weibliche Menschen sind weiblich (*she* etc.) und Sachen sind sächlich (*it* etc.). Die wenigen kleinen Fehlerquellen, die es im Englischen besonders zu beachten gilt, werden im Folgenden dargestellt und geübt.

Entsprechend dem Geschlecht eines Nomens wird darauf mit den männlichen Pronomen (= Fürwörtern) *he, him, his, himself,* den weiblichen *she, her(s), herself* und den sächlichen *it, its, itself* Bezug genommen:

The man likes **his** work. **He** enjoys it. You can see **him** enjoying **himself**.
The girl likes **her** work. **She** enjoys it. You can see **her** enjoying **herself**.
The work **itself** is not easy. **It** has **its** problems.

Bei „geschlechtsneutralen" Nomen wie *person, customer, patient, doctor, worker* etc. gilt:

Ist das Geschlecht bekannt, so wählt man das entsprechende männliche oder weibliche Pronomen:

This worker has lost **his** / **her** job.

Ist das Geschlecht nicht bekannt, so wird häufig ein männliches (gilt allerdings als *politically incorrect*!), selten ein weibliches, heute aber zunehmend das umständliche *he or she* oder – eleganter – ein Pronomen aus dem Set *they, them, their(s), themselves* (gelegentlich auch *themself*) gewählt:

When a worker has lost **his** job, **he** is entitled to unemployment benefit(s).
When a worker has lost **her** job, **she** is entitled to unemployment benefit(s).
When a worker has lost **his or her** job, **he or she** is entitled to unemployment benefit(s).
When a worker has lost **their** job, **they are** entitled to unemployment benefit(s).

Das Gleiche gilt mit Bezug auf *every/everyone/everybody* und *some/someone/somebody* bzw. *any/anyone/anybody*:

Anyone would be unhappy if **he** lost **his** job.
Anyone would be unhappy if **she** lost **her** job.
Anyone would be unhappy if **he or she** lost **his or her** job.
Anyone would be unhappy if **they** lost **their** job.

Ein *baby* oder *child* ist bei bekanntem Geschlecht *he* oder *she*, bei unbekanntem *he, it, they*, seltener auch *she* oder – pedantisch – *he or she*:

The baby is crying because **he** / **she** has lost **his** / **her** pacifier (['pæsɪfaɪə] = Schnuller).
The baby is crying because **he** has lost **his** pacifier.
The baby is crying because **it** has lost **its** pacifier.
If your baby is crying, it may be because **they** have lost **their** pacifier.
If your baby is crying, it may be because **she** has lost **her** pacifier.
If your baby is crying, it may be because **he or she** has lost **his or her** pacifier.

Auf Tiere wird sachlich mit *it, its, itself* Bezug genommen. Häufig werden sie allerdings entsprechend ihrem natürlichen Geschlecht oder nach anderen Gesichtspunkten als männlich (*he* etc.) oder weiblich (*she* etc.) personifiziert:

(Sachlich:) The lion knows a good meal when **it** sees one.
(Personifizierung – großes Tier = männlich:) The lion knows a good meal when **he** sees one.
(Weibliches Tier:) The lioness knows a good meal when **she** sees one.

27 *Setzen Sie passende Pronomen ein.*

a) The girl said __________ had lost __________ mother.
b) My whole body felt as if __________ was on fire.
c) Homeopathy helps the body to help __________.
d) As the heart performs __________ daily functions, __________ requires oxygen as nourishment.
e) The devil takes only what we give to __________.
f) The way to a man's heart is through __________ ego.
g) When you look at my car, you would think __________ was almost new.

h) Grabbing my arm, Jessica gasped that __________ had seen the ghost __________, with _____ own eyes.
i) A fool thinks nothing is right but what _____ does _____.

homeopathy [həʊmi'ɒpəθi]	(die) Homöopathie
require [rɪ'kwaɪə] something	etwas benötigen
oxygen ['ɒksɪdʒən]	Sauerstoff
nourishment ['nʌrɪʃmənt]	Nahrung
ego ['i:gəʊ]	Ego; Ich
grab [græb] something	etwas packen
gasp [gɑ:sp]	keuchen; hervorstoßen

28 *Setzen Sie passende Pronomen ein.*

a) The lion defends _____ territory; _____ makes _____ presence known by _____ roar.
b) A lion will go right into an inhabited area if necessary; it doesn't worry _____ at all if _____ thinks _____ can get food that way.
c) A rat will only eat a little bit of a new food supply and if it makes _____ sick and _____ doesn't die, _____ won't eat any more of the bait.
d) A dog will spend _____ life trying to please _____ owner.
e) A dog will live from 10 to 20 years, depending on _____ breed, size and general health.
f) Even a hare will bite when _____ is cornered.
g) A protective cow with a newborn calf will fight rather than leave _____ calf to you.
h) A newborn calf will be walking and feeding _____ within a few days.
i) After some days we discovered why the bird couldn't stand on _____ legs.
j) As soon as I saw the elephant I knew with perfect certainty that I ought not to shoot _____. (*George Orwell*)

lion ['laɪən]	Löwe
territory ['terətri]	Revier; Territorium
presence ['prezns]	Gegenwart
a lion's ['laɪənz] roar [rɔ:]	das Brüllen eines Löwen
an inhabited [ɪn'hæbɪtɪd] area	ein bewohntes Gebiet
it doesn't worry ['wʌri] me at all	es beunruhigt mich überhaupt nicht
bait [beɪt]	Köder
please someone	es jemand recht machen
depend [dɪ'pend] on something	von etwas abhängen
breed [bri:d] (of dog)	(Hunde-)Rasse
hare [heə]	(Feld-)Hase
corner an animal	ein Tier in die Enge treiben

a protective [prə'tektɪv] cow	eine fürsorgliche Kuh
calf [kɑ:f] (*Pl.* calves [kɑ:vz])	Kalb
with perfect certainty ['sɜ:tnti]	mit absoluter Gewissheit

29 *Setzen Sie das angemessenste Pronomen ein.*

a) Even if a person has lost all brain function, _____ heart will continue to beat.
b) If a customer forgets _____ password _____ can have it e-mailed to _____ by simply entering _____ e-mail address.
c) He looked fondly at his child. The baby seemed to be smiling in _____ sleep.
d) A baby is born with _____ brain not yet fully developed.
e) My car is on _____ last legs. _____'s literally falling apart.
f) Nobody likes to admit that _____ (be) selfish, yet most people are.
g) Everybody thinks of changing others and nobody thinks of changing _____.
h) The house is so large that everyone has _____ own room.
i) Each person is born with the natural view of _____ as the centre of the universe.
j) The question one has to ask _____ is how one can use _____ intellect in a positive and constructive way.

if a person has lost all brain function	wenn es zu einem Verlust aller Gehirnfunktionen kommt
beat [bi:t] (– beat – beaten)	schlagen
password ['pɑ:swɜ:d]	Passwort; Kennwort
e-mail ['i:meɪl] something	etwas emailen / mailen
enter one's e-mail address [ə'dres]	seine E-Mail-Adresse eintragen / eingeben
fondly ['fɒndli]	liebevoll
be on one's last legs	in den letzten Zügen liegen; auf dem letzten Loch pfeifen
literally ['lɪtrəli]	buchstäblich
fall apart [ə'pɑ:t] (– fell – fallen)	auseinander fallen
admit [əd'mɪt]	zugeben
selfish ['selfɪʃ]	selbstsüchtig; egoistisch
yet [jet]	doch
change [tʃeɪndʒ] someone	jemand ändern
a view [vju:] of something	eine Anschauung von etwas
the centre of the universe ['ju:nivɜ:s]	der Mittelpunkt des Universums
ask someone a question ['kwestʃn]	jemand eine Frage stellen
intellect ['ɪntəlekt]	Intellekt; Verstand
in a constructive [kən'strʌktɪv] way	in konstruktiver Weise

0 ***Setzen Sie passende Pronomen ein.***

Once upon a time there was an old goat who had seven little kids, and _____ loved them as any mother loves _____ children. One day _____ wanted to go into the forest and fetch some food. So _____ called all seven of _____ to _____ and said, "Dear children, I have to go into the forest, be on _____ guard against the wolf. If _____ comes in, _____ will devour you all – skin, hair and all. The villain often disguises _____, but you will know _____ at once by _____ rough voice and black feet." The kids said, "Dear mother, we will take good care of _____. Just go and don't worry about _____ here." The old one bleated, and went on _____ way with an easy mind.

once upon [ə'pɒn] a time there was	es war einmal
goat [gəʊt]	Ziege; Geiß
kid [kɪd]	Zicklein; Kind
be on one's guard [gɑːd] against something	vor etwas auf der Hut sein
devour [dɪ'vaʊə]	verschlingen
villain ['vɪlən]	Bösewicht; Schurke
disguise [dɪs'gaɪz] oneself	sich verkleiden / verstellen
take good care of oneself	sich sehr in Acht nehmen; sehr (auf sich) aufpassen
don't worry ['wʌri] about us	sorge dich nicht um uns; mach dir keine Sorgen um uns
bleat [bliːt]	(*Ziege:*) meckern; (*Schaf:*) blöken
with an easy mind [maɪnd]	unbesorgt; leichten Herzens

◄ GrLGr S. 92 f. ►

44 Fragepronomen *who(m)*

Beim Fragepronomen *who(m)* geht es im Wesentlichen um zwei Fragen:

1. Was sind die seltenen Fälle, wo es *whom* heißen muss?

2. Wie ist es mit der Wortstellung? Diese Frage gliedert sich in drei Komplexe:
a) Ist das Fragepronomen Subjekt oder Objekt?
b) Damit zusammenhängend: Muss mit *do* umschrieben werden?
c) Wohin gehört eine etwaige Präposition?

31 *Übersetzen Sie.*

a) Wer war die beste Spielerin?
b) Wen halten Sie für den besten Spieler?
c) Wer, glaubst du, gewinnt?
d) Wer hat euch besucht und wen habt ihr besucht?
e) Ich weiß nicht, wen er besucht hat.
f) Wer arbeitet mit wem?
g) Wer arbeitet für wen?
h) Wer arbeitet für Sie und für wen arbeiten Sie?
i) Wer gab Ihnen Geld und wem haben Sie Geld gegeben?
j) Von wem ist dieser Brief?
k) Ich weiß nicht, von wem der Brief ist.
l) An wen ist das Paket adressiert?
m) Wem gehören diese Kühe?
n) Ich habe keine Ahnung, wem sie gehören.
o) Von wem wird das Produkt hergestellt?
p) Wer stellt ein ähnliches Produkt her?
q) Wer, sagten Sie, sind Sie?
r) Von wem redest du?
s) Von wem handelt das Buch?
t) Wer verliebt sich in wen?
u) In wen verliebt sich die Heldin?

consider [kən'sɪdə] someone a good player	jemand für einen guten Spieler halten
address [ə'dres] a parcel ['pɑ:sl] to someone	ein Paket an jemand adressieren
win (– won [wʌn] – won)	gewinnen
visit ['vɪzɪt]	besuchen
address [ə'dres] a parcel ['pɑ:sl]	ein Paket adressieren
this cow [kaʊ] belongs to Jim	diese Kuh gehört Jim
I have no idea [aɪ'dɪə]	ich habe keine Ahnung
product ['prɒdʌkt]	Produkt; Erzeugnis

make (– made – made) / manufacture [mænju'fæktʃə]	herstellen
similar ['sɪmɪlə]	ähnlich
the book is about a girl ...	das Buch handelt von einem Mädchen ...
fall (– fell – fallen) in love with someone	sich in jemand verlieben
the heroine ['herəʊɪn] (of a novel, etc.)	die Heldin (eines Romans etc.)

46 Fragepronomen *what* und *which*

Hier ist folgende Unterscheidung wichtig:
Wenn aus einer als begrenzt gedachten Menge ausgewählt wird: *which*.
Allgemein, wenn nicht an eine Auswahl gedacht wird: *what*.
Wenn die begrenzte Menge, aus der die Auswahl erfolgt, ausdrücklich genannt wird, ist *which* zwingend:
Which of these cars ...? (= Welches dieser Autos ...?)
Ist die Auswahlmenge nicht ausdrücklich genannt, so kann sie gedacht sein. Ist sie gedacht, so steht ebenfalls *which*:
Which car is the best? (= Welches Auto ist das beste?)
Ist nicht an eine begrenzte Auswahl gedacht, sondern meint man „allgemein", so gebraucht man *what*:
What car is the best? (= Welches / Was für ein Auto ist das beste?)

32 *Setzen Sie* what *oder* which *ein.*

a) ______ size shoes do you wear?
b) ______ time does your class start?
c) ______ time zone are you in?
d) ______ is the better candidate?
e) ______ plays by Shakespeare should I read and in ______ order?
f) ______ books are you reading at the moment?
g) "______ book has most influenced your political thinking?" – "George Orwell's *1984*."
h) ______ ruler would give up power voluntarily?
i) ______ course of action should a government take to prevent terrorist attacks?
j) ______ course of action seems wiser?

size [saɪz]	(*Schuh-, Kleider- etc.*)Größe
class [klɑ:s]	(*hier:*) (Unterrichts-)Stunde
candidate ['kændɪdeɪt]	Kandidat(in)
the plays of Shakespeare ['ʃeɪkspɪə]	die Dramen Shakespeares
order ['ɔ:də]	Reihenfolge
at the moment ['məʊmənt]	im Moment / Augenblick
influence someone ['ɪnfluəns]	jemand beeinflussen
political [pə'lɪtɪkl] thinking	politisches Denken
ruler ['ru:lə]	Herrscher(in)
give up power ['paʊə]	die Macht aufgeben
voluntarily ['vɒləntərili]	freiwillig
course of action [kɔ:s əv 'ækʃn]	Vorgehen
wise [waɪz] (– wiser ['waɪzə] – wisest ['waɪzɪst])	klug; vernünftig

3 *Setzen Sie* what *oder* which *ein.*

a) ______ is better, satellite or cable?
b) ______ is the safest place for children to ride in a car?
c) ______ is the safest way to hold a baby?
d) ______ is a better place to live, America or Britain?
e) ______ is the best country to go shopping for clothes?
f) ______ type of government did ancient Greece have?
g) ______ type of government would you prefer – democracy or benevolent dictatorship?
h) ______ celebrity do you like best, and why?
i) ______ leader do you admire more – Winston Churchill or Nelson Mandela?
j) The object of the game is to figure out ______ is the woman and ______ is the man.
k) ______ nationality are you?
l) ______ nationality was predominant among the settlers of the thirteen colonies – Dutch, English, or German?

satellite ['sætəlaɪt]	Satellit(en-)
cable ['keɪbl]	Kabel
safe [seɪf]	sicher
ride [raɪd] (– rode – ridden ['rɪdn]) in a car	(in einem Auto) fahren
clothes [kləʊðz]	Kleider; Kleidung
type of government ['gʌvnmənt]	Regierungsform
ancient Greece [eɪnʃənt 'gri:s]	das alte Griechenland
prefer [prɪ'fɜ:]	vorziehen
democracy [dɪ'mɒkrəsi]	(die) Demokratie
benevolent [bɪ'nevələnt] dictatorship [dɪk'teɪtəʃɪp]	benevolente / wohlwollende Diktatur
celebrity [sɪ'lebrɪti]	Berühmtheit; berühmte Persönlichkeit
admire [əd'maɪə]	bewundern
(Sir) Winston Churchill ['tʃɜ:tʃɪl]	(1874–1965, brit. Staatsmann, Premierminister 1940–45 u. 1951–55, Schriftsteller, 1953 Literaturnobelpreis)
Nelson Mandela [nelsn mæn'delə]	(1918– , südafrik. Staatsmann, Präsident 1994–99, 1993 Friedensnobelpreis)
object ['ɒbdʒekt] of the game	Zweck / Sinn des Spiels
figure out [fɪgər 'aʊt]	herausfinden; herausbekommen
nationality [næʃə'næləti]	Staatsangehörigkeit; Nationalität
predominant [prɪ'dɒmɪnənt]	vorherrschend
settler ['setlə]	Siedler(in)
the thirteen colonies ['kɒləniz]	die dreizehn Kolonien (Englands im Osten der heutigen USA bis zur Unabhängigkeit der USA 1783)
Dutch [dʌtʃ]	holländisch

34 *Übersetzen Sie.*

a) Wer von euch ist Kathryn?
b) Welcher englische Schriftsteller wurde in Indien geboren?
c) Von welchem Smith redest du?
d) Aus welchem Glas hast du getrunken?
e) Über welche Themen habt ihr euch unterhalten?
f) Wovor hast du Angst?
g) Wovon leben diese Menschen?
h) Womit kann ich dir helfen?
i) Woran starb Friedrich der Große?
j) Worauf werden Sie sich spezialisieren?
k) Worüber beklagt er sich?
l) Wofür kämpfen wir?
m) Wozu kann man es benutzen?
n) Wodurch lässt es sich ersetzen?

writer ['raɪtə]	Schriftsteller(in)
born in India ['ɪndɪə]	in Indien geboren
topic ['tɒpɪk] / subject ['sʌbdʒɪkt]	Thema (z. B. einer Unterhaltung)
talk about / discuss [dɪ'skʌs] something	sich über etwas unterhalten
be afraid [ə'freɪd] of something	vor etwas Angst haben
live [lɪv] on something	von etwas leben
die [daɪ] of something	an etwas sterben
Frederick ['fredrɪk] the Great	Friedrich der Große (1712–86, König von Preußen 1740–86)
specialize ['speʃəlaɪz] in something	sich auf etwas spezialisieren
complain [kəm'pleɪn] about / of something	sich über etwas beklagen
fight [faɪt] (– fought [fɔːt] – fought)	kämpfen
use [juːz]	benutzen
replace [rɪ'pleɪs] something with something	etwas durch etwas ersetzen

Mit oder ohne -*self*-Pronomen?

Auf Deutsch sagt man: „Mensch, wie hast du dich verändert!", was im Berliner Dialekt natürlich so schön heißt: „Mensch, wie haste dir verändert!"
Aber Hochdeutsch oder Berliner Dialekt – in beiden ist da dieses „dich" oder „dir", das Reflexivpronomen oder rückbezügliche Pronomen. Im Deutschen sagt man „sich verändern", im Englischen aber schlicht *change*: *My, how you've changed!* oder *Boy, have you changed!*
Es wäre also falsch, im Englischen – dem Deutschen entsprechend – ein *yourself* hinzuzufügen, und da liegt eben die Fehlerquelle, die mit diesem Übungskapitel beseitigt werden soll. In der „Großen Lerngrammatik Englisch", auf die wir ja in diesem Buch laufend als Nachschlagewerk verweisen, finden Sie auf den Seiten 81–82 eine ausführliche Liste: „Deutsch rückbezüglich – englisch ohne -*self*".

5 *Übersetzen Sie.*

a) Hast du dich verletzt?
b) Hast du dich entschuldigt?
c) Du kannst dich auf mich verlassen.
d) Machen Sie sich keine Sorgen.
e) Sie drehte sich um.
f) Sie sah sich um.
g) Diese Menschen können sich nicht verteidigen.
h) Er kann sich kaum bewegen.
i) Sie will sich von ihm scheiden lassen.
j) Ich beschwerte mich beim Geschäftsführer.
k) Ich stellte mich ihrer Familie vor.
l) Du hast dich sehr verändert.

hurt [hɜːt] (– hurt – hurt)	verletzen
apologize [əˈpɒlədʒaɪz]	sich entschuldigen
depend [dɪˈpend] / rely [rɪˈlaɪ] on someone	sich auf jemand verlassen
worry [ˈwʌri]	sich Sorgen machen
turn (a)round [əˈraʊnd / raʊnd]	sich umdrehen
defend [dɪˈfend]	verteidigen
move [muːv]	(sich) bewegen
divorce [dɪˈvɔːs] someone	sich von jemand scheiden lassen
complain [kəmˈpleɪn] to someone	sich bei jemand beschweren
introduce [ɪntrəˈdjuːs] oneself to someone	sich jemand vorstellen

36 *Ergänzen Sie, wo erforderlich, das Pronomen.*

a) You should always have your passport on __________.
b) If we win the lottery, we'll get __________ a new car.
c) We were slowly approaching __________ the summit.
d) He distinguished __________ in the Crimean War.
e) They made __________ comfortable.
f) I was unable to concentrate __________.
g) I had to shout to make __________ understood.
h) We'll have to content __________ with a copy.
i) She made __________ useful by cooking for us.
j) The museum prides __________ on its excellent porcelain collection.
k) It took me over a week to acclimatize __________ to the hot and humid weather.
l) One must have the ability to adapt __________ to new conditions.
m) Any sunny day in winter you might find a snake sunning __________ on a rock or a log in order to warm __________ up.

approach [ə'prəʊtʃ]	sich nähern
summit ['sʌmɪt]	Gipfel
distinguish [dɪ'stɪŋgwɪʃ] oneself	sich auszeichnen
the Crimean [kraɪ'mɪən] War	der Krimkrieg (1853–56)
make oneself comfortable ['kʌmftəbl]	es sich bequem machen
content [kən'tent] oneself with something	sich mit etwas begnügen
pride oneself on something	sich einer Sache rühmen
porcelain ['pɔːslɪn]	Porzellan
acclimatize [ə'klaɪmətaɪz] (oneself) to something	sich an etwas gewöhnen
hot and humid ['hjuːmɪd]	(„heiß und feucht") schwül
adapt [ə'dæpt] (oneself) to something	sich einer Sache anpassen
new conditions [kən'dɪʃnz]	neue Bedingungen / Gegebenheiten
snake [sneɪk]	Schlange
sun [sʌn] oneself	sich sonnen
rock [rɒk]	Felsen; Felsbrocken; (großer) Stein
log [lɒg]	(gefällter) Baumstamm
warm up [wɔːm 'ʌp]	(sich) aufwärmen

-self-Pronomen oder *each other / one another*?

Im Deutschen ist das Wort „sich" doppeldeutig, da es sowohl „sich selbst" als auch „sich gegenseitig = einander" heißen kann:
a) Sie informieren **sich** (selbst).
b) Sie informieren **sich** (gegenseitig) (= einander).

Im Englischen werden diese beiden Bedeutungen durch zwei verschiedene Pronomen ausgedrückt:
a) They inform ***themselves****.*
b) They inform ***each other / one another****.*

Entsprechendes gilt für die englischen Entsprechungen des deutschen Pronomens „uns".
Hier verbirgt sich eine Sprachfalle, deren Vermeidung die folgende Übung erleichtern soll.

7 ***Setzen Sie, wo erforderlich, ein -*****self*****-Pronomen oder*** **each other / one another** ***ein.***

a) They met _____ on the internet.
b) I'm sure we will see _____ again one day.
c) Erasmus believed one needed to live a religious life in the middle of "temptation" rather than lock _____ away as if it didn't exist.
d) Between 1877 and 1887, four and a half million people moved to the West, and nearly half of them settled _____ on the Great Plains.
e) If human beings were to disappear, the world would go on little changed and would heal _____ from the damage inflicted by mankind.
f) I apologized _____ for not calling him back right away.
g) She excused _____, saying she was tired from her flight and would be lying _____ down for a while.
h) Do you find _____ preoccupied and dreamy, unable to concentrate _____ for any length of time?
i) She recognized him at once, and they greeted _____ warmly.
j) Young immigrants identify _____ more with their country of residence than with that of their birth.
k) Teamwork means that we support _____, inform _____ and regard _____ with respect.
l) She bent _____ down to pick up a coin that was lying on the road.

meet (– met – met) someone	jemand treffen / kennen lernen
Erasmus [ɪ'ræzməs]	(ca. 1469–1536, holländ. Gelehrter)
one needs to live a religious [rɪ'lɪdʒəs] life	man muss ein religiöses Leben führen
temptation [temp'teɪʃn]	Versuchung

52 -*self*-Pronomen oder *each other / one another*?

lock away [lɒk ə'weɪ]	einsperren; wegschließen
as if it didn't exist [ɪg'zɪst]	als ob sie (= die Versuchung) nicht existierte
settle in a place	sich an einem Ort ansiedeln
the Great Plains [greɪt 'pleɪnz]	(Flachland im Westen der USA und Kanadas)
if human ['hjuːmən] beings were to disappear [dɪsə'pɪə]	wenn die Menschen verschwinden sollten
the world [wɜːld] would go on little changed [tʃeɪndʒd]	die Welt würde wenig verändert weiter bestehen
heal [hiːl] someone	jemand heilen
inflict [ɪn'flɪkt] damage ['dæmɪdʒ] on someone	jemand Schaden zufügen
mankind [mæn'kaɪnd] / humankind [hjuːmən'kaɪnd]	die Menschheit
apologize [ə'pɒlədʒaɪz]	sich entschuldigen (wegen falschen Verhaltens)
excuse [ɪk'skjuːz] oneself	sich entschuldigen (fürs Weggehen)
preoccupied [pri'ɒkjupaɪd]	gedankenverloren; geistesabwesend
concentrate ['kɒnsəntreɪt] for any length of time	sich für längere Zeit konzentrieren
recognize ['rekəgnaɪz] someone	jemand erkennen
at once [ət 'wʌns]	sofort
greet [griːt] someone	jemand begrüßen
identify [aɪ'dentɪfaɪ] with something	sich mit etwas identifizieren
country of residence ['rezɪdəns]	Aufenthaltsland
birth [bɜːθ]	Geburt
support [sə'pɔːt] someone	jemand unterstützen
regard [rɪ'gɑːd] someone with respect [rɪ'spekt]	Achtung für jemand empfinden
bend (– bent – bent) down [bend 'daʊn]	sich bücken
pick up a coin [kɔɪn]	eine Münze aufheben

Relativpronomen – Relativsätze (vgl. Übung 105)

Relativsätze haben die gleiche Funktion wie Adjektive: sie dienen der näheren Bestimmung eines Nomens oder Pronomens. Für Englischlernende bestehen hier folgende – überwindbare – Probleme:

1. Welches Relativpronomen ist angemessen?
2. Kann ich das Relativpronomen weglassen? (Gegebenenfalls die elegantere Variante!)
3. Wo stelle ich die Präposition hin?

Vergleichen Sie diese bedeutungsgleichen Sätze:

a) Is this the window out of which she fell?
b) Is this the window that she fell out of?
c) Is this the window which she fell out of?
d) Is this the window she fell out of?

Hier ist d) die modernste und idiomatischste Konstruktion. Sie ist aber nicht immer möglich – wie wir sehen werden.

8 *Setzen Sie – nur wo notwendig –* **that, which, who, whom, whose** *ein.*

a) A blond-headed, silly-faced young man named Wilsher, _____ he barely knew, was inviting him with a smile to a vacant place at his table. (*George Orwell*)
b) A writer _____ work I particularly admire is Thomas Hardy.
c) Anyone _____ throws good money after bad is a fool.
d) I want to thank Professor Thomas Smith, without _____ help this book would not have been written.
e) We all know it's easier to remember things _____ surprise us.
f) Failures are the stuff out of _____ success is made.
g) He had affairs with the wives of two government ministers, one of _____ he later married.
h) He hated bending down, _____ was always liable to start him coughing. (*George Orwell*)
i) One can't foresee everything _____ could go wrong, and shouldn't try either.
j) People _____ are hungry and out of a job are the stuff of _____ dictatorships are made.
k) She wanted the best for her pupils, _____ she referred to frequently as her "little chickadees".
l) The number _____ you have called is no longer in service.
m) The only thing _____ they have is their bodies, their determination, their unity, their willingness to take risks.
n) The town is ideally located as a base from _____ to explore the rich culture of the province.

o) The house is said to be haunted by the ghost of the man _____ built it, a retired sailor _____ the locals call the Old Mariner.

silly-faced ['sɪli feɪst]	mit einem dummen Gesicht
he barely ['beəli] knew [nju:] him	er kannte ihn kaum
invite [ɪn'vaɪt] someone	jemand einladen
a vacant place ['veɪkənt]	ein freier Platz
Thomas Hardy ['tɒməs 'hɑ:di]	(1840–1928, engl. Erzähler u. Dichter)
throw (– threw – thrown) good money after bad	gutes Geld schlechtem hinterherwerfen
fool [fu:l]	Dummkopf; Narr
surprise [sə'praɪz] someone	jemand überraschen
failure ['feɪljə]	Misserfolg; Fehlschlag
stuff [stʌf]	Stoff; Zeug
success [sək'ses]	Erfolg
have an affair [ə'feə] with someone	ein Verhältnis / eine Affäre mit jem. haben
wife [waɪf] (*Pl.* wives [waɪvz])	(Ehe-)Frau
government minister [gʌvnmənt 'mɪnɪstə]	Minister(in)
marry ['mæri] someone	jemand heiraten
bend (– bent – bent) down	sich bücken
it was liable to start him coughing ['kɒfɪŋ]	es führte leicht dazu, dass er husten musste
foresee [fɔ:'si:] (– foresaw – foreseen) something	etwas vorhersehen
and shouldn't try either	und sollte es auch nicht versuchen
out of a job [aʊt əv ə 'dʒɒb]	arbeitslos
dictatorship [dɪk'teɪtəʃɪp]	Diktatur
pupil ['pju:pl]	Schüler(in)
refer [rɪ'fɜ:] to someone as . . .	von jemand sprechen als . . .
frequently ['fri:kwəntli]	häufig
chickadee ['tʃɪkədi:]	(nordamerikanische Meisenart)
determination [dɪtɜ:mɪ'neɪʃn]	Entschlossenheit
unity ['ju:nəti]	Einmütigkeit
willingness ['wɪlɪŋnəs] to take risks [rɪsks]	Risikobereitschaft
explore [ɪk'splɔ:] something	etwas erforschen / erkunden
the house is said to be haunted ['hɔ:ntɪd]	in dem Haus soll es spuken
a retired [rɪ'taɪəd] sailor	ein im Ruhestand lebender Seemann
the old mariner ['mærɪnə]	der alte Seefahrer

39 *Übersetzen Sie.*

a) Er ist ein Mann, der überall zu Hause ist.
b) Er ist ein Mann, den alle Leute lieben.
c) Zufällig traf sie Jim, den sie seit Jahren nicht gesehen hatte.
d) Das Böse, das Menschen tun, überlebt sie („lebt nach ihnen"). (*Shakespeare*)
e) Wer ist der einzige US-Präsident, nach dem einer der 50 Bundesstaaten benannt ist?

f) Es standen Dutzende von Leuten herum, von denen keiner etwas gesehen hatte.
g) Es gibt nicht viele Menschen, deren Träume in Erfüllung gehen.
h) Cricket ist ein Spiel, das ich nicht verstehe.
i) Füchse und Wölfe sind wilde Tiere, die stark Hunden ähneln.
j) Die Menschenaffen, von denen die Menschen abstammen, sind ausgestorben.
k) In Kuba schrieb Hemingway den kurzen Roman, für den er den Nobelpreis erhielt.
l) Er besitzt tausende von Büchern, von denen er die meisten nicht gelesen hat.
m) Magnetismus ist etwas, womit wir alle vertraut sind.
n) Egoismus ist etwas, was uns begrenzt.
o) Das ist etwas, womit ich mich nicht abfinden werde.

run across someone / bump into someone	jemand zufällig treffen
evil ['i:vl]	(das) Böse; böse
name something after *BE* / *AE* for someone	etwas nach jemand benennen
a dream comes true [tru:]	ein Traum geht in Erfüllung
wolf [wʊlf] (*Pl.* wolves [wʊlvz])	Wolf
resemble [rɪ'zembl] something strongly	einer Sache stark ähneln
ape [eɪp]	(Menschen-)Affe
humans (are) descended [dɪ'sendɪd] from apes	(die) Menschen stammen von Affen ab
they are extinct [ɪk'stɪŋkt]	sie sind ausgestorben
in Cuba ['kju:bə]	in Kuba
Ernest ['ɜ:nɪst] Hemingway ['hemɪŋweɪ]	(1899–1961, amerikanischer Schriftsteller)
novel ['nɒvl]	Roman
receive [rɪ'si:v] the Nobel Prize [nəʊ'bel 'praɪz]	den Nobelpreis erhalten
own [əʊn] something	etwas besitzen
read [ri:d] (– read [red] – read [red])	lesen
magnetism ['mægnətɪzm]	Magnetismus
be familiar [fə'mɪliə] with something	mit etwas vertraut sein
selfishness ['selfɪʃnəs]	Egoismus; Selbstsucht
limit ['lɪmɪt] something / someone	etwas / jemand begrenzen
put up with something	sich mit etwas abfinden

56 *Some – any*

Some und seine Zusammensetzungen stehen in „positiv" (die Grammatiker sagen auch: „affirmativ") gemeinten Formulierungen, also immer dann **nicht**, wenn das Gesagte fragenden oder verneinenden Charakter hat. Bei Frage oder Verneinung wählt man vielmehr *any* und seine Zusammensetzungen.

Wundern Sie sich angesichts dieser recht klaren Regel bitte nicht, wenn bei manchen der Sätze in den nachstehenden Übungen sowohl *some* als auch *any* eingesetzt werden kann. Es handelt sich um Fälle, wo man von der Formulierung des Satzes her nicht wissen kann, was der Sprecher sich **denkt**. Bejaht er die Aussage ohne Wenn und Aber, so steht *some*; lässt sich die Formulierung auch als fragend oder von einer Bedingung abhängig verstehen, so wählt man je nach Aussageabsicht *some* oder *any*. Ein Beispiel:
Have you got some milk? (Aussageabsicht: „Ich hätte gern Milch.")
Have you got any milk? (Aussageabsicht: „Ich möchte wissen, ob Milch da ist.")

40 *Setzen Sie ein:* **some** *oder* **any, something** *oder* **anything.**

a) There are _____ things which cannot be learned quickly, and a language is one of them.
b) Are there _____ things that men are better at than women – or women better at than men?
c) We need to make sure there aren't _____ things we've overlooked, but I can't foresee there being _____ problems at all.
d) _____ people just don't like me.
e) If there are _____ people out there who would like to tell their story, please contact me on the above e-mail address.
f) We didn't know _____ people when we moved here.
g) Do you know _____ people around here?
h) All animals are equal, but _____ animals are more equal than others. (*George Orwell*)
i) Julian, there's _____ you ought to know.
j) She believes that if she wants _____ done right she must do it herself.
k) If you don't want _____ to go into your baby's mouth, don't leave it where it can get hold of it.
l) He's been a big loser and nobody wants _____ to do with him.
m) Is there _____ I can do for you?
n) If there's _____ that makes me blue, it's not having _____ to do.
o) If there's _____ on your mind, please let me know about it.
p) You know, if there's _____ I can't stand, it's hypocrites.
q) _____ you can do I can do better, I can do _____ better than you.

language ['læŋgwɪdʒ]	Sprache
be better at something	in etwas besser sein
we need to make sure [ʃʊə]	wir müssen uns vergewissern
overlook [əʊvə'lʊk] something	etwas übersehen / nicht bemerken
foresee [fɔː'siː] (– foresaw – foreseen) something	vorhersehen
contact ['kɒntækt] someone	sich mit jemand in Verbindung setzen
move [muːv] to a place	an einen Ort ziehen
be equal ['iːkwəl]	gleich sein
you ought to ['ɔːtə] know this	du solltest dies wissen
get hold of something	etwas ergreifen
a big loser ['luːzə]	ein(e) große(r) Verlierer(in)
blue [bluː]	melancholisch; trübsinnig; traurig
she's got something on her mind [maɪnd]	es beschäftigt sie etwas
I can't stand it	ich kann es nicht ausstehen
hypocrite ['hɪpəkrɪt]	Heuchler(in); Scheinheilige(r)

Someone und *anyone* sind in allen Verwendungen austauschbar. Allerdings werden die Varianten mit *-one* etwa sechsmal so häufig verwendet wie die mit *-body*.

1 ***Setzen Sie ein:* somebody/someone *oder* anybody/anyone, somewhere *oder* anywhere.**

a) For a while I didn't realize that _____ was following me.
b) Did you notice _____ following you?
c) If I can do it, _____ can do it.
d) If you know _____ who might be interested, be sure to let them know.
e) If you know _____ who works at the company, pump them for information.
f) We don't want to see _____ hurt.
g) Did you see _____ else in the park after you heard the gunshot?
h) If _____ doesn't stand up for the truth, there won't be any truth left to stand up for.
i) _____ _____ must have said a prayer for me.
j) I know I have it, but I can't find it _____.
k) If you could live _____ in the world, what country would you choose, and why?
l) The e-mail facility allows you to send messages to _____, _____ in the world, almost instantaneously.
m) The play is about an artist who lives with his extended family in a ramshackle house _____ in rural America.

58 *Some – any*

I didn't realize ['rɪəlaɪz] that ...	mir war nicht bewusst, dass
be sure to let them know [nəʊ]	teilen Sie es Ihnen auf jeden Fall mit
pump someone for information [ɪnfə'meɪʃn]	Informationen aus jemand herausholen; jemand aushorchen
hurt [hɜːt] (– hurt – hurt)	verletzen
hear (– heard – heard) a gunshot ['gʌnʃɒt]	einen Schuss hören
stand (– stood – stood) up for something	für etwas eintreten
say [seɪ] (– said [sed] – said) a prayer [preə]	ein Gebet sprechen; beten
facility [fə'sɪləti]	Einrichtung
do you have an e-mail facility?	haben Sie E-Mail?
send (– sent – sent) someone a message ['mesɪdʒ]	jemand eine Mitteilung / Nachricht senden / schicken
instantaneously [ɪnstən'teɪniəsli]	sofort; ohne Zeitverlust
an extended [ɪk'stendɪd] family	eine Großfamilie
a ramshackle house	ein baufälliges Haus
in rural ['rʊərəl] America [ə'merɪkə]	im ländlichen Amerika

Mit oder ohne Stützwort *one(s)*?

„Meine Kreditkarte ist abgelaufen und ich habe noch keine neue." Im Deutschen kann ich sagen „ich habe noch keine **neue**", aber im Englischen brauche ich da zwingend das „Stützwort" *one*:
My credit card has expired [ɪk'spaɪəd] *and I haven't got a new* ***one*** *yet.*
Im Plural steht entsprechend *ones*:
Old houses often have more character than new ***ones***. (= Alte Häuser haben oft mehr Charakter als neue.)
One(s) kann nur für zählbare Nomen eintreten. Nach Superlativen (*the best, the fastest* etc.) entfällt es oft.

2 *Übersetzen Sie.*

a) Sie ist mit Abstand die Beste.
b) Ich habe sie alle ausprobiert. Diese ist die beste.
c) Die neueste Version ist nicht immer die beste.
d) Die teuerste Butter ist nicht immer die beste.
e) Diese Pumpe taugt nichts; ich habe eine bessere.
f) Dies ist eine private Website, keine kommerzielle.
g) Das Schlimmste sollte noch kommen.
h) Es wird billiger sein, einen neuen Staubsauger zu kaufen, als den alten reparieren zu lassen.
i) Das graue Gebäude zur Linken ist das Opernhaus und rechts das gelbe ist ein Museum.
j) Das Neue wird oft als bedrohlich empfunden.
k) Du bist doch diejenige, die immerzu jammert.
l) Diese Leute sind diejenigen, die die wirklich wichtigen Entscheidungen treffen.
m) Für den US-Markt sind britische Schreibweisen durch amerikanische ersetzt worden.

by far the best / far and away the best player	mit Abstand der / die beste Spieler(in)
the latest version ['vɜːʃn]	die neueste Version
it's no good / no use [juːs] / useless ['juːsləs]	es taugt nichts
a personal ['pɜːsnəl] website	eine private Website
bad – worse [wɜːs] – worst [wɜːst]	schlimm – schlimmer – schlimmste
vacuum cleaner ['vækjʊəm kliːnə]	Staubsauger
repair [rɪ'peə] / fix something	etwas reparieren
it is felt to be threatening ['θretnɪŋ]	es wird als bedrohlich empfunden
moan / whine / *BE auch* whinge [wɪndʒ] about something	über etwas jammern
make a decision [dɪ'sɪʒn]	eine Entscheidung treffen
spelling ['spelɪŋ]	Schreibweise
replace [rɪ'pleɪs] A with B	A durch B ersetzen

-*s*-Form des Verbs

Das -*s* am Verb wird oft vergessen; mitunter wird es auch verwendet, wo es nicht hingehört. Für den Fall, dass auch Sie unsicher sind, soll Ihnen die folgende kleine Erklärung helfen, es künftig richtig zu machen:

- Die -*s*-Form tritt nur im *present tense* (= Präsens / Gegenwart) auf.
- Das Verb hat ein -*s*, wenn sein Subjekt *he, she* oder *it* ist – oder ein Ausdruck, der durch *he, she* oder *it* ersetzt werden könnte.

Also:

He / She / It	**runs** away.
The boy / The girl / The animal	**runs** away.

Aber:

They	**run** away.
The boys / The girls / The animals	**run** away.

43 *Setzen Sie das Verb in die richtige Form des* present tense*: ohne oder mit -s.*

a) I usually (take) the tube.
b) Jack (travel) by tube too.
c) You (get) there quicker by tube.
d) It (take) about 40 minutes by tube.
e) The journey (take) at least 60 minutes if you (go) by car.
f) Most of the people around here (commute) by train.
g) I hope Laura (have) a snack on the train.
h) When we (travel) together, we often (have) a bagel on our way back.
i) Fresh bagels (taste) delicious.
j) It's amazing how good a fresh bagel (taste).
k) While a bagel (contain) less than one gram of fat, doughnuts (contain) about 12 grams of fat each.
l) If you (eat) too much animal fat, the cholesterol in your blood (rise).
m) High cholesterol (mean) you (have) a higher risk of heart disease.
n) In the UK, every two minutes someone (have) a heart attack.
o) About 300,000 Americans (die) of a heart attack each year just because they (don't / doesn't) get to the hospital in time.
p) The man will die if he (don't / doesn't) get to the hospital in time.

the tube [tju:b]	die (Londoner) U-Bahn
journey ['dʒɜ:ni]	Reise; Fahrt
take at least 60 minutes ['mɪnɪts]	mindestens 60 Minuten dauern
commute [kə'mju:t]	(regelmäßig) zur Arbeit und zurück fahren; pendeln
have a snack [snæk]	eine Kleinigkeit essen
bagel ['beɪgl]	Bagel (= *ursprünglich jüdisches brötchenartiges Gebäck*)
taste delicious [dɪ'lɪʃəs]	köstlich / ausgezeichnet schmecken
amazing [ə'meɪzɪŋ]	erstaunlich
doughnut ['dəʊnʌt]	Berliner (Pfannkuchen)
cholesterol [kə'lestərɒl]	Cholesterin(spiegel)
blood [blʌd]	Blut
heart disease ['hɑ:t dɪzi:z]	Herzleiden; Herzkrankheit; Herzerkrankung
heart attack ['hɑ:t ətæk]	Herzanfall; Herzattacke; Herzinfarkt

62 Verlaufsform des Verbs (Bildung)

Die Verlaufsform (*progressive form*) wird aus einer Form von *be* + *-ing*-Form gebildet (nicht etwa aus der *-ing*-Form allein!):

I **am** **reading**.		Ich lese (gerade).
She **was** **smiling**.		Sie lächelte.
It has **been** **raining**.		Es hat geregnet.
They would **be** **making** a big mistake.		Sie würden einen großen Fehler machen.

44 *Bilden Sie die der einfachen Form* (simple form) *entsprechende Verlaufsform* (progressive form).

a) She sleeps in the spare room.
b) They live in a suburb of Chicago.
c) He played a piece by Chopin.
d) The children sang Christmas carols.
e) We have lost a lot of money.
f) We have had a lot of problems lately.
g) I had not given her much attention.
h) We will spend about $150.
i) She may die.
j) I may have looked in the wrong place.

spare room [speə 'rʊm]	Gästezimmer
suburb ['sʌbɜ:b]	Vorort
Chopin ['ʃɒpæn]	(polnischer Komponist berühmter Klavierwerke)
Christmas carol [krɪsməs 'kærəl]	Weihnachtslied
lately ['leɪtli]	in letzter Zeit
not give much attention [ə'tenʃn] to someone	jemand nicht sehr beachten
spend (– spent – spent)	(*Geld*) ausgeben
she may die [daɪ]	sie kann sterben; es kann sein, dass sie stirbt
in the wrong [rɒŋ] place	an der falschen Stelle

Verlaufsform des Verbs (Gebrauch)

Die englische Verlaufsform ist eines jener Grammatikprobleme, die Englischlehrer in Arbeit und Brot halten. Die grammatische Regel gilt als etwa so schwierig wie die Abseitsregel im Fußball.
Bevor Sie in Ihre Grammatik schauen (oder die Übungen nach Gefühl machen, was keineswegs falsch wäre), versuchen wir es hier noch einmal mit einer relativ kurzen Erklärung:
Der Gebrauch oder Nichtgebrauch der Verlaufsform hängt nicht so sehr davon ab, wie das Geschehen abläuft, sondern davon, wie der Sprechende (oder Schreibende) das Geschehen sieht. Will er die Handlung wie mit der Zeitlupe beschreibend „dehnen", so wird er die Verlaufsform benutzen; will er sie lediglich als Tatsache registrieren, tut er das mit der einfachen Form. Regelmäßig Wiederkehrendes wird in der Regel mit der einfachen Form ausgedrückt, die Ausnahme durch die Verlaufsform. Zwei etwa gleichzeitig ablaufende Handlungen stehen beide in der gleichen Form (Verlaufsform oder einfache Form). „Platzt" eine kurze Handlung in eine länger andauernde hinein – wie etwa das Telefonklingeln in das Abendessen –, so wird man die Verlaufsform für die längere und die einfache Form für die kürzere Handlung nehmen.

5 ***Wählen Sie die situativ angemessenere Form.***

a) If (you want / you're wanting) to go to Bexley, (you sit / you're sitting) on the wrong train.
b) I (hope / am hoping) (I don't keep / I'm not keeping) you from your dinner.
c) The uglier a man's legs are, the better (he plays / he's playing) golf.
d) When a stupid man (does / is doing) something he is ashamed of, (he always declares / he is always declaring) it is his duty. (*Shaw*)
e) What (does John do / is John doing)? – He's in the garden mending the fence.
f) What (does John do / is John doing)? – He's an engineer.
g) Were you (serious / being serious) when you talked about getting married?
h) The driver (talked / was talking) on a cell phone when he (drove / was driving) through a stop sign and (crashed / was crashing) his truck into a car.
i) While Shakespeare's immortal lines were (delivered / being delivered) on the stage, a mobile phone (suddenly rang / was suddenly ringing).
j) What (have you done / have you been doing) with yourself since we (last met / were last meeting)?
k) What (has he done / has he been doing) to deserve this terrible fate?
l) If you (hadn't found / hadn't been finding) me, I wouldn't (sit / be sitting) here with you right now.

m) A friend and I (had / were having) breakfast at a restaurant when a man at the next table (leaned / was leaning) over to join our conversation.
n) For many years we (had / were having) lunch together once a month and (chatted / were chatting) about what had (gone on / been going on) in our lives.
o) It must have (snowed / been snowing) all night; there's at least six inches on the ground and (it still comes / it's still coming) down.

keep (– kept – kept) someone from something	jemand von etwas abhalten
ugly ['ʌgli]	hässlich
stupid ['stju:pɪd]	dumm
be ashamed [ə'ʃeɪmd] of something	sich einer Sache schämen
declare [dɪ'kleə]	erklären
his duty ['dju:ti]	seine Pflicht
mend a fence [fens]	einen Zaun ausbessern / reparieren
engineer [endʒɪ'nɪə]	Ingenieur(in)
are you serious ['sɪəriəs]	meinst du das ernst?; ist das dein Ernst?
get married ['mærid]	heiraten
cell phone ['sel fəʊn] / mobile ['məʊbaɪl] (phone)	Mobiltelefon; Handy
drive [aɪ] (– drove – driven [ɪ]) through a stop sign [saɪn]	ein Stoppschild überfahren
crash [kræʃ] one's truck into a car	mit seinem Lkw gegen einen Pkw krachen
Shakespeare's immortal [ɪ'mɔ:tl] lines	Shakespeares unsterblicher Text
deliver [dɪ'lɪvə] Shakespeare's lines	Shakespeares Text vortragen / rezitieren
on the stage [steɪdʒ]	auf der Bühne
ring (– rang – rung)	klingeln
deserve [dɪ'zɜ:v] one's fate	sein Schicksal verdienen
right now [raɪt 'naʊ]	genau jetzt; in diesem Moment
have breakfast ['brekfəst]	frühstücken
lean [li:n] (– leant* [lent] – leant*) over	sich herüberlehnen / hinüberlehnen
chat [tʃæt] about something	über etwas plaudern
snow [snəʊ]	schneien
six inches ['ɪntʃɪz] (1 inch = 2.54 centimetres)	sechs Zoll

46 *Setzen Sie die eingeklammerten Verben in die passende Form.*

While the well-heeled residents of Palm Beach sit at dinner, burglars (help) themselves to their jewellery and other valuables.
The burglars (sneak) in while the family (happily dine) – and the alarms are switched off because everyone is at home.
The burglars (usually come) between 6.30 pm and 8.30 pm. They (enter) the homes quickly and quietly through unlocked upper-floor windows.

Once inside they (search) the bedrooms and have (safely get) away with their haul by the time their victims (polish) off dessert.
A police spokeswoman said that all the victims had (wire) their homes with sophisticated alarm systems, but none of them (ever think) to turn them on when they were at home. "People who (switch) off their alarms and (keep) their upper-floor windows open (really ask) for trouble," she said.

well-heeled residents ['rezɪdənts]	betuchte / wohlhabende Bewohner
Palm Beach [pɑ:m 'bi:tʃ]	(Stadt in Florida, eine der reichsten Gemeinden der USA)
dinner ['dɪnə]	(Abend-)Essen (*als Hauptmahlzeit*)
burglar ['bɜ:glə]	Einbrecher(in)
help oneself to something	sich etwas holen; etwas mitgehen lassen
jewellery ['dʒu:əlri]	Schmuck
valuables ['væljʊblz]	Wertsachen
sneak in [sni:k 'ɪn]	sich einschleichen
dine [daɪn]	speisen; dinieren
alarm [ə'lɑ:m]	Alarmanlage
switch off [switʃ 'ɒf]	ausschalten; abschalten
between 6.30 pm and 8.30 pm	zwischen 18.30 und 20.30 Uhr (pm *bezeichnet die zweite Tageshälfte*)
upper-floor windows ['ʌpə flɔ: 'wɪndəʊz]	Fenster im Obergeschoss
once inside [wʌns ɪn'saɪd]	wenn sie erst (ein)mal drinnen sind
search [sɜ:tʃ] the bedrooms	die Schlafzimmer durchsuchen
get (– got – got) away	entkommen; entwischen
with their haul [hɔ:l]	mit ihrer Beute
victim ['vɪktɪm]	Opfer
polish off [pɒlɪʃ 'ɒf]	verputzen; verdrücken
dessert [dɪ'zɜ:t]	Nachtisch; Dessert
police [pə'li:s] spokeswoman ['spəʊkswʊmən]	Polizeisprecherin
wire ['waɪə] a house [haʊs]	ein Haus verdrahten / verkabeln
a sophisticated [sə'fɪstɪkeɪtɪd] alarm system	eine raffinierte / ausgeklügelte Alarmanlage
turn the alarm [ə'lɑ:m] on	die Alarmeanlage einschalten
ask for trouble ['trʌbl]	„Ärger herausfordern"; (*hier etwa:*) zum Einbrechen einladen

Present perfect und *past tense*

Der richtige Gebrauch des *present perfect* (= Perfekt) ist traditionell ein *major stumbling block* (= eine große Hürde) für deutschsprachige Englischlernende. In unserem Gehirn sind eben fest solche Sätze eingegraben wie „Ich habe es gestern bekommen“ oder „Sie sind vor drei Tagen abgereist“ – Sätze, in denen das Perfekt (habe bekommen, sind abgereist) mit einer Zeitbestimmung der Vergangenheit (gestern, vor drei Tagen) kombiniert wird. Diese Verknüpfung ist im Deutschen möglich, im Englischen aber nicht. Leider verleitet uns die Interferenz unserer Muttersprache immer wieder zur Übertragung des deutschen Sprachgebrauchs auf das Englische: *I have got, they have left*. Es muss aber heißen:
I got (nicht: *have got*) *it yesterday.*
They left (nicht: *have left*) *three days ago.*
Diese Fehlerquelle versuchen wir mit den folgenden drei Übungen zu beseitigen.

47 *Erweitern Sie die Sätze entsprechend dem Beispiel.*

> She has **just** told me about it. (during a break in the meeting)
> She told me about it during a break in the meeting.

a) My wife has **just** returned from the Mediterranean. (last night)
b) She has **just** divorced her third husband. (a month ago)
c) She has **just** left. (a minute ago)
d) I've read the article. (over breakfast this morning)
e) Jeremy has **just** come in. (while you were asleep)
f) Health care costs have risen 11 per cent. (last year)
g) The report has **just** been published. (as soon as it was available)
h) I've bought the tickets. (on the internet)
i) The police have arrested a suspect. (within hours of the bombing)
j) I have made my decision. (it was during one of these walks that)

return [rɪ'tɜːn]	zurückkommen; zurückkehren
the Mediterranean [medɪtə'reɪniən]	das Mittelmeer
divorce someone [dɪ'vɔːs]	sich von jemand scheiden lassen
read [riːd] (– read [red] – read [red])	lesen
article ['ɑːtɪkl]	Artikel
over breakfast ['brekfəst]	beim Frühstück
while you were asleep [ə'sliːp]	während du schliefst
health care costs [kɒsts]	Gesundheits(pflege)kosten
rise [raɪz] (– rose – risen ['rɪzn])	(an)steigen
publish ['pʌblɪʃ] a report [rɪ'pɔːt]	einen Bericht veröffentlichen

as soon as it was available [ə'veɪləbl]	sobald er verfügbar war / vorlag
buy [baɪ] (– bought [bɔ:t] – bought)	kaufen
within hours of the bombing ['bɒmɪŋ]	nur (wenige) Stunden nach dem Bombenanschlag
police [pə'li:s] (*Immer mit Pluralverb.*)	Polizei
arrest [ə'rest] a suspect ['sʌspekt]	einen Verdächtigen verhaften
make (– made – made) a decision [dɪ'sɪʒn]	eine Entscheidung treffen / fällen

8 Present perfect *oder* past tense? *Setzen Sie die passende Zeitform ein.*

a) The United States (always be) a country of immigrants.
b) The first humans (come) to the Americas about 30,000 years ago.
c) The Declaration of Independence (be) signed by 56 men.
d) The Declaration of Independence (be) called the birth certificate of the United States, and it is its adoption that Americans celebrate each year with fireworks on the Fourth of July.
e) More than 70 million people (migrate) to the US since the signing of the Declaration of Independence.
f) Up to 1970, the vast majority of migrants (come) from Europe.
g) Since 1970, the ethnic makeup of the new immigrants (change).
h) Since it (be) founded, the United States (take) in more immigrants than the rest of the world combined.
i) Today nearly ten per cent of Americans (be) born in another country.
j) The Fourth of July (be) a great national holiday in the US since the beginning of the 19th century.

immigrant ['ɪmɪgrənt]	Einwanderer / Einwanderin; Immigrant(in)
the first humans ['hju:mənz]	die ersten Menschen
the Americas [ə'merɪkəz]	(= Nord-, Mittel- und Südamerika)
the Declaration [deklə'reɪʃn] of Independence [ɪndɪ'pendəns]	die Unabhängigkeitserklärung (der USA 1776)
sign [saɪn]	unterschreiben
birth certificate ['bɜ:θ sətɪfɪkət]	Geburtsurkunde
its adoption [ə'dɒpʃn]	ihre Annahme
celebrate ['seləbreɪt]	feiern
fireworks (*Plural*)	Feuerwerk
migrate [maɪ'greɪt] to a country	in ein Land immigrieren / einwandern
the vast [vɑ:st] majority [mə'dʒɒrəti]	die überwältigende Mehrheit
the migrants ['maɪgrənts]	die Einwanderer / Zuwanderer
the ethnic ['eθnɪk] makeup	die ethnische Zusammensetzung
change [tʃeɪndʒ]	sich (ver)ändern
found [faʊnd]	gründen
the rest of the world combined [kəm'baɪnd]	der Rest der Welt zusammen
born [bɔ:n]	geboren

49 *Übersetzen Sie.*

a) Dein Paket ist angekommen.
b) Dein Paket ist gerade angekommen.
c) Dein Paket ist gestern früh angekommen.
d) Dein Paket ist heute Morgen angekommen.
e) Bist du schon mal in Irland gewesen?
f) Seid ihr nicht voriges Jahr in Irland gewesen?
g) Wir sind diesen Sommer in Irland gewesen.
h) Hast du meine Brille gesehen?
i) Ich glaube, ich habe sie vorhin irgendwo gesehen.
j) Ich habe meine Arbeit verloren.
k) Zehntausende von Menschen haben voriges Jahr ihre Arbeit verloren.
l) Sie hat den Vertrag bereits unterschrieben.
m) Sie hat den Vertrag vor kurzem unterschrieben.
n) Sie hat den Vertrag bei ihrem letzten Besuch hier unterschrieben.

parcel ['pɑ:sl]	Paket
arrive [ə'raɪv]	ankommen
Ireland ['aɪələnd]	Irland
my glasses ['glɑ:sɪz] are …	meine Brille ist …
a little while ago [ə'gəʊ]	vorhin; vor kurzem
lose [lu:z] (– lost [lɒst] – lost) one's job	seine Arbeit verlieren
tens of thousands of people ['pi:pl]	zehntausende von Menschen
sign [saɪn] a contract ['kɒntrækt]	einen (*privatrechtlichen*) Vertrag unterschreiben
a short time / while ago [ə'gəʊ]	vor kurzem
during ['djʊərɪŋ] her last visit ['vɪzɪt]	bei ihrem letzten Besuch

Present perfect progressive und *present perfect simple*

Hier geht es um einen anderen Gebrauch des *present perfect* als im vorigen Kapitel: es wird nicht eine abgeschlossene, sondern eine noch andauernde, also sich aus der Vergangenheit in die Gegenwart „erstreckende" Handlung ausgedrückt. Dies geschieht in der einfachen Form oder in der Verlaufsform (*progressive form*):

1. *It **has snowed** twice since we got here.* (= Seit wir hier hier ankamen, hat es zweimal geschneit.)
2. *It **has been snowing** all the time since we got here.* (= Seit wir hier ankamen, schneit es unentwegt.)

In (1) hat es zweimal für eine gewisse Zeitspanne Schnee gegeben; in (2) erstreckt sich der Vorgang des Schneiens aus der Vergangenheit kontinuierlich bis in die Gegenwart.
Während in den Beispielen (1) und (2) jeweils nur die eine oder die andere Form idiomatisch ist und ja auch die Aussage verschieden ist, sagen die nachfolgenden Beispiele (3) und (4) bei unterschiedlicher Form das Gleiche aus:

3. *I **have played** tennis for many years.* (= Ich spiele seit vielen Jahren Tennis.)
4. *I **have been playing** tennis for many years.* (= Ich spiele seit vielen Jahren Tennis.)

Ein Verb, das in der Gegenwart in einer gegebenen Bedeutung nicht in der Verlaufsform (*progressive form*) stehen kann, kann auch im *present perfect* nur in der einfachen Form gebraucht werden:

5. *I **have known** her for many years.* (= Ich kenne sie seit vielen Jahren.)
6. *I **have loved** her since the day we first met.* (= Ich liebe sie seit dem Tag, an dem wir uns kennen lernten.)

Schauen Sie sich die folgenden Beispiele an: Um auszudrücken, dass die Handlung sich aus der Vergangenheit in die Gegenwart erstreckt, gebraucht man das *present perfect* in der Verlaufsform oder einfachen Form.

It is snowing. It **has been snowing** for three days (now).	Es schneit. Es schneit nun schon seit drei Tagen.
He is suffering / He suffers from insomnia. Ever since the accident, he **has been suffering / he has suffered** from insomnia.	Er leidet an Schlaflosigkeit. Seit dem Unfall leidet er an Schlaflosigkeit.

◄ GrLGr S. 206 ff. ►

 Present perfect progressive und *present perfect simple*

Do you use a computer? How long **have you been using / have you used** a computer?	Benutzen Sie einen Computer? Wie lange benutzen Sie schon einen Computer?
I know her. I **have known** her since sixth grade.	Ich kenne sie. Ich kenne sie (schon) seit der sechsten Klasse.
I love her. I **have loved** her ever since I first saw her.	Ich liebe sie. Ich liebe sie, seit ich sie das erste Mal sah.
She is missing. She **has been** missing since Monday.	Sie wird vermisst. Sie wird seit Montag vermisst.
Are you married? How long **have you been** married?	Sind Sie verheiratet? Wie lange sind Sie schon verheiratet?

50 ***Erweitern Sie die Sätze, indem Sie die eingeklammerten Zeitbestimmungen hinzufügen.***

a) I know her. (I was a kid)
b) I know him. (about ten years)
c) We are working on this problem. (some years now)
d) He lives at this address. (over 15 years)
e) He is living with his daughter. (his wife died)
f) It is an offence not to wear a seat belt. (1983)
g) She's a wonderful friend. (we first met in May 2000).
h) Humans enjoy wine. (thousands of years)
i) His wife is confined to a wheelchair. (nearly a decade)
j) She's avoiding me. (some time)
k) A politician doesn't become a statesman until he is dead. (ten or fifteen years)
l) This is something I want to do. (quite some time now)
m) Are you living alone? (how long)
n) Do you have a mobile phone? (how long)
o) Do you have trouble sleeping? (how long)
p) He doesn't have much time to read books. (so far)
q) These projects are heavily subsidized. (up to now)

know [nəʊ] (– knew [nju:] – known [nəʊn])	kennen
offence [ə'fens]	Vergehen; Straftat; strafbare Handlung
wear [weə] a seat belt (– wore [wɔ:] – worn)	einen Sitzgurt tragen; sich anschnallen
humans ['hju:mənz]	(die) Menschen
enjoy [ɪn'dʒɔɪ]	genießen; sich erfreuen an
be confined [kən'faɪnd] to a wheelchair ['wi:ltʃeə]	an den Rollstuhl gefesselt sein
a decade ['dekeɪd]	ein Jahrzehnt; zehn Jahre
avoid someone [ə'vɔɪd]	jemand meiden / aus dem Weg gehen
politician [pɒlə'tɪʃn]	Politiker(in)
mobile phone [məʊbaɪl 'fəʊn]	Mobiltelefon; Handy
have trouble ['trʌbl] sleeping	schlecht schlafen können
so far [səʊ 'fɑ:] / up to now	bisher
project ['prɒdʒekt]	Projekt
heavily subsidized ['sʌbsɪdaɪzd]	stark subventioniert

Present tense oder *present perfect*?

In der folgenden Übung wird geradezu brutal die Interferenz des Deutschen ins Spiel gebracht, und zwar um Sie gegen einen häufig gemachten Fehler zu „impfen".

Nehmen wir als Beispiel zwei Sätze, die durchaus ähnlich sind. Beide haben das gleiche Verb in der gleichen Form, im Präsens, nämlich „sind":
1. Sie **sind** Rivalen.
2. Sie **sind** seit Jahren Rivalen.

Die beiden Sätze unterscheiden sich nur in einem Punkt: In Satz 2 steht der Zusatz „seit Jahren". Dieser Zusatz bewirkt aber, dass hier im Englischen nicht *are* steht (wie in Satz 1), sondern *have been*. Denn: Um auszudrücken, dass eine Handlung in der Vergangenheit begann und in der Gegenwart noch andauert, benutzen wir das *present perfect* (*have been, have known, has had* etc.).
1. *They* ***are*** *rivals.*
2. *They* ***have been*** *rivals for years.*

Beachten Sie dies beim Übersetzen der folgenden Sätze.

51 *Übersetzen Sie.*

a) Ich kenne ihn.
Ich kenne ihn schon seit Jahren.
b) Ich bin zu Hause.
Ich bin schon seit zwei Uhr zu Hause.
c) Sie hat einen deutschen Pass.
Sie hat seit acht Jahren einen deutschen Pass.
d) Schau mal, es regnet.
Es regnet schon seit gestern Abend.
e) Spielen Sie Schach?
Wie lange spielen Sie schon Schach?
f) Ich habe Schmerzen im Rücken.
Ich habe schon die ganze Woche Schmerzen im Rücken.
g) Unsere Urlaube verbringen wir meist im schottischen Hochland.
Schon seit Jahren verbringen wir unsere Urlaube im schottischen Hochland.
h) Ich habe Angst vor Hunden.
Seit ich als Kind von einem Schäferhund gebissen wurde, habe ich Angst vor Hunden.

know [nəʊ] (– knew [nju:] – known [nəʊn])	kennen
play chess [tʃes]	Schach spielen
have a pain in one's back	Schmerzen im Rücken haben
all week [ɔ:l 'wi:k]	die ganze Woche (lang)
holiday ['hɒlədeɪ] *BE* / *AE* vacation [veɪ'keɪʃn]	Urlaub
the Scottish Highlands ['skɒtɪʃ 'haɪləndz]	das schottische Hochland
be afraid [ə'freɪd] of something	vor etwas Angst haben
bite [baɪt] (– bit [bɪt] – bitten ['bɪtn])	beißen
an Alsatian [æl'seɪʃn] / a German shepherd ['ʃepəd]	ein Deutscher Schäferhund

◄ GrLGr S. 207 ►

74 *Since when + present perfect* oder *present tense?*

Der hier behandelte Unterschied ist subtil („ein subtiler Unterschied“ = *a subtle* ['sʌtl] *difference* – eine häufig gebrauchte Kollokation!): Ist *since when* eine echte Frage nach der zeitlichen Dauer, so steht es mit dem *present perfect*; drückt es Zweifel, Ungläubigkeit oder Ärger aus, so steht das Präsens. Wie gesagt: ein subtiler Unterschied – diese Übung ist nicht vordringlich!

Beachten Sie den Unterschied.

Since when + present perfect = echte Frage nach der zeitlichen Dauer:

Since when **have** you **had** this car?	Seit wann **haben** Sie dieses Auto?
Since when **have** you **been having** these problems?	Seit wann **haben** Sie diese Probleme?
Since when **have** you **been** married?	Seit wann **sind** Sie verheiratet?
Since when **have** the two companies **been** cooperating?	Seit wann **arbeiten** die beiden Firmen zusammen?

Since when + present tense = Ausdruck von Zweifel, Ungläubigkeit, Ärger (es handelt sich um Scheinfragen, die nach Auffassung des Sprechers mit „nein“ beantwortet werden müssen):

Since when **can** a dog do sums?	Seit wann **kann** ein Hund rechnen? (Ein Hund kann nicht rechnen!)
Since when **do** parents have to obey their children?	Seit wann **müssen** Eltern ihren Kindern gehorchen? (Eltern müssen ihren Kindern nicht gehorchen!)
Since when **does** two plus two make five?	Seit wann **ist** zwei und zwei fünf? (Zwei und zwei ist nicht fünf!)
Since when **is** an artist required to be intelligible to everyone?	Seit wann **muss** ein Künstler für jedermann verständlich sein? (Ein Künstler muss nicht für jedermann verständlich sein!)

2 *Bilden Sie* since when-*Sätze mit* present tense *oder* present perfect tense.

the year / end in October
Since when does the year end in October?

the first of May / a public holiday in Germany
Since when has the first of May been a public holiday in Germany?

a) Turkey / be a member of NATO
b) "no" / mean "yes"
c) a villain / help the good guy escape
d) Leeds / have a university
e) they / use plastic instead of steel
f) you / have this fever
g) you / have this account
h) you / learn English
i) it / a crime to be old
j) "boys" / spelled "boyz"
k) mobile phones / be around

Turkey ['tɜ:ki]	die Türkei
villain ['vɪlən]	Schurke; Bösewicht
the good guy ['gʊd gaɪ]	der Gute; der gute Mensch
escape [ɪ'skeɪp]	entkommen
Leeds [li:dz]	(nordengl. Universitätsstadt)
university [ju:nɪ'vɜ:səti]	Universität
plastic ['plæstɪk]	Kunststoff; Plastik
steel [sti:l]	Stahl
fever ['fi:və]	Fieber
account [ə'kaʊnt]	(Bank-)Konto
crime [kraɪm]	Verbrechen
spell (– spelt* – spelt*)	buchstabieren
mobile phone [məʊbaɪl 'fəʊn]	Mobiltelefon; Handy
they have been around since [sɪns] ...	es gibt sie (schon) seit ...

◄ GrLGr S. 220 ff. ►

Zukunft (Futur)

Das englische Verb besitzt keine ausgesprochene Zukunftsform. Es gibt aber verschiedene Möglichkeiten die Zukunft auszudrücken, die im Folgenden dargestellt, erklärt und geübt werden.

Beachten Sie die sechs Möglichkeiten zum Ausdruck des Futurs im Englischen:

1. will / shall / ’ll:	I **will** / I **shall** / I’**ll see**	her tomorrow.
2. will / shall / ’ll be -ing:	I **will** / I **shall** / I’**ll be seeing**	her tomorrow.
3. be going to:	I **am** / I’**m going to see**	her tomorrow.
4. be going to be -ing:	I **am** / I’**m going to be seeing**	her tomorrow.
5. present progressive:	I **am** / I’**m seeing**	her tomorrow.
6. present simple:	I **see**	her tomorrow.

53 ***Gebrauchen Sie bei der Übersetzung der folgenden Sätze jeweils eine der obigen sechs Zukunftsformen (unsere Empfehlung ist in Klammern angegeben).***

a) Vielleicht ruft er mich ja an. (1)
b) Wann bist du zurück? (1)
c) „Wann kommt sie?“ (5) – „Heute. Sie ruft an (3), wenn sie in Paddington ankommt.“
d) Der Präsident wird im Königspalast wohnen. (2)
e) Zu welcher Jahreszeit werden Sie Ihren Urlaub nehmen? (2)
f) Was werde ich wohl in zehn Jahren machen? (2)
g) Weißt du, was ich nächsten Samstag machen werde? (3) Ich werde in einem Wohltätigkeitskonzert singen. (4)
h) Es wird wirklichen Ärger geben. (3)
i) Stell dir nur vor – ich werde direkt neben dem Präsidenten sitzen! (4)
j) Wo werden Sie wohnen – im Savoy? (4)
k) Verlass dich darauf – wenn wir zurückkommen, wird er mit einem Blumenstrauß auf dem Bahnsteig stehen. (4)
l) Wir werden die Aktienkurse nicht so schnell wieder steigen sehen. (4)
m) Wir reisen morgen bei Tagesanbruch ab. (5)
n) Wir haben nächstes Wochenende ein Straßenfest. (5)
o) Wir ziehen nächste Woche um. (5)
p) Dave hat nächste Woche Geburtstag. (6) Er wird zehn. (1) Was schenken wir ihm? (3)
q) Zwei meiner Kollegen gehen nächstes Jahr in den Ruhestand. (6)
r) Um welche Zeit kommen wir in Aberdeen an? (6)

Paddington ['pædɪŋtən]	(Londoner Fernbahnhof)
president ['prezɪdənt]	Präsident(in)
royal palace [rɔɪəl 'pæləs]	Königspalast
stay [steɪ]	(vorübergehend) wohnen
(at) what time of the year?	zu welcher Jahreszeit?
take (– took – taken) one's holiday *BE* / *AE* vacation	seinen Urlaub nehmen
charity concert [tʃærəti 'kɒnsət]	Wohltätigkeitskonzert
just imagine [ɪ'mædʒɪn]	stell dir nur vor
take my word for it	verlass dich darauf
bunch [bʌntʃ] of flowers ['flaʊəz]	Blumenstrauß
share prices ['ʃeə praɪsɪz]	Aktienkurse
rise [raɪz] (– rose – risen ['rɪzn])	steigen
it won't [wəʊnt] happen any time soon	das wird nicht so schnell passieren
leave [li:v] (– left – left)	abreisen
at daybreak ['deɪbreɪk]	bei Tagesanbruch
street party ['stri:t pɑ:ti]	Straßenfest
move house [mu:v 'haʊs]	umziehen
have a birthday ['bɜ:θdeɪ]	Geburtstag haben
give (– gave – given) someone something	jemand etwas schenken
colleague ['kɒli:g]	Kollege/ Kollegin
retire [rɪ'taɪə]	in den Ruhestand gehen

Die sechs Zukunftsformen erklärt:

1. *Will / shall / 'll* („neutrale" Zukunft):
   *How many people **will** there **be** on this planet in 2010?*
2. *Will / shall / 'll be -ing* (für fest vorgesehene Handlungen, höfliche Fragen nach jemandes Plänen und für Handlungen, die zu einem bestimmten Zukunftszeitpunkt gerade ablaufen werden):
   *We**'ll be staying** at the King's Hotel.*
   *What time **will** you **be arriving**?*
   *At this time tomorrow we**'ll be having** tea at Fortnum & Mason's.*
3. *Be going to* (Betonung von Absicht oder Gewissheit):
   *We**'re going to make** a fresh start.*
4. *Be going to be -ing* (bedeutungsgleich mit 2, aber umgangssprachlicher):
   *We**'re going to be seeing** lots of changes.*
5. *Present progressive*, meist mit Zeitbestimmung der Zukunft (betont, dass etwas geplant ist):
   *We**'re seeing** a movie tonight.*
6. *Present simple* (für „fahrplanmäßig" festgesetzte Zukunftshandlungen):
   *The next train for Glasgow **leaves** at 8.15.*

54 *Setzen Sie das Verb in eine passende Zeitform.*

a) If anyone (try) to steal your car, the alarm will go off.
b) A new edition of this popular handbook (come) out this summer.
c) I imagine you (be) better than me when you're my age.
d) The treaty has been signed by 139 states but the US has said that it (not ratify) it.
e) The next bus (not be) for hours. I suppose we (have) to walk.
f) She says she (believe) it when she sees it in writing.
g) When (you be) able to start work?
h) If you take public transport, you (not have) to worry about finding a parking space.
i) I'll help you if you (help) me.
j) When (you need) the money?
k) Writer Melanie Adams (read) from her book *Long Time No See* at 7:30 pm on Thursday, May 9, at Brown's Bookstore.
l) Shuttle buses (wait) for you when the boat docks at approximately 9:00 pm.
m) I know I made a hash of things this time, but there's no way I (make) the same mistake next year.

steal (– stole – stolen)	stehlen
alarm [ə'lɑːm]	Alarm(anlage)
go (– went – gone [gɒn]) off [gəʊ 'ɒf]	losgehen
a new edition [ɪ'dɪʃn]	eine neue Ausgabe / Auflage
a popular ['pɒpjʊlə] handbook ['hændbʊk]	ein beliebtes Handbuch
I imagine [ɪ'mædʒɪn]	ich nehme an
sign [saɪn] a treaty ['triːti]	einen Vertrag unterzeichnen
ratify ['rætɪfaɪ] a treaty	einen Vertrag ratifizieren
take (– took – taken) public transport ['trænspɔːt]	öffentliche Verkehrsmittel benutzen
worry ['wʌri] about something	sich Gedanken / Sorgen um etwas machen
find (– found – found) a parking space ['pɑːkɪŋ speɪs]	eine Parklücke finden
writer ['raɪtə]	Schriftsteller(in)
long time no see (*umgangssprachl.*)	lange nicht gesehen
shuttle bus ['ʃʌtl bʌs]	Pendelbus; Shuttlebus
the boat [bəʊt] docks	das Schiff / der Dampfer legt an
at approximately [ə'prɒksɪmətli] 9:00 pm	gegen 21 Uhr
make a hash of things [hæʃ]	Mist bauen
there's no way	auf keinen Fall
make (– made – made) a mistake [mɪ'steɪk]	einen Fehler machen

5 *Setzen Sie das Verb in eine passende Zeitform.*

a) I've been taken to the cleaners. It (not happen) again. In future I (be) more careful.
b) Nobody knows when the terrorists (strike) again.
c) What (you do) if a customer doesn't pay you or files bankruptcy?
d) If you (rob) a bank, it's a good idea to wear a wig and a fake beard.
e) Forget the picnic. I just checked the weather; it (rain) all day.
f) Take my word for it, you (love) this novel! We (hear) a lot about its author in the future.
g) My parents (celebrate) their golden wedding anniversary next year.
h) I (leave) for Australia in a couple of hours and I'm not done packing.
i) We (get) married in August.
j) We (move) to the suburbs as soon as we can afford to do so.
k) The Opening Ceremony (take) place on Thursday, Feb. 13, from 4:15 to 5:15 pm.
l) I'll e-mail you details as soon as I (know) what's going to happen.
m) I (go) on duty in about half an hour – if I (see) him then, I'll tell him.

take (– took – taken) sb to the cleaners ['kli:nəz]	jdn übers Ohr hauen; jdn in die Pfanne hauen
happen ['hæpn]	geschehen; passieren
in future ['fju:tʃə]	in Zukunft
be careful ['keəfl]	vorsichtig sein; aufpassen
strike (struck – struck)	(*z. B. Terroristen:*) zuschlagen
customer ['kʌstəmə]	Kunde / Kundin
file (for) bankruptcy ['bæŋkrʌptsi]	Konkurs anmelden
rob a bank [bæŋk]	eine Bank ausrauben
wear [weə] (– wore – worn) a wig and a fake beard [bɪəd]	eine Perücke und einen falschen Bart tragen
check the weather ['weðə]	nachgucken / hören, wie das Wetter ist
take (– took – taken) my word for it	verlass dich drauf; glaube mir
novel ['nɒvl]	Roman
celebrate ['seləbreɪt]	feiern
golden wedding (anniversary [ænɪ'vɜ:sri])	goldene Hochzeit
leave [li:v] (– left – left) for Australia	nach Australien abreisen
I'm not done [dʌn] packing	ich bin noch nicht mit Packen fertig
get (– got – got) married ['mærɪd]	heiraten
move [mu:v] to the suburbs ['sʌbɜ:bz]	in die Vororte ziehen
we can afford [ə'fɔ:d] to do so	wir können es uns leisten
opening ceremony [əʊpnɪŋ 'serəməni]	Eröffnungsfeier
take place [teɪk 'pleɪs] (– took – taken)	stattfinden
e-mail ['i: meɪl] someone something	jemand etwas emailen / per E-Mail senden
detail ['di:teɪl]	Einzelheit; Detail
go on duty ['dju:ti]	seinen Dienst anfangen

80 Bedingungssätze

„Wenn das Wörtchen ‚wenn' nicht wär', wär' mein Vater Millionär." Das bekannte Sprichwort suggeriert, dass alles viel schöner sein könnte, wenn dem nicht ärgerliche Kleinigkeiten entgegenstünden – würden Sie sagen „entgegenstehen würden" oder vielleicht: „würde mein Vater Millionär sein"? Wir wissen: auch für deutsche Muttersprachler ist das Formulieren von Bedingungssätzen häufig „kein Pappenstiel".

Die schlechte Nachricht ist: die englischen Bedingungssätze sind für Deutschsprachige natürlich noch schwieriger als die deutschen; die gute: sie lassen sich erlernen und dafür soll dieses ausführliche Kapitel etwas tun.

Übrigens gibt es das deutsche Sprichwort auch im Englischen: *If it wasn't for the "ifs", you would be rich.* Und noch anschaulicher: *If "ifs" and "ands" were pots and pans, there would be no need for tinkers.* (*Tinkers* waren Kesselflicker, d. h. *people who travelled around repairing pots and pans.*)
Also packen wir's an!

Beachten Sie die Grundtypen des Bedingungssatzes:

Typ 1a: *if*-Satz *present tense* – Hauptsatz *will* + Infinitiv	
If I **miss** the bus, I **will take** a taxi.	Wenn ich den Bus verpasse, werde ich ein Taxi nehmen / nehme ich ein Taxi.
Typ 1b: *if*-Satz *present tense* – Hauptsatz *present tense*	
If I **miss** the bus, I (often / usually) **take** a taxi.	Wenn ich den Bus verpasse, nehme ich (oft / meistens) ein Taxi.
Typ 2: *if*-Satz *past tense* – Hauptsatz *would* + Infinitiv	
If I **missed** the bus, I **would take** a taxi.	Wenn ich den Bus verpasste / verpassen würde, würde ich ein Taxi nehmen.
Typ 3: *if*-Satz *had* + *-ed*-Partizip – Hauptsatz *would have* + *-ed*-Partizip	
If I **had missed** the bus, I **would have taken** a taxi.	Wenn ich den Bus verpasst hätte, hätte ich ein Taxi genommen.

Bedingungssätze Typ 1–2. Setzen Sie das eingeklammerte Verb in die passende Zeitform.

a) I'll lose my job if I (lose) my driving licence.
b) If you drive under the influence of alcohol, your reaction time (be) slower.
c) I'd die if anyone (know)!
d) If I had my way I (tear) this building down.
e) It (not be) my fault if that happens.
f) They'd shoot me if I (blow) the whistle on them.
g) If there is hope, it (lie) in the proles. (*George Orwell*)
h) If you want to sell your house, you (need) to lower your price.
i) If I had my life to live over, I (dare) to make more mistakes next time.
j) If people (drive) slower, there'd be fewer accidents.
k) I (twist) your bloody head off if you get fresh with me. (*George Orwell*)
l) If I knew the answer, I (not ask) you.
m) If your chicken is undercooked, you (risk) getting a salmonella infection.
n) If Tom was home he (put) it right in a moment.
o) How long would she live if she (not have) the operation?

lose [luːz] (– lost – lost) one's job	seine Arbeit verlieren
driving licence ['laɪsəns] *BE / AE* driver's license	Führerschein; Fahrerlaubnis
under the influence ['ɪnfluəns] of alcohol ['ælkəhɒl]	unter Alkoholeinfluss
if I had my way	wenn es nach mir ginge
tear [teə] a building ['bɪldɪŋ] down	ein Gebäude abreißen
my fault [fɔːlt]	meine Schuld
shoot [ʃuːt] (– shot – shot) someone	jemand erschießen
blow [bləʊ] the whistle ['wɪsl] on someone	über jemand auspacken
prole [prəʊl]	Proletarier(in); Prolet(in)
lower ['ləʊə] the price	den Preis senken
if I had my life to live [lɪv] over	wenn ich mein Leben noch einmal leben könnte
dare [deə] to make more mistakes [mɪ'steɪks]	es wagen, mehr Fehler zu machen
fewer ['fjuːə] accidents ['æksɪdənts]	weniger Unfälle
twist off [twɪst 'ɒf]	abdrehen; (*Kopf*) abreißen
your bloody ['blʌdi] head [hed]	deinen verdammten Kopf / Scheißkopf
get fresh with someone	jemandem frech kommen
undercook [ʌndə'kʊk] something	etwas nicht lange genug kochen
chicken ['tʃɪkn]	Huhn; Hühnchen
salmonella infection [sælmə'nelə ɪnfekʃn]	Salmonelleninfektion
put something right	etwas in Ordnung bringen
have an operation [ɒpə'reɪʃn]	sich operieren lassen

Statt *will / would* kann im Hauptsatz ein modales Hilfsverb (vor allem *can / could*) stehen:

Typ 1: If we **miss** the bus, we **can / could take** a taxi.	Wenn wir den Bus verpassen, können / könnten wir ein Taxi nehmen.
Typ 2: If we **missed** the bus, we **could take** a taxi.	Wenn wir den Bus verpassten / verpassen würden, könnten wir ein Taxi nehmen.
Typ 3: If we **had missed** the bus, we **could have taken** a taxi.	Wenn wir den Bus verpasst hätten, hätten wir ein Taxi nehmen können.

57 *Bedingungssätze Typ 1–2. Übersetzen Sie.*

a) Wenn Sie größere Mengen verkaufen wollen, müssen Sie den Preis senken.
b) Wenn wir uns wirklich anstrengen, können wir jede Hürde überwinden.
c) Wie viel könnten wir sparen, wenn wir uns wirklich anstrengten?
d) Wenn uns die Bank eine halbe Million liehe, könnten wir die notwendigen Maschinen anschaffen.
e) Wenn sie sich operieren ließe, könnte sie vielleicht wieder sehen.

larger quantities ['kwɒntətiz]	größere Mengen
lower ['ləʊə] the price	den Preis senken
save [seɪv]	sparen
put / set one's mind [maɪnd] to it	sich anstrengen
overcome [əʊvə'kʌm] a hurdle ['hɜ:dl]	eine Hürde überwinden
loan [ləʊn] / lend (– lent – lent) someone money ['mʌni]	jemand Geld leihen
necessary ['nesəsəri]	notwendig
equipment [ɪ'kwɪpmənt] / machinery [mə'ʃi:nəri] / machines	Maschinen
have an operation [ɒpə'reɪʃn]	sich operieren lassen

Bedingungssätze Typ 2: hätte

hätte = (im *if*-Satz:)	*had / 'd*
hätte = (im Hauptsatz:)	*would have / 'd have*
If I **had** that kind of salary, I'**d have** no financial worries.	Wenn ich so ein Gehalt **hätte**, **hätte** ich keine finanziellen Sorgen.

Übersetzen Sie.

a) Wenn wir mehr Geld hätten, hätten wir weniger Sorgen.
b) Wenn ich 'ne Million Dollar hätte, würde ich noch heute meinen Job aufgeben.
c) Wenn wir einen Hund hätten, brauchten wir keine Alarmanlage.
d) Wenn ich mehr Zeit hätte, würde ich ihn besuchen.
e) Wenn die Konjunktur besser wäre, hätten wir weniger Arbeitslosigkeit.
f) Wenn wir einen früheren Zug nähmen, hätten wir mehr Zeit für Besichtigungen.
g) Wenn wir ein Auto zur Verfügung hätten, könnten wir es schneller schaffen.
h) Hätten wir Kinder, würden wir hier nicht wohnen.
i) Hätte sie nicht das Baby, würde sie arbeiten gehen.
j) Hätte Deutschland einen König, würde er wahrscheinlich im Schloss Bellevue wohnen.

have fewer / less worries ['wʌriz]	weniger Sorgen haben
quit [kwɪt] one's job	seinen Job aufgeben
alarm system [ə'lɑːm sɪstəm]	Alarmanlage
visit ['vɪzɪt] someone / call on someone	jemand besuchen
the economic [iːkə'nɒmɪk] situation [sɪtʃu'eɪʃn]	die Konjunktur
less unemployment [ʌnɪm'plɔɪmənt]	weniger Arbeitslosigkeit
time for sightseeing ['saɪtsiːɪŋ]	Zeit für Besichtigungen
have a car available [ə'veɪləbl] / at one's disposal [dɪ'spəʊzl]	ein Auto zur Verfügung haben
get it done [dʌn] quicker / more quickly	es schneller schaffen
go (– went – gone [gɒn]) out to work	arbeiten gehen

Bedingungssätze Typ 2: wäre

wäre = (im *if*-Satz:)	*was / were*
wäre = (im Hauptsatz:)	*would be / 'd be*
It **would be** better if she **was** here.	Es **wäre** besser, wenn sie hier **wäre**.

59 *Übersetzen Sie.*

a) Das Leben wäre langweilig, wenn die Menschen nicht so komisch wären.
b) Wenn nicht so viele Autos da wären, wäre die Luft sauberer.
c) Ich wäre glücklicher, wenn ich weniger pedantisch wäre.
d) Ich wäre längst tot, wenn sie nicht wäre.
e) Es wäre schön, wenn das möglich wäre.
f) Es wär nicht besser, wenn es anders wäre. (*Erich Kästner*)
g) Es wäre schade, wenn das so wäre.
h) Wenn ich du wäre, wäre ich nicht so sicher.
i) Wäre es billiger, wenn wir ein Auto mieteten?

dull / boring ['bɔːrɪŋ]	langweilig
funny ['fʌni]	komisch
pedantic [pɪ'dæntɪk]	pedantisch
dead [ded]	tot
if it wasn't ['wɒznt] for her	wenn sie nicht wäre
it's a pity ['pɪti]	es ist schade
rent / hire ['haɪə] a car	ein Auto mieten

Bedingungssätze Typ 3

***if*-Satz *had* + *-ed*-Partizip – Hauptsatz *would have* + *-ed*-Partizip**

If I **had missed** the bus, I **would have taken** a taxi.	Wenn ich den Bus verpasst hätte, hätte ich ein Taxi genommen.

60 *Setzen Sie das eingeklammerte Verb in die passende Zeitform.*

a) I (do) the same if I had been in your place.
b) Many people wouldn't have voted for him if these facts (be) known to them.
c) If we (know) then what we know now, we would never have bought this house.
d) I wouldn't have signed if I (read) the small print.

e) If he had known where she worked, he (try) to meet her somewhere on her way home.
f) If the strike (go) ahead, around 10 percent of the world's air space would have been affected.
g) If they had taken a closer look at the figures, they (make) a different decision.
h) He could easily have helped us if he (want) to.
i) If it (not rain), I could have done my laundry or gone to the park.
j) If the crowd (can get) their hands on the prisoners, they would have torn them to pieces.
k) The man might have lived if the ambulance (come) sooner.
l) He (may survive) the crash if he had been wearing a seat belt.
m) If Churchill (not be) Prime Minister during the Second World War, history might have taken a different course.

vote [vəʊt] for someone	für jemand stimmen / seine Stimme abgeben
the small print [smɔ:l 'prɪnt / 'smɔ:l prɪnt]	das Kleingedruckte (*in Verträgen etc.*)
if the strike goes ahead [ə'hed]	wenn es zu dem Streik kommt
air space ['eə speɪs]	Luftraum
be affected [ə'fektɪd] (by a strike)	(von einem Streik) betroffen sein
take a closer ['kləʊsə] look at the figures ['fɪgəz]	sich die Zahlen genauer anschauen
make (– made – made) a decision [dɪ'sɪʒn]	eine Entscheidung treffen
do one's laundry ['lɔ:ndri]	die Wäsche machen (d. h. waschen)
crowd [kraʊd]	(Menschen-)Menge
prisoner ['prɪznə]	Gefangene(r); Festgenommene(r)
tear [teə] (– tore – torn) to pieces ['pi:sɪz]	in Stücke reißen
survive [sə'vaɪv] a crash [kræʃ]	einen Zusammenstoß / Unfall überleben
wear [weə] (– wore – worn) a seat belt ['si:t belt]	angeschnallt sein
(Sir) Winston Churchill ['tʃɜ:tʃɪl]	(1874–1965, brit. Staatsmann, Premierminister 1940–45 u. 1951–55, Schriftsteller, 1953 Literaturnobelpreis)
the Second World War [wɜ:ld 'wɔ:]	der Zweite Weltkrieg
history ['hɪstri]	(die) Geschichte
take (– took – taken) a different course [kɔ:s]	einen anderen Verlauf nehmen

Bedingungssätze Typ 3: wäre gewesen

wäre gewesen = (im *if*-Satz:)	*had been / 'd been*
wäre gewesen = (im Hauptsatz:)	*would have been / would've been*

It **would have been** better if she **had been** here.
It **would've been** better if she**'d been** here.
} Es **wäre** besser **gewesen**, wenn sie hier **gewesen wäre**.

61 *Übersetzen Sie.*

a) Eine Pauschalreise wäre billiger gewesen.
b) Mit einem Happy End wäre der Film kommerziell erfolgreicher gewesen.
c) Hätte es einen Unfall gegeben, wäre das deine Schuld gewesen.
d) Ich hätte es gekauft, wenn es nicht so teuer gewesen wäre.
e) Wenn der Vortrag interessanter gewesen wäre, wäre ich nicht eingeschlafen.
f) Die Musik hätte mir besser gefallen, wenn sie weniger laut gewesen wäre.
g) Dies wäre nicht passiert, wenn mein Mann da gewesen wäre.
h) Wenn es uns möglich gewesen wäre, eine weitere Woche zu bleiben, hätten wir das getan.
i) Wenn das Tier nicht rechtzeitig gefunden worden wäre, wäre es gestorben.
j) Wenn die Kinder nicht gewesen wären, hätten sie sich scheiden lassen.

package holiday ['pækɪdʒ hɒlədeɪ]	Pauschalreise
happy ending [hæpi 'endɪŋ]	Happy End
commercial(ly) [kə'mɜːʃl(i)]	kommerziell
successful [sək'sesfl]	erfolgreich
accident ['æksɪdənt]	Unfall
it's your fault [fɔːlt]	es ist deine Schuld
buy [baɪ] (– bought [bɔːt] – bought)	kaufen
expensive [ɪk'spensɪv]	teuer
lecture ['lektʃə] / talk [tɔːk]	Vortrag
fall (– fell – fallen) asleep [ə'sliːp]	einschlafen
I enjoyed [ɪn'dʒɔɪd] / liked the music ['mjuːzɪk]	die Musik hat mir gefallen
in time [ɪn 'taɪm]	rechtzeitig
die [daɪ]	sterben
get a divorce [dɪ'vɔːs]	sich scheiden lassen

2 *Bedingungssätze: gemischte Übung. Setzen Sie die passenden Formen ein.*

a) If you (lose) your way, you can call me on my mobile.
b) If the bottle had fallen a split second earlier, it (hit) me straight on the head.
c) I am sure if I (not pull) her out, she would have drowned.
d) What (you do) if you found a burglar in your home?
e) If he (go) into politics he might have made it to the White House.
f) If there is a God, why (be) there so much suffering?
g) If there is a God, he (not punish) me for simply being wrong.
h) To be on the safe side, I think it (be) better if we bought a new lock.
i) If there is a war, there (can be) a high number of civilian casualties.
j) If Kennedy (not die), Lyndon Johnson would never have become President.
k) What (you save) if the house was on fire?
l) If we had a million dollars, we (can buy) ourselves a decent house.
m) If we'd had more money, we (can buy) a better house.
n) Had he remained in the army he (rise) high.
o) If you make that kind of mistake, you (be) out.
p) Maybe I wouldn't have dropped out of college if I (study) what I wanted to.
q) I don't think the club (take) a fair and intelligent decision if they sacked me.
r) If you hadn't saved my life, we (not sit) here talking philosophy.

lose [lu:z] (– lost – lost) one's way	sich verirren
call sb on their mobile ['məʊbaɪl] (phone)	jemand auf dem Handy anrufen
a split second [splɪt 'sekənd] earlier	den Bruchteil einer Sekunde früher
hit (– hit – hit) sb straight on the head	jemand direkt auf den Kopf treffen
drown [draʊn] / be drowned	ertrinken
burglar ['bɜ:glə]	Einbrecher(in)
make (– made – made) it to the White House	(„es ins Weiße Haus schaffen") (US-)Präsident werden
suffering ['sʌfərɪŋ]	Leiden
punish ['pʌnɪʃ] sb for being wrong	jemand dafür bestrafen, dass er sich geirrt hat
to be on the safe side	um sicherzugehen
lock [lɒk]	(Tür-)Schloss
civilian casualties [sə'vɪliən kæʒuəltiz]	Verluste unter der Zivilbevölkerung
John F. Kennedy [dʒɒn ef 'kenədi]	(1917-63, US-Präsident 1961–63)
Lyndon B. Johnson [lɪndən bi: 'dʒɒnsən]	(1908-73, Vizepräsident unter Kennedy, Präsident 1963–69)
rise (– rose – risen ['rɪzn]) high	hoch aufsteigen
drop out of college ['kɒlɪdʒ]	das College-Studium abbrechen
sack somebody	jemand rausschmeißen / entlassen
talk philosophy [fɪ'lɒsəfi]	sich über philosophische Fragen unterhalten; philosophieren

Statt *if*-Satz Fragekonstruktion

Bei *should* + Infinitiv und bei *had* + *-ed*-Partizip wird statt der *if*-Konstruktion gelegentlich die sonst in der Frageform übliche Wortstellung (Inversion) verwendet – ein förmlicher Sprachgebrauch:

Should you wish to submit a written application, it should be typed or neatly handwritten in black ink. (= Sollten Sie einen schriftlichen Antrag einreichen wollen, so sollte dieser Maschine geschrieben oder sauber mit schwarzer Tinte handgeschrieben sein.)
= **If you should wish** to submit a written application, it should be typed or neatly handwritten in black ink.

Had you told me that a week ago, I wouldn't have believed you.
= **If you had told** me that a week ago, I wouldn't have believed you.

63 ***Ersetzen Sie den* if*-Satz durch die Variante mit Inversion.***

a) If you should fail to pay the premium, your insurance will be terminated.
b) If she had come earlier perhaps things might have turned out differently.
c) If you should find that the item you ordered is defective, we will replace it immediately upon return within 30 days.
d) If anyone had opened the huge steel door at the end, we would have drowned like rats.
e) If there should be any further problems please contact Lynda Murphy at (908) 522-2009.
f) If we'd handled the ball better we would have won tonight.
g) If he should fail to return within a year, he would lose his right to the throne.
h) The death toll could have been much worse if the crash had occurred on a weekday.
i) Additional troops would be needed if the situation should escalate.

fail to do something	etwas nicht tun
premium ['pri:miəm]	(Versicherungs-)Prämie, Beitrag
terminate ['tɜ:mɪneɪt] a contract ['kɒntrækt]	einen Vertrag beenden / aufheben
turn out differently ['dɪfrəntli]	einen anderen Verlauf nehmen; sich anders entwickeln
order an item ['aɪtəm]	einen Artikel bestellen / ordern
defective [dɪ'fektɪv]	fehlerhaft; defekt
replace [rɪ'pleɪs]	ersetzen
immediately [ɪ'mi:diətli]	sofort; unverzüglich

(up)on return [rɪ'tɜ:n] within 30 days	bei Rücksendung innerhalb 30 Tagen
drown [draʊn]	ertrinken
contact someone ['kɒntækt]	sich mit jemand in Verbindung setzen; jemand kontaktieren
contact her at 522-2009	sie unter der Nummer 522-2009 anrufen
handle the ball better	geschickter mit dem Ball umgehen
the death toll ['deθ təʊl]	die Zahl der Todesopfer
bad – worse [wɜ:s] – worst [wɜ:st]	schlimm – schlimmer – (am) schlimmste(n)
the crash occurred [ə'kɜ:d] on a weekday	der Absturz ereignete sich an einem Wochentag
escalate ['eskəleɪt]	eskalieren

Indirekte Rede und Frage

In der großen Mehrheit der Fälle steht die Einleitung zur indirekten Rede im *past tense* (z. B. *said*). Nur diesen Fall behandeln wir hier.
Steht das Einleitungsverb im *past tense*, so verschiebt sich die Zeitform des Verbs der direkten Rede in der Regel um eine Stufe in die Vergangenheit: aus *am* und *is* wird *was*, aus *live* wird *lived*, aus *have* wird *had*, aus *wasn't* wird *hadn't been* etc.
Das *past perfect* (z. B. *hadn't been*) wird in der indirekten Rede dann gern vermieden, wenn der Gebrauch des *past tense* der direkten Rede auch in der indirekten Rede nicht zu Missverständnissen führt. In diesen Fällen kann dann also statt *hadn't been* auch *wasn't* und statt *hadn't heard* auch *heard* stehen

64 *Verwandeln Sie in indirekte Rede.*

a) "I'm surprised to hear that." – She said ...
b) "She's lying." – I was sure ...
c) "The story is based on my own experiences and experiences of people I know." – The author said ...
d) "I live in Brighton." – She said ...
e) "I realize I've made a mistake." – She said ...
f) "I think I've found what I was looking for." – She said ...
g) "I need more details before I can make a decision." – He claimed ...
h) "I don't know anything about it." – He maintained ...
i) "It wasn't my fault I missed the train." – She said ...
j) "I didn't force anybody to sign." – He claimed ...
k) "I didn't hear you coming in last night." – She pretended ...
l) "I've never met Miss Davenport and don't know anything about her." – He said ...
m) "I'll think about it." – She said ...
n) "I'll do everything I can to help you." – She assured me ...
o) "I can't understand why that made you so angry." – He said ...
p) "There may be problems in some cases." – They admitted ...
q) "The company must advertise more aggressively." – They said ...

surprised [sə'praɪzd]	überrascht
lie [laɪ] – lying ['laɪɪŋ]	lügen – lügend
author ['ɔːθə]	Autor(in); Verfasser(in)
be based [beɪst] on something	auf etwas beruhen
experiences [ɪk'spɪəriənsɪz]	Erfahrungen
she realized ['rɪəlaɪzd] that ...	ihr war klar, dass ...; sie war sich bewusst, dass ...

claim [kleɪm]	behaupten
make a decision [dɪ'sɪʒn]	eine Entscheidung treffen / fällen
maintain [meɪn'teɪn]	behaupten; beteuern
it wasn't my fault [fɔ:lt]	es war nicht meine Schuld
force someone to do something	jemand zwingen, etwas zu tun
sign [saɪn]	unterschreiben
pretend [prɪ'tend]	vorgeben; so tun, als ob
previous ['pri:viəs]	vorhergehend
meet [mi:t] (– met – met) someone	jemand treffen / kennen lernen
she assured [ə'ʃʊəd] me that ...	sie versicherte mir, dass ...
angry ['æŋgri]	wütend; zornig; böse
admit [əd'mɪt]	zugeben
case [keɪs]	Fall
advertise ['ædvətaɪz]	werben; Werbung/Reklame machen
aggressive(ly) [ə'gresɪv(li)]	aggressiv

5 *Formulieren Sie die Fragen indirekt.*

a) "Where are my shoes?" – She didn't know ...
b) "Why aren't you in your classroom?" – The teacher demanded to know ...
c) "Is the handwriting yours?" – They asked me ...
d) "Why isn't she at home?" – I had no idea ...
e) "Do you often feel tired?" – The doctor asked me ...
f) "Does she like me?" – I wondered ...
g) "Were you carrying a mobile phone?" – The police wanted to know ...
h) "How do you like my new hairstyle?" – She asked him ...
i) "How much did they pay for their tickets?" – He wondered ...
j) "How long did you stay in Scotland?" – They wanted to know ...
k) "What did you do with your sandwiches?" – His mother asked him ...
l) "Did you follow my instructions?" – The boss asked me ...
m) "Have you ever been in love?" – She asked me ...
n) "What time will you be back?" – The hotel people wanted to know ...
o) "I'll be able to help her." – I doubted whether ...

demand [dɪ'mɑ:nd]	verlangen
handwriting ['hændraɪtɪŋ]	Handschrift
feel (– felt – felt) tired ['taɪəd]	sich müde fühlen
I wondered ['wʌndəd]	ich fragte mich / überlegte
mobile phone [məʊbaɪl 'fəʊn]	Mobiltelefon; Handy
hairstyle ['heəstaɪl]	Frisur
follow someone's instructions [ɪn'strʌkʃnz]	jemandes Anweisungen folgen
be in love [lʌv]	verliebt sein
doubt [daʊt] whether ...	bezweifeln, dass ...

92 Gebrauch der Zeiten (gemischte Übungen)

Hier nun werden die verschiedenen Zeiten gemischt geübt – eigentlich die normale Situation des Alltags, in dem Sie sich ja auch nicht auf eine grammatische Zeit beschränken.
Diese Übungen sind nicht einfach. Ärgern Sie sich also nicht, wenn Sie Fehler machen – *if, occasionally, you haven't got a clue* („nicht den Schimmer einer Ahnung"). Studieren Sie dann die richtigen Lösungen, überlegen Sie, warum es so sein muss und nicht anders, und machen Sie die Übung dann später noch einmal.

66 *Gemischte Übung zum Gebrauch der Zeiten – Übersetzen Sie.*

a) Heutzutage benutze ich normalerweise eine Digitalkamera.
b) Die meisten Amateure benutzen immer noch traditionelle Systeme.
c) Wenn ich das nächste Mal in der Stadt bin, werde ich eine neue Kamera kaufen.
d) Diesmal werde ich, glaube ich, eine Digitalkamera kaufen.
e) Ich habe heute eine neue Kamera gekauft.
f) Haben Sie diese Aufnahmen mit einer automatischen Kamera gemacht?
g) Warum haben Sie denn kein Blitzlicht benutzt?
h) Ich habe gerade eine neue Kamera gekauft.
i) Haben Sie schon mal mit einer Digitalkamera fotografiert?
j) Ich wollte schon immer eine Leica haben.
k) Ich hatte schon immer den Wunsch, so eine Kamera zu besitzen.
l) Seit fast einem Jahr benutze ich jetzt schon eine Digitalkamera.

nowadays ['naʊədeɪz]	heutzutage
digital camera [dɪdʒɪtl 'kæmrə]	Digitalkamera
amateur ['æmətə]	Amateur(in)
take (– took – taken) pictures ['pɪktʃəz]	Aufnahmen machen
not use a flash [flæʃ]	kein Blitzlicht benutzen
own [əʊn] something	etwas besitzen / haben

67 *Gemischte Übung zum Gebrauch der Zeiten – Übersetzen Sie.*

a) Wie lange haben Sie diese Kamera schon?
b) Wie lange haben Sie diese Probleme schon?
c) Ich habe schon seit längerer Zeit vor, mir eine Digitalkamera anzuschaffen.
d) Eine Digitalkamera wäre für diesen Zweck ideal.
e) Eine Digitalkamera wäre für diesen Zweck ideal gewesen.
f) Wenn ich du wäre, würde ich eine Digitalkamera kaufen.
g) Wenn ich du wäre, würde ich jetzt nicht hier stehen.
h) Wenn du eine Digitalkamera benutzen würdest, könntest du die Bilder sofort sehen.

i) Wenn ich das gewusst hätte, hätte ich eine Digitalkamera gekauft.
j) Hättest du diese Aufnahmen mit einer Digitalkamera gemacht, so wären sie wahrscheinlich besser ausgefallen.
k) Ich wünschte, du hättest die Bilder sehen können.
l) Es wird (höchste) Zeit, dass du dir 'ne Digitalkamera zulegst.

intend [ɪn'tend] / plan to do something	vorhaben, etwas zu tun
buy [baɪ] (– bought [bɔ:t] – bought) something	etwas kaufen / anschaffen
purpose ['pɜ:pəs]	Zweck
instantly ['ɪnstəntli] / immediately [ɪ'mi:diətli]	sofort
probably ['prɒbəbli]	wahrscheinlich
turn out better	besser ausfallen
it's (high) time [(haɪ) 'taɪm] (+ *past tense*!)	es wird (höchste) Zeit
get (– got – got) oneself something	sich etwas holen / besorgen / zulegen

8 *Gemischte Übung zum Gebrauch der Zeiten – Übersetzen Sie.*

a) Ich kenne ihn.
b) Ich kenne ihn seit meinem ersten College-Jahr.
c) Wir kennen uns seit Jahren.
d) Ich wünschte, ich kennte ihn persönlich.
e) Ich wünschte, ich hätte ihn gekannt.
f) Obwohl ich ihn schon Jahre kannte, redeten wir uns nicht mit dem Vornamen an.

---

g) Er ist hier.
h) Er ist da gewesen.
i) Er ist seit zwei Stunden hier.
j) Er wartet nun schon seit zwei Stunden.
k) Er ist vor zwei Stunden mal kurz hier gewesen.
l) Ich wünschte, er wäre hier.
m) Ich wünschte, er wäre hier gewesen.
n) Wenn er hier gewesen wäre, wäre das alles nicht passiert.

---

o) Ich habe ein Auto.
p) Ich habe ein neues Auto gekauft.
q) Ich habe Ärger mit meinem Auto.
r) Ich habe dieses Auto schon seit zehn Jahren.
s) Ich fahre dieses Auto seit zehn Jahren.
t) Ich habe diesen Wagen vor zehn Jahren gebraucht gekauft, und er läuft immer noch einwandfrei.
u) Als ich dieses Auto gekauft habe, war ich noch nicht verheiratet.

know [nəʊ] (– knew [nju:] – known)	kennen
my first year in college	mein erstes College-Jahr
personally ['pɜ:snəli]	persönlich
be on first-name terms ['fɜ:st neɪm tɜ:mz]	sich mit dem Vornamen anreden
brief(ly) [(')bri:f(li)]	kurz
happen ['hæpn]	passieren; geschehen
have trouble ['trʌbl] with something	mit etwas Ärger haben
drive [draɪv] (– drove [drəʊv] – driven ['drɪvn]) a car	(ein) Auto fahren
second-hand [sekənd 'hænd]	gebraucht; aus zweiter Hand
buy [baɪ] (– bought [bɔ:t] – bought) something	etwas kaufen
run strong / perfectly / well	(*Auto:*) einwandfrei laufen
not yet married ['mærɪd]	noch nicht verheiratet

69 *Gemischte Übung zum Gebrauch der Zeiten – Übersetzen Sie.*

a) Wie ist das Wetter bei euch? Hier regnet es Strippen.
b) Als ich heute Morgen mit dem Hund draußen war, hat es auch geregnet.
c) In Irland regnet es oft – das ist gut für die Haut.
d) Immer wenn ich in Limerick ankomme, regnet es.
e) Ich wünschte, es würde nicht dauernd regnen.
f) Ich wünschte, es würde zu regnen aufhören.
g) Schau mal, es hat aufgehört zu regnen.
h) Es regnet schon seit Tagen.
i) Wann hat es zu regnen angefangen?
j) Hat es heute überhaupt schon mal geregnet?
k) Spielen Sie Schach?
l) Wie wär's mit 'ner Partie Schach?
m) Ich habe lange nicht mehr Schach gespielt, aber in meiner College-Zeit habe ich viel gespielt.
n) Julia spielt übrigens auch Schach. Ihr Vater war ein begeisterter Schachspieler, der hat's ihr beigebracht.
o) Gestern haben wir 'ne Partie gespielt, und da hat sie mich total in die Pfanne gehauen.
p) Ich habe noch nie so schlecht gespielt.
q) Noch nie zuvor habe ich so schlecht gespielt.
r) Aber vielleicht ist es kein Wunder, dass ich so schlecht gespielt habe. Ich spiele immer nur im Urlaub Schach.
s) Wie lange spielen Sie schon Schach?

come down in sheets / buckets / torrents ['tɒrənts]	Strippen regnen
good for the skin [skɪn]	gut für die Haut
Limerick ['lɪmərɪk]	(Grafschaft und Stadt in der Republik Irland)
a game of chess [tʃes]	eine Partie Schach
in my college ['kɒlɪdʒ] days	in meiner College-Zeit
incidentally [ɪnsɪ'dentli] / by the way	übrigens
a keen / an enthusiastic [ɪnθju:zi'æstɪk] / an ardent ['ɑ:dnt] chess player	ein begeisterter Schachspieler
teach [ti:tʃ] (– taught [tɔ:t] – taught) someone (something)	jemand etwas beibringen
wipe the floor with someone	jemand in die Pfanne hauen
play badly ['bædli] / poorly ['pɔ:li]	schlecht spielen
on holiday *BE* / *AE* on vacation [veɪ'keɪʃn]	im Urlaub

Aktiv und Passiv sind zwei verschiedene Betrachtungsweisen des gleichen Sachverhalts:
Fleming ***discovered*** *penicillin. – Penicillin* ***was discovered*** *by Fleming.*
Welche der beiden Konstruktionen man wählt, hängt von vielen Faktoren ab: Textzusammenhang (was soll zuerst kommen?), Betonung, Wohlklang etc. und nicht zuletzt von der Antwort auf die Frage: ist der „Verursacher" bekannt oder unbekannt, wesentlich oder unwesentlich?
Ist jemand eines unnatürlichen Todes gestorben, ist eine wichtige Frage:
Was he murdered?
Man würde kaum auf den Gedanken kommen, so einen anonymen Verursacher wie *someone* hinzuzufügen:
Was he murdered by someone?
oder die Frage im Aktiv zu formulieren:
Did someone murder him?
Es ist also wichtig für Sie, dass Sie das Passiv a) korrekt bilden und b) entsprechend Ihren Aussageintentionen wirksam einsetzen können.
(Vergleichen Sie auch S. 127 „Passiv der Verb-Objekt-Infinitiv-Konstruktion" und S. 128 f. „Aktiver oder passiver Infinitiv?".)

70 ***Setzen Sie die dem Aktiv entsprechende Form des Verbs im Passivsatz ein.***

a) Her colleagues respect her.
She ______________ by her colleagues.
b) Children all over the country sing these songs.
These songs ______________ by children all over the country.
c) The Mafia murdered him.
He ______________ by the Mafia.
d) The school principal informed the parents.
The parents ______________ by the school principal.
e) 14-year-olds have designed the website.
The website ______________ by 14-year-olds.
f) The unions have rejected these proposals.
These proposals ______________ by the unions.
g) Environmentalists are criticizing the plan.
The plan ______________ criticized by environmentalists.
h) Both parents must sign the form.
The form ______________ by both parents.
i) Everyone interested in healthy living should read this book.
This book ______________ by everyone interested in healthy living.

colleague ['kɒli:g]	Kollege / Kollegin
all over the country ['kʌntri]	im ganzen Land
the Mafia ['mæfiə]	die Mafia
murder ['mɜ:də]	ermorden
school principal ['prɪnsəpl]	Schulleiter(in)
design [dɪ'zaɪn] something	etwas gestalten / entwerfen
the unions ['ju:njənz]	die Gewerkschaften
reject [rɪ'dʒekt] a proposal [prə'pəʊzl]	einen Vorschlag zurückweisen
environmentalist [ɪnvaɪrən'mentəlɪst]	Umweltschützer(in)
sign [saɪn] a form	ein Formular unterschreiben
healthy living [helθi 'lɪvɪŋ]	gesunde Lebensweise

1 ***Verwandeln Sie die folgenden Sätze vom Passiv ins Aktiv. Beachten Sie, wie die Betonungsverhältnisse im Aktivsatz anders sind als im Passivsatz.***

a) The group is led by a qualified mountain guide.
b) Every year, the castle is visited by thousands of tourists from all over the world.
c) The shots were heard by several neighbours.
d) The UFO was seen by dozens of people.
e) The UFO has been seen by dozens of people.
f) The UFO seems to have been seen by dozens of people.
g) The article will be read by millions of people.
h) The article is likely to be read by millions of people.
i) The film has been praised by most critics.
j) The activists claimed they were being harassed by the police.

a qualified ['kwɒlɪfaɪd] mountain guide ['maʊntɪn gaɪd]	ein(e) ausgebildeter Bergführer(in)
UFO [ju: ef 'əʊ] (= unidentified flying object)	Ufo / UFO (= unbekanntes Flugobjekt)
be likely ['laɪkli] to do something	etwas wahrscheinlich tun
critic ['krɪtɪk]	Kritiker(in)
activist ['æktɪvɪst]	Aktivist(in)
harass ['hærəs / hə'ræs] someone	jemand schikanieren / belästigen

72 Verwandeln Sie die folgenden Sätze vom Aktiv ins Passiv.

Da der „Urheber“ der Handlung in diesen Sätzen nicht unwichtig ist, schließen Sie ihn mit *by* an.
Es wird Ihnen auffallen, dass bei der Mehrzahl der Beispiele die Passivform „situativ angemessener“ klingt als die Aktivform.

Several witnesses identified him.	Mehrere Zeugen identifizierten ihn.
He was identified by several witnesses.	Er wurde von mehreren Zeugen identifiziert.

a) Trained staff are looking after the children.
b) A man who brandished a gun and demanded money held up the bank.
c) A military coup overthrew Allende's government in 1973.
d) Terrorists could easily steal the weapons.
e) Terrorists could easily have stolen the weapons.
f) A hired assassin appears to have killed the journalist.
g) Only skilled personnel should carry out repairs.
h) All applicants whose native language is not English must take the test.
i) Burglars may have killed the couple.
j) In the drawer was a small gold chain which the previous occupant of the room must have forgotten.
k) Automatic telescopes are discovering an increasing number of comets.

look after someone	jemand betreuen
trained staff [treɪnd 'stɑ:f]	geschultes / ausgebildetes Personal
hold (– held – held) up a bank [bæŋk]	eine Bank überfallen
brandish ['brændɪʃ] a gun	mit einer Pistole herumfuchteln
overthrow [əʊvə'θrəʊ] (– -threw [θru:] – -thrown) a government	eine Regierung stürzen
coup [ku:]	Staatsstreich; Coup (d'État)
a hired assassin [ə'sæsɪn]	ein gedungener Mörder
skilled personnel [pɜ:sə'nel]	geschultes / ausgebildetes Personal
take [teɪk] (– took [tʊk] – taken ['teɪkən]) a test	eine Prüfung machen
applicant ['æplɪkənt]	Bewerber(in)
native language [neɪtɪv 'læŋgwɪdʒ]	Muttersprache
couple ['kʌpl]	(Ehe-)Paar
burglar ['bɜ:glə]	Einbrecher(in)
drawer [drɔ:]	Schublade
the previous ['pri:viəs] occupant ['ɒkjʊpənt]	der/die vorherige Bewohner(in)

In den folgenden Sätzen ist der „Urheber" der Handlung nicht wichtig. Lassen Sie ihn also bei der Umwandlung ins Passiv weg.

a) Your body can't feel good if you don't feed it properly.
b) They hotly debated the decision.
c) People have written hundreds of books about this problem.
d) I don't know if they've found the car yet.
e) They had used the containers to store chemicals.
f) We should remove graffiti as quickly as possible.
g) We shouldn't take that kind of threat too seriously.
h) We must regard access to clean and affordable drinking water as a fundamental human right.
i) Before the first factory could function, they had to find and train a workforce.
j) They are going to reduce those tariffs by 20 per cent.
k) They are now making the novel into a movie.
l) We are still using some of these old machines.
m) They don't seem to have asked her.
n) If I had interfered, they'd probably have killed me.
o) Must we invite them?
p) Can we trust her?

feed [fi:d] (– fed [fed] – fed) properly ['prɒpəli]	richtig / ordentlich ernähren
decision [dɪ'sɪʒn]	Entscheidung
debate [dɪ'beɪt] hotly ['hɒtli]	heftig diskutieren (über)
have they found [faʊnd] it yet [jet]?	haben sie es schon gefunden?
remove [rɪ'mu:v] graffiti [grə'fi:ti]	Graffiti / Wandschmierereien entfernen
threat [θret]	Drohung
regard [rɪ'gɑ:d] something as	etwas ansehen als
access ['ækses] to	Zugang zu
affordable [ə'fɔ:dəbl]	erschwinglich; bezahlbar
factory ['fæktri]	Fabrik
function ['fʌŋkʃn]	funktionieren; arbeiten
train a workforce ['wɜ:kfɔ:s]	eine Belegschaft ausbilden / schulen
reduce [rɪ'dju:s] tariffs ['tærɪfs] by 20 per cent [pə 'sent]	Zölle um 20 Prozent senken
make a novel ['nɒvl] into a movie ['mu:vi]	einen Roman verfilmen
machine [mə'ʃi:n]	Maschine
interfere [ɪntə'fɪə]	sich einmischen

74 *Setzen Sie – ohne Nennung des „Urhebers" – ins Passiv.*

> They advised her to book in advance.
> She was advised to book in advance.

a) They didn't allow her to work while she went to school.
b) They assured me that the matter would be investigated.
c) You can't expect them to work weekends.
d) Several people had to help him up to the platform.
e) A large number of volunteers joined us.
f) We showed her how to operate the machine.
g) They told them to be there at 8.30.
h) The bad weather forced us to cancel the event.
i) They invited me to talk about my research.
j) We warn you not to leave your purse or valuables in your car.

assure [əˈʃʊə]	versichern; zusichern
investigate [ɪnˈvestɪgeɪt]	untersuchen; überprüfen
platform [ˈplætfɔːm]	Podium; Bühne
volunteer [vɒlənˈtɪə]	Freiwillige(r)
operate [ˈɒpəreɪt] a machine [məˈʃiːn]	eine Maschine bedienen
force [fɔːs] someone to do something	jemand zwingen, etwas zu tun
cancel [ˈkænsl] an event [ɪˈvent]	eine Veranstaltung absagen
research [rɪˈsɜːtʃ]	Forschung(en); Forschungsarbeit
purse [pɜːs]	*BE* Portmonee, Geldbörse; *AE* Handtasche
valuables [ˈvæljʊblz]	Wertsachen

75 *Übersetzen Sie.*

a) Die Fenster werden einmal im Monat geputzt.
b) In der Nähe der Leiche wurde ein schwarzer Regenschirm gefunden.
c) Die Schule wurde im 15. Jahrhundert von Mönchen gegründet.
d) Es sind gravierende Fehler gemacht worden.
e) Der Wettbewerb ist noch nie von einem Einheimischen gewonnen worden.
f) Seitdem ist sie nie wieder gesehen worden.
g) Dieses Problem könnte leicht gelöst werden.
h) Ein Teil des Magens musste entfernt werden.
i) Die Veranstaltung wird wohl abgesagt werden müssen.
j) Diese Frage wird zurzeit überall diskutiert.
k) Ich vermute, dass ich immer noch beschattet werde.
l) Von wem wurde dieses Foto gemacht?

m) An wen wurde diese Mail verschickt?
n) Strawinsky hat einmal gesagt, seine Musik werde am besten von Kindern und Tieren verstanden.

clean the windows ['wɪndəʊz]	(die) Fenster putzen
(dead) body [(ded) 'bɒdi]	Leiche
found [faʊnd] a school [sku:l]	eine Schule gründen
monk [mʌŋk]	Mönch
serious ['sɪəriəs] / grave mistakes [mɪ'steɪks]	gravierende Fehler
a competition [kɒmpə'tɪʃn] / contest ['kɒntest]	ein Wettbewerb
a local ['ləʊkl] man	ein Einheimischer
stomach ['stʌmək]	Magen
remove [rɪ'mu:v]	entfernen
cancel ['kænsl] an event [ɪ'vent]	eine Veranstaltung absagen
suspect [sə'spekt]	den Verdacht haben; vermuten
shadow ['ʃædəʊ] / tail someone	jemand beschatten
take (– took – taken) a photo ['fəʊtəʊ]	ein Foto machen
Stravinsky [strə'vɪnski]	Strawinsky (1882–1971, russischer Komponist)

Verneinte Form

Das Bilden der verneinten Form gehört zur Elementargrammatik des Englischen. Wenn Sie sich da absolut sicher sind, lassen Sie dieses Kapitel ruhig beiseite. Andererseits könnten Sie hier gewisse Feinheiten wiederholen – wie z. B. den Gebrauch oder Nichtgebrauch der *do*-Umschreibung bei *have*, die Besonderheiten bei der Verneinung bestimmter Modalverben (z. B. *used to* und *must*) und die Stellung von Adverbien.

76 *Setzen Sie in die verneinte Form.*

a) He's very intelligent.
b) He seems to be very intelligent.
c) He was very intelligent.
d) He seemed to be very intelligent.
e) She has lost her self-respect.
f) She has a great voice.
g) She's got a mobile phone.
h) She has lunch in the canteen.
i) She had the courage to protest.
j) I know her.
k) She knows me.
l) She often goes by train.
m) She often went by train.
n) I wanted to take a taxi.
o) That surprised me.
p) His ignorance surprises me.

lose [lu:z] (– lost [lɒst] – lost)	verlieren
self-respect [self rɪ'spekt]	Selbstachtung
mobile phone [məʊbaɪl 'fəʊn]	Mobiltelefon; Handy
have lunch in the canteen [kæn'ti:n]	in der Kantine zu Mittag essen
the courage ['kʌrɪdʒ] to do something	der Mut, etwas zu tun
protest [prə'test]	protestieren
surprise [sə'praɪz] someone	jemand überraschen
ignorance ['ɪgnərəns]	Unwissenheit

77 *Setzen Sie in die verneinte Form.*

a) I always go by train.
b) A small town is always boring.
c) Small towns are always boring.
d) Everybody knows about it.
e) The president's ignorance surprised everyone.

f) That would be too difficult.
g) I'll be surprised if she accepts.
h) I'd be surprised if she accepted.
i) I would've been surprised if she'd accepted.
j) You should go by taxi.
k) You should've taken a taxi.
l) You ought to have gone alone.
m) Small towns used to be boring.
n) You must leave the key in the lock.
o) You must take the 7.15 train.
p) Life must be boring here.
q) He must be very intelligent.
r) He must have been surprised.
s) She must have known about it.

go (– went – gone [gɒn]) by train	mit dem Zug fahren
ignorance ['ɪgnərəns]	Unwissenheit; Mangel an Bildung
surprise [sə'praɪz] someone	jemand überraschen
difficult ['dɪfɪkəlt]	schwierig
surprised [sə'praɪzd]	überrascht
accept [ək'sept]	annehmen; akzeptieren
small towns used [ju:st] to be boring	Kleinstädte „pflegten langweilig zu sein" / waren früher langweilig
leave (– left – left) the key [ki:] in the lock	den Schlüssel im Schloss lassen

Hier gilt analog das für die verneinte Form Gesagte. Auch für Fortgeschrittene möglicherweise interessant ist die Umschreibung (bzw. Nichtumschreibung) mit *do* bei *have*. Durch Fragewörter wie *who, which* oder *how* eingeleitete Fragesätze werden erst im nächsten Kapitel behandelt.

78 *Setzen Sie in die Frageform.*

a) It's safer to pay by credit card.
b) There's another entrance at the back.
c) It was meant as a compliment.
d) I'll quickly get a replacement.
e) Her parents like the music she's into.
f) You really need a car here.
g) She speaks Spanish too.
h) Your husband likes his job.
i) She has to do everything herself.
j) You have to be a member to get in.
k) There could be a mistake somewhere.
l) The government will survive the crisis.
m) I'll be in trouble if I don't sign.
n) She'll do it on her own.
o) He should wear a tie.
p) He'd spend the extra money on drink.
q) I would've recognized her.
r) They arrested him on the spot.
s) The president knew about this.
t) He went there by car.
u) She'd been there before.
v) He had to give evidence in court.
w) He'd have to give evidence in court.

entrance ['entrəns]	Eingang
replacement [rɪ'pleɪsmənt]	Ersatz
the music ['mju:zɪk] she's into	die Musik, auf die sie steht
government ['gʌvnmənt]	Regierung
survive something [sə'vaɪv]	etwas überleben / überstehen
crisis ['kraɪsɪs]	Krise
be in trouble ['trʌbl]	in Schwierigkeiten sein; Ärger bekommen
sign [saɪn]	unterschreiben
on her own [əʊn]	allein
wear [weə] (– wore – worn) a tie	eine Krawatte / einen Schlips tragen
spend (– spent – spent) the extra money on drink	das zusätzliche Geld für Alkohol ausgeben
recognize someone ['rekəgnaɪz]	jemand erkennen
on the spot [spɒt]	an Ort und Stelle; auf der Stelle; sofort
give evidence ['evɪdəns] in court	vor Gericht aussagen

Fragesätze mit Frageausdrücken

Frageausdrücke sind *what, what kind of, what time, which, who, whose, when, where, why, how* etc.
Ist das Fragewort **Subjekt** (***Who*** *knows him best?* = **Wer** kennt ihn am besten?) oder **Teil des Subjekts** (***Which of you*** *knows him best?* = **Wer von euch** kennt ihn am besten?), so wird nicht mit *do* umschrieben; ist das Fragewort **Objekt** (***Who[m]*** *does he know best?* = **Wen** kennt er am besten?) oder **Teil des Objekts** (***Which of you*** *does he know best?* = **Wen von euch** kennt er am besten?), so muss mit *do* umschrieben werden.

Studieren Sie nun die folgenden Beispiele.

The President *likes crunchy pretzels.*
  Who *likes crunchy pretzels?*
The President likes ***crunchy pretzels.***
  What *does the President like?*
The President choked on ***a pretzel.***
  What *did the President choke on?*
You can easily choke on ***a crunchy*** *pretzel.*
  What kind of *pretzel can you easily choke on?*
The President choked on a pretzel ***because he didn't chew it properly.***
  Why *did the President choke on a pretzel?*
The President likes his pretzels ***fresh, hot and crunchy.***
  How *does the President like his pretzels?*
The President's *pretzels are always fresh, hot and crunchy.*
  Whose *pretzels are always fresh, hot and crunchy?*
While watching a football game on TV, *the President had a crunchy pretzel.*
  When *did the President have a crunchy pretzel?*
The President was watching the game ***in the White House.***
  Where *was the President watching the game?*

crunchy ['krʌntʃi]	knusprig
pretzel ['pretsl]	Brezel
choke [tʃəʊk] on something	sich an etwas verschlucken
chew [tʃu:] something properly	etwas richtig / ordentlich kauen

9 *Setzen Sie* who, what *oder* which *ein.*

a) _____ nationality are you?
b) _____ country are you from?
c) _____ was the greatest Briton of all time?

d) _____ of your classmates do you find particularly likeable?
e) _____ boy doesn't love to dig and build?
f) _____ of you is the tallest?
g) _____ Shakespearean character had an uncle named Claudius?
h) _____ car is the most fuel-efficient?
i) _____ car is yours?
j) _____ colour is your car?
k) _____ of the following statements is false?
l) _____ time will you arrive?
m) _____ country poses the greatest danger to world peace?
n) New York or Boston – _____ is the better place to live?
o) _____ types of people do you have problems working with?
p) _____ do you know in England?
q) _____ of us can hold our hand up and say that we have never broken the speed limit?

Briton ['brɪtn]	Brite, Britin
classmate ['klɑːsmeɪt]	Klassenkamerad(in)
particularly likeable [pə'tɪkjʊləli 'laɪkəbl]	besonders sympathisch
dig (– dug – dug)	graben; buddeln
fuel-efficient ['fjuːəl ɪfɪʃnt]	sparsam (im Treibstoffverbrauch)
statement ['steɪtmənt]	Aussage
pose a danger (to …) ['deɪndʒə]	eine Gefahr (für …) darstellen
break (– broke – broken) the speed limit	die erlaubte Höchstgeschwindigkeit überschreiten

80 *Übersetzen Sie.*

a) Welches Mitglied der Gruppe ist am beliebtesten?
b) Wer von den dreien ist der Mörder?
c) Was für eine Zahnpastamarke benutzen Sie?
d) Was ist leichter zu lernen – Französisch oder Englisch?
e) Was für Leute gehen dorthin?
f) Welchen Menschen bewunderst du am meisten?
g) Wen verabscheust du am meisten?
h) Mit was für Leuten arbeiten Sie gern zusammen?

member of a group [gruːp]	Mitglied einer Gruppe
popular ['pɒpjʊlə]	beliebt
brand of toothpaste ['tuːθpeɪst]	Zahnpastamarke
admire [əd'maɪə]	bewundern
despise [dɪ'spaɪz]	verabscheuen
enjoy [ɪn'dʒɔɪ] working with someone	gern mit jemand zusammenarbeiten

1 *Fragen Sie nach den unterstrichenen Satzteilen mit Hilfe passender Frageausdrücke.*

a) Liz and Paul Young got divorced nine years ago.
b) But they are still living together – for the sake of their dogs.
c) The dogs would grieve themselves to death if Liz and Paul weren't there for them.
d) The couple got the dogs after their children had grown up and left home.
e) They've always treated the dogs as if they were their children.
f) When their divorce came through they wanted to divide the dogs like all their other possessions.
g) But they decided against splitting up the dogs because it didn't seem right.
h) They decided to stay together as long as the dogs were alive.
i) Now the Youngs go about their business as if they were boarders in a rooming house.
j) They sleep in separate bedrooms.
k) They shop and cook and dine by themselves.
l) They hardly ever talk to each other.
m) But when they get together with the dogs, they act as if everything was normal.

get divorced [dɪ'vɔːst]	sich scheiden lassen
for the sake of their dogs	um ihrer Hunde willen
grieve oneself to death	sich zu Tode grämen
grow up [grəʊ] (– grew [gruː] – grown [grəʊn])	erwachsen werden
leave home [liːv] (– left – left)	von zu Hause weggehen
when their divorce [dɪ'vɔːs] came through	als ihre Ehe geschieden wurde
divide [dɪ'vaɪd] something	etwas (auf)teilen
their possessions [pə'zeʃnz]	ihr Besitz
decide [dɪ'saɪd] against something	sich gegen etwas entscheiden
split something up (– split – split)	etwas (auf)teilen
boarder ['bɔːdə]	(Pensions-)Gast
rooming house ['ruːmɪŋ haʊs] *AE*	Pension
they act as if …	sie tun so, als ob …

2 *Fragen Sie nach den unterstrichenen Satzteilen mit Hilfe passender Frageausdrücke.*

a) The Congress is the legislative branch of the US government.
b) The Congress consists of two chambers.
c) The two chambers are the Senate and the House of Representatives.
d) The members of Congress are elected by the people of their states.

e) The House of Representatives has 435 seats.
f) California sends 53 Representatives to Washington.
g) A state like Alaska, which has a very small population, is represented by only one member.
h) The other chamber has 100 seats.
i) Each of the 50 states sends two people to the Senate.
j) The most important powers held by the Congress are the right to make laws, to lay and collect taxes, to declare war and to borrow money.
k) A proposal, an idea, for a new law is called a bill.
l) A bill is debated and voted on in either the House of Representatives or the Senate.
m) When it has been approved by one of the chambers, a bill is called an act.
n) The act then goes to the other chamber.
o) If the other chamber also approves it, the act is sent to the President.
p) When the President has signed it, the act becomes a law.
q) The President can also veto the bill.
r) A Presidential veto can be overridden by a two-thirds vote in the Congress.

(the) Congress	(= Senate + House of Representatives)
legislative ['ledʒɪslətɪv]	gesetzgebend
branch [brɑ:ntʃ]	Zweig
government ['gʌvnmənt]	Regierung
chamber ['tʃeɪmbə]	Kammer
Senate ['senət]	Senat
House of Representatives [reprɪ'zentətɪvz]	Repräsentantenhaus
elect [ɪ'lekt]	wählen
seat [si:t]	Sitz
population [pɒpjʊ'leɪʃn]	Bevölkerung; Einwohnerzahl
be represented [reprɪ'zentɪd] by	repräsentiert / vertreten sein durch
member ['membə]	Mitglied
powers held by the Congress ['kɒŋgres]	Befugnisse, die der Kongress hat / besitzt
the right to make laws [lɔ:z]	das Recht, Gesetze zu erlassen
lay taxes (– laid – laid)	Steuern auferlegen
borrow ['bɒrəʊ] money ['mʌni]	(sich) Geld leihen / borgen
proposal [prə'pəʊzl]	Vorschlag
bill [bɪl]	Gesetzentwurf; Gesetzesvorlage
vote [vəʊt] on a bill	über eine Gesetzesvorlage abstimmen
approve [ə'pru:v] something	eine Sache billigen; einer Sache zustimmen
act [ækt]	Gesetz
sign [saɪn]	unterschreiben; unterzeichnen
veto something ['vi:təʊ]	gegen etwas sein Veto einlegen
override (– overrode – overridden) the President's veto	das Veto des Präsidenten überstimmen

Fragekonstruktion in Nichtfragesätzen

Die hier behandelte Umkehrung der normalen Wortstellung durch Voranstellung eines verneinenden (z. B. *never*) oder einschränkenden (z. B. *hardly*) Elements kommt häufig in der Literatur, aber auch bei gefühlsbetontem Sprechen vor. *Hardly had they left when ...* klingt dramatischer als *They had hardly left when ...*

3 ***Betonen Sie das unterstrichene Element, indem Sie es an den Satzanfang stellen.***

They had hardly shaken hands when they started quarrelling.
Hardly had they shaken hands when they started quarrelling.

a) We had hardly sat down when the waitress appeared to take our order.
b) They had barely got out of their cars when scores of fans surrounded them for autographs and pictures.
c) We had scarcely started eating when there was a loud knock on the door.
d) We had no sooner got on our bikes than it started chucking it down.
e) I could never have foreseen such a development.
f) Luggage should on no account be left unattended.
g) People on motorcycles very rarely escape a collision without injury.
h) She hardly ever does anything for herself.
i) We realized only gradually how desperate our situation really was.
j) The old woman begged the soldiers in vain to spare her grandson.
k) She little suspected that she would soon meet the great man in the flesh.

hardly / barely / scarcely ['skeəsli] ... when	kaum ... als
sit (– sat – sat) down [sɪt 'daʊn]	sich hinsetzen
appear [ə'pɪə]	erscheinen
take (– took – taken) someone's order	jemandes Bestellung aufnehmen / entgegennehmen
scores [skɔ:z] of fans	Dutzende / Massen von Fans (score *ursprüngl.* = 20)
surround [sə'raʊnd] someone	jemand umgeben / umschwärmen
autograph ['ɔ:təgrɑ:f]	Autogramm
a loud knock [nɒk] on the door	ein lautes Klopfen an der Tür
no sooner ['su:nə] ... than	kaum ... als
get (– got – got) on one's bike [baɪk]	sein Fahrrad besteigen; sich auf sein Fahrrad setzen
it's chucking ['tʃʌkɪŋ] it down *BE*	es gießt in Strömen
foresee [fɔ:'si:] (– foresaw – foreseen)	vorhersehen

on no account [ə'kaʊnt]	auf keinen Fall
leave (– left – left) luggage unattended [ʌnə'tendɪd]	Gepäck unbeaufsichtigt lassen
motorcycle ['məʊtəsaɪkl]	Motorrad
rarely ['reəli]	selten
escape [ɪ'skeɪp] a collision without injury ['ɪndʒəri]	aus einem Zusammenstoß unverletzt hervorgehen
realize ['rɪəlaɪz]	erkennen; sich darüber klar werden; merken
gradual(ly) ['grædʒuəl(i)]	allmählich
a desperate ['desprət] situation [sɪtʃu'eɪʃn]	eine verzweifelte / hoffnungslose Situation / Lage
beg someone to do something	jemand anflehen, etwas zu tun
soldier ['səʊldʒə]	Soldat(in)
in vain [ɪn 'veɪn]	vergeblich
spare [speə] someone	jemand verschonen
grandson ['grænsʌn]	Enkel(sohn)
she little suspected [sə'spektɪd] that …	sie ahnte kaum / konnte kaum ahnen, dass …
meet (– met – met) someone in the flesh	jemand persönlich kennen lernen

84 *Übersetzen Sie.*

a) Unter keinen Umständen sollten Sie Ihr Passwort irgendjemand verraten.
b) Auf keinen Fall sollte man im Voraus bezahlen.
c) Nur selten fühlte ich mich willkommen.
d) Kein einziges Mal hat er mir gedankt.
e) Nur einmal hat sie einen Arbeitstag versäumt.
f) In keiner Weise wollte ich irgendjemand kränken.
g) Nur selten sagt sie überhaupt etwas.
h) Nicht umsonst kommt das Wort „fan" von „fanatic".

under no circumstances ['sɜ:kəmstənsɪz]	unter keinen Umständen
divulge [daɪ'vʌldʒ] the password to someone	jemand das Passwort verraten
on no account [ə'kaʊnt]	auf keinen Fall
pay in advance [əd'vɑ:ns]	im Voraus bezahlen
not once [nɒt 'wʌns]	kein einziges Mal
miss a day of work / a day's work [wɜ:k]	einen Arbeitstag versäumen
in no way [ɪn 'nəʊ weɪ]	in keiner Weise
offend [ə'fend] someone	jemand kränken / beleidigen
not for nothing	nicht umsonst

Verneinte Frage

Verneinte Fragen sind im englischen wie im deutschen Alltagsgespräch häufig. Bei ihrer Bildung müssen wir beachten, dass das *not* – anders als im Deutschen – meist in verkürzter Form direkt an das Hilfsverb angehängt wird:
*Are**n't** you happy?* Bist du (denn) **nicht** glücklich?
Das den rhetorischen Charakter der Frage verstärkende deutsche *denn* hat hier im Englischen keine Entsprechung.

***Verwandeln Sie die verneinten Aussagesätze in verneinte Fragen mit* why.**

*(*I *oder* we *im Aussagesatz wird zu* you *im verneinten Fragesatz.)*

Beispiel:
I haven't got a key. – Why haven't you got a key?

a) I'm not going to the meeting.
b) She isn't at her desk.
c) There isn't any hope.
d) They aren't coming.
e) There aren't any toilets here.
f) He wasn't given bail.
g) There weren't any taxis outside the station.
h) You haven't answered my e-mail.
i) This bill hasn't been paid.
j) We haven't got a system of our own.
k) The graffiti can't be removed.
l) I wouldn't hire her.
m) There wouldn't have been enough time.
n) They couldn't have stayed at a hotel.
o) You don't like me.
p) He doesn't want to accept the money.
q) They didn't stay for dinner.
r) I didn't want to pay by credit card.

go to a meeting ['mi:tɪŋ]	eine Versammlung besuchen
desk [desk]	Schreibtisch
give someone bail [beɪl]	jemand gegen Zahlung einer Kaution freilassen
pay (– paid – paid) a bill	eine Rechnung bezahlen
we have a system ['sɪstəm] of our own	wir haben ein eigenes System
remove [rɪ'mu:v] graffiti [grə'fi:ti]	Wandschmierereien beseitigen
hire ['haɪə] someone	jemand einstellen

stay at a hotel [həʊ'tel]	in einem Hotel wohnen
accept [ək'sept] money ['mʌni]	Geld annehmen
stay for dinner ['dɪnə]	zum Essen (da)bleiben
pay (– paid – paid) by credit card ['kredɪt kɑ:d]	mit der Kreditkarte bezahlen

86 *Übersetzen Sie unter Benutzung der Kurzfomen.*

(„Denn" bleibt unübersetzt.)

a) Ist sie denn nicht Amerikanerin?
b) War er denn nicht zu Hause?
c) Warum warst du denn nicht da?
d) Hast du denn kein Geld bei dir?
e) Hättest du ihr denn nicht helfen können?
f) Weißt du denn nicht, wie man das macht?
g) Sieht es nicht großartig aus?
h) Hat Shaw denn nicht auch einige Romane geschrieben?
i) Ist er denn nicht eines natürlichen Todes gestorben?
j) Werden Sie denn nicht im Savoy wohnen?

he had some money ['mʌni] on him	er hatte (etwas) Geld bei sich
know [nəʊ] (– knew [nju:] – known [nəʊn]) how to do something	wissen, wie man etwas macht
novel ['nɒvl]	Roman
die (– died – died) a natural ['nætʃərəl] death [deθ]	eines natürlichen Todes sterben
stay [steɪ]	(vorübergehend) wohnen

87 *Übersetzen Sie unter Benutzung der Kurzformen.*

a) Haben Sie nicht etwas Billigeres?
b) Können Sie nicht ein bisschen schneller fahren?
c) Haben Sie denn keinerlei Selbstachtung?
d) Ist das denn nicht genau das, was wir haben wollten?
e) Müssen wir darüber nicht auch reden?
f) Warum liest du denn nie ein Buch?
g) Warum hat man mir das nicht in der Schule beigebracht?
h) Warum diskutieren wir nicht die wirklich wichtigen Fragen?

Verneinte Frage

cheap [tʃi:p]	billig
drive [draɪv] (– drove – driven ['drɪvn]) faster ['fɑ:stə]	schneller fahren
self-respect [self rɪ'spekt]	Selbstachtung
talk [tɔ:k] about something	über etwas reden
read [i:] (– read [e] – read [e]) a book	ein Buch lesen
teach [ti:tʃ] (– taught [tɔ:t] – taught) someone something	jemand etwas beibringen
discuss [dɪ'skʌs] something	etwas diskutieren
important [ɪm'pɔ:tnt] questions / issues ['ɪʃu:z]	wichtige Fragen

◄ GrLGr S. 390 ff., 397 ff. ►

114 Mit oder ohne *do*-Umschreibung?

Dieses Kapitel übt ausführlich und systematisch alle Strukturen, bei denen die Entscheidung über Gebrauch oder Nichtgebrauch von *do/does/did* eine Rolle spielt. Auch der Sonderfall *have* kommt vor; er wird aber im nächsten Kapitel noch eingehender behandelt.

88 *Übersetzen Sie.*

a) Können Sie ihn sehen?
Werden Sie ihn sehen?
Wollen Sie ihn sehen?

b) Wer gab ihr Geld?
Wem gab sie Geld?
Was gab er ihr?

c) Sie wollte uns nicht einladen
Sie konnte uns nicht einladen.
Sie brauchte uns nicht einzuladen.
Sie muss heutzutage so viele Leute einladen.

d) Er hasst mich nicht, liebt mich aber auch nicht.
Er hasst es, nicht zu wissen, was los ist.
Er hat es nicht gern, wenn man ihn stört.

e) Sie lud nicht nur ihre Kollegen, sondern auch alle ihre Studenten ein.
Ihre Studenten lud sie nicht ein.
Wer lud sie ein?
Wen lud sie ein und wen lud sie nicht ein?

f) Ist es glatt draußen? – Ich glaube schon.
Ist der Hund immer noch draußen? – Ich glaube nicht.
Ist es Zufall? – Ich glaube nicht.
Wird er am Samstag spielen können? – Ich hoffe es.
Ist es etwas Ernstes? – Ich hoffe nicht.

g) Sei nicht enttäuscht!
Reg dich nicht auf!
Belästige mich nicht mit unangenehmen Fakten!
Nun werden Sie mal nicht ungeduldig!
Lass uns nicht davon reden!

h) Ich muss doch nicht warten, bis sie wiederkommt, oder?
Wir brauchen doch kein Visum, oder?
Wir sollten besser gleich gehen, oder?
Du bist mir doch nicht böse, oder?

Mit oder ohne *do*-Umschreibung?

i) Hast du denn meine E-Mail nicht gelesen?
Hast du denn noch nicht gefrühstückt?
Hast du denn nichts zu essen im Hause?
Hast du denn kein Handy?
Habt ihr denn nicht gelegentlich Gäste?

invite [ɪn'vaɪt] someone	jemand einladen
these days / nowadays ['naʊədeɪz]	heutzutage
disturb [dɪ'stɜ:b]	stören
colleague ['kɒli:g]	Kollege / Kollegin
icy ['aɪsi] / slippery ['slɪpəri]	(*Straße etc.*) glatt
coincidence [kəʊ'ɪnsɪdəns]	Zufall
disappointed [dɪsə'pɔɪntɪd]	enttäuscht
get excited [ɪk'saɪtɪd] / worked up / upset [ʌp'set] / in a state	sich aufregen
bother ['bɒðə] someone	jemand belästigen
impatient [ɪm'peɪʃnt]	ungeduldig
visa ['vi:zə]	Visum
go (– went – gone [gɒn]) straight away [streɪt ə'weɪ]	gleich / sofort gehen
be mad [mæd] at someone	jemand böse sein
have breakfast ['brekfəst]	frühstücken
mobile (phone) [məʊbaɪl 'fəʊn]	Mobiltelefon; Handy
occasionally [ə'keɪʒnəli]	gelegentlich

GrLGr S. 337 ff.

116 *Have* mit oder ohne *do*-Umschreibung?

Bei *have* = „besitzen“ sind grundsätzlich mehrere Varianten möglich, wobei die erste (mit *do*) bei weitem die häufigste ist:

***Do you have** a map?* ***Have you got** a map?* ***Have you** a map?*	Hast du eine (Land-)Karte?

In Fällen wie den folgenden dagegen muss *have* mit *do* umschrieben werden:

***Do you** always **have** breakfast in bed?*	Frühstückst du immer im Bett?
***Do you** always **have to** have the last word?*	Musst du immer das letzte Wort haben?

Entsprechendes gilt für die verneinte Form:

*I **don't have** a map.* *I **haven't got** a map.* *I **haven't** a map.*	Ich habe keine (Land-)Karte.
*I **don't** always **have** breakfast in bed.*	Ich frühstücke nicht immer im Bett.
*You **don't** always **have to** win.*	Du brauchst nicht immer zu gewinnen.

Aus dem Dargestellten ergibt sich, dass die *do*-Umschreibung bei *have* immer die „sicherste“ Form ist, natürlich mit Ausnahme des Perfekts:

***Have you seen** my new bike?*	Hast du mein neues Fahrrad gesehen?

89 *Übersetzen Sie.*

a) Haben wir Milch im Haus?
b) Haben Sie noch Geschwister?
c) Hatten Sie als Kind häufig Ohrinfekte?
d) Hat sie gestern Abend gebadet?
e) Wann frühstückt ihr normalerweise?
f) Warum musstest du das tun?

g) Wie viele Junge haben Elefanten normalerweise?
h) Sie hat noch nicht den Richtigen gefunden.
i) Ich wünschte, du hättest es nicht getan.
j) Er hat in der letzten Zeit nicht viel zu lachen gehabt.
k) Wir haben nicht viele Einbrüche.
l) Ich hatte heute keine Schule.
m) Hast du denn keinen Stolz?
n) Hast du mittwochs nicht deine Klavierstunde?
o) Warum habt ihr kein Gruppenfoto machen lassen?

frequent(ly) ['fri:kwənt(li)]	häufig
ear infection ['ɪə ɪnfekʃn]	Ohrinfekt(ion)
have a bath [bɑ:θ]	ein Bad nehmen; baden
have breakfast ['brekfəst]	frühstücken
normally ['nɔ:məli]	normalerweise
elephant ['elɪfənt]	Elefant
lately ['leɪtli]	in letzter Zeit; in der letzten Zeit
burglary ['bɜ:gləri]	Einbruch(sdiebstahl)
pride [praɪd]	Stolz
piano lesson [pi'ænəʊ lesn]	Klavierstunde
have a photo ['fəʊtəʊ] / photograph ['fəʊtəgrɑ:f] taken	ein Foto machen lassen

118 Hilfsverben in Kurzsätzen und Kurzantworten

Dieses Kapitel muss mit dem nachfolgenden (Hilfsverben in Frageanhängseln) zusammen gesehen werden. Das Hilfsverb fungiert hier als Stellvertreter für ein Vollverb bzw. einen längeren verbalen Ausdruck, z. B. Verb + Objekt + Adverb:

*He promised to call me at the office, and he **did**.*	Er versprach mich im Büro anzurufen und **tat es auch**.

Das *did* steht hier also stellvertretend für die Wortgruppe *call me at the office.*

Nicht immer ist der Gebrauch des Hilfsverbs in Stellvertreterfunktion zwingend. Im folgenden Beispiel etwa ist Version 2 häufiger als Version 1; Version 3 dagegen klingt leicht angestaubt, ist aber auch nicht falsch.

1. *You are stronger than **I am**.* 2. *You are stronger than **me**.* 3. *You are stronger than **I**.*	Du bist stärker als ich.

In Beispiel 4 dagegen ist *than me* doppeldeutig. Die Doppeldeutigkeit wird dadurch beseitigt, dass man entweder wie in 5 oder wie in 6 formuliert:

4. *You know him better than **me**.*	Du kennst ihn besser als ich / als mich.
5. *You know him better than **I do**.*	Du kennst ihn besser als ich.
6. *You know him better than **you do me**.*	Du kennst ihn besser als mich.

90 *Übersetzen Sie.*

a) Sie weiß mehr davon als ich.
b) Sie ist intelligenter als ich.
c) Deine Mutter kann diese Frage besser beantworten als ich.
d) Sie haben es besser ausgedrückt, als ich es könnte.
e) Ich übe nicht so viel, wie ich müsste.
f) Ich arbeite nicht so schwer wie du.
g) Warum behandelst du mich nicht so wie ich dich?
h) Ich werde nie jemand so lieben wie dich.

practise ['præktɪs]	üben
I ought to ['ɔ:tə] practise more	ich müsste mehr üben
work hard [wɜ:k 'hɑ:d]	schwer arbeiten
treat [tri:t] someone well	jemand gut behandeln

Übersetzen Sie.

a) Magst du diese Musik? – Ja. / Nein.
b) Hat dir die Show gestern gefallen? – Ja. / Nein.
c) Er sieht aus wie Hugh Grant. – Ja, das tut er.
d) Mama würde mich gehen lassen. – Nein, das würde sie nicht.
e) Ich lese viel. – Ich auch.
f) Ich trinke keinen Whisky. – Ich auch nicht.
g) Er spricht Deutsch und seine Frau auch.
h) Ich war nicht beeindruckt und meine Freunde auch nicht.
i) Sie werden alle im Stadion sein, und ich auch.
j) Ich habe nicht gelogen und Sue auch nicht.
k) Er ist kein Heiliger und ich auch nicht.
l) Das Hotel gefiel mir. – Mir auch.
m) Das gefiel mir überhaupt nicht. – Mir auch nicht.
n) Dein Leben ist nicht leicht, meins aber auch nicht.
o) Ich liebe dich. – Ich dich auch.
p) Ich habe nichts gegen Mäuse. – Aber ich!
q) Warum hast du es ihr nicht gesagt? – Aber ich habe es ja!

Hugh Grant [hju: 'grɑ:nt]	(1960–, brit. Filmschauspieler)
mum *BE* / *AE* mom	Mama
impressed [ɪm'prest]	beeindruckt
stadium ['steɪdiəm]	Stadion
lie [laɪ]	lügen
saint [seɪnt]	Heilige(r)
mouse [maʊs] – mice [maɪs]	Maus – Mäuse
I don't mind [maɪnd] mice	ich habe nichts gegen Mäuse

◄ GrLGr S. 372 ff. ►

120 Hilfsverben in Frageanhängseln (*question tags*)

Frageanhängsel sind ein wichtiges Mittel lebendiger, natürlicher Kommunikation: Man macht eine Aussage (*It's too expensive*) und lädt dann mit einem Nachsatz („Frageanhängsel") den Gesprächspartner zu einer wie auch immer gearteten Reaktion ein (*It's too expensive, isn't it?*).
Es ist wichtig, zu wissen, dass für das Sprechen des Frageanhängsels zwei Möglichkeiten der Intonation bestehen:
Geht man mit der Stimme nach oben (steigende Intonation), so ist der Satz stärker als echte Frage gemeint, die dann durch den Partner zu beantworten wäre (*yes or no?*).
Senkt man die Stimme hingegen (fallende Intonation), so wird der Fragecharakter zurückgenommen, d. h. was als Frage mit Fragezeichen erscheint, ist eigentlich ein *statement*, eine Feststellung: *It's too expensive, isn't it? = I think we both agree that it's too expensive.*

92 *Setzen Sie passende Frageanhängsel* (question tags) *ein.*

a) We've never met before, _____ _____?
b) You didn't break it, _____ _____?
c) Jack's not well liked, _____ _____?
d) Come on, boys, you're not going to make trouble for an old friend of mine, _____ _____?
e) And that's the sad thing about it, it doesn't matter if they won or lost, _____ _____?
f) I never told you what to do, _____ _____?
g) No one ever told you how to do it, _____ _____?
h) Grey clouds can't hang around forever, _____ _____?
i) Let's get started, _____ _____?
j) I'll make you some eggs, _____ _____?
k) I'm sorry, but anyone over the age of ten ought to know the difference between a city and a state, _____ _____?
l) Nobody had been hurt, _____ _____?

we've never met before	wir kennen uns noch nicht
break [breɪk] (– broke [brəʊk] – broken) something	etwas kaputtmachen
he is not well liked [laɪkt]	er ist nicht sehr beliebt
make trouble ['trʌbl] for someone	jemand Ärger bereiten
grey clouds [klaʊdz]	graue Wolken
get (– got – got) started ['stɑ:tɪd]	anfangen
be hurt [hɜ:t]	verletzt werden

3 *Setzen Sie passende Frageanhängsel* (question tags) *ein.*

a) Business is bad, _____ _____?
b) That's a million-dollar idea, _____ _____?
c) I was talking, _____ _____?
d) It was you who took it from his desk, _____ _____?
e) We do have such a good time together, _____ _____?
f) She knows that, _____ _____?
g) He's got to practise more, _____ _____?
h) You'd had a couple of drinks already, _____ _____?
i) You're both dead tired. Michael, you'll stay the night, _____ _____?
j) She can't do this to me, _____ _____? After all, I'm trying, _____ _____?
k) Anyone can do it, _____ _____?
l) He's making a million bucks a year, so I guess he must be doing something right, _____ _____?
m) If someone's making a million a year, they must be on the right track, _____ _____?

business ['bɪznɪs] is bad	die Geschäfte laufen schlecht
desk [desk]	Schreibtisch
practise ['præktɪs] *BE* / *AE* practice	üben
stay the night [naɪt]	über Nacht bleiben
buck [bʌk]	(*umgangssprachl.:*) Dollar
I guess [ges]	ich schätze; ich denke mal
I guess he must be doing something right	irgendetwas muss er doch wohl richtig machen
be on the right track [træk]	auf dem richtigen Weg sein

4 *Setzen Sie passende Frageanhängsel* (question tags) *ein.*

a) There's nothing like a fresh baked muffin first thing in the morning, _____ _____?
b) Things look different in the cold light of morning, _____ _____?
c) We hardly know them, _____ _____?
d) You seldom see foxes round here, _____ _____?
e) Sounds funny, _____ _____?
f) So they laugh at me, _____ _____?
g) So you want to be rich and famous, _____ _____?
h) You used to smoke a lot, _____ _____?
i) I think the noise came from over there, _____ _____?
j) I bet I've scared you, _____ _____?
k) You'd never do that again, _____ _____?

◄ GrLGr S. 372 ff. ►

l) We needn't quarrel about it, _____ _____?
m) Things won't ever be the same again, _____ _____?
n) Tell Brian I want to see him, _____ _____?
o) Don't make so much noise when you come in, _____ _____?

muffin ['mʌfɪn]	(weiches Milchbrötchen, meist warm gegessen)
first thing in the morning	morgens als Erstes
you seldom see foxes round here	man sieht selten Füchse in dieser Gegend
sound funny [saʊnd 'fʌni]	komisch klingen
scare [skeə] someone	jemand erschrecken / einen Schrecken einjagen
quarrel ['kwɒrəl] about something	sich über etwas streiten

to-Infinitiv in attributiver Funktion

„Attributiv" heißt hier: „ein Nomen (oder Pronomen) näher bestimmend". Diese nähere Bestimmung kann ein Adjektiv sein (*an* ***interesting*** *book*) oder zum Beispiel – und darum geht es hier – eine Infinitivgruppe (*a book* ***to read on the train***).
Dieser Art von Infinitiv-Konstruktion entspricht im Deutschen oft ein Relativsatz:

I'm looking for a book ***to read on the train.***	Ich suche ein Buch, **das ich im Zug lesen kann.**

5 *Übersetzen Sie.*

a) Er wählte fünf Männer aus, die ihn auf seiner Expedition begleiten sollten.
b) Sie braucht jemand, mit dem sie sich unterhalten kann.
c) Sie brauchte nicht zu leiden. Das ist etwas, wofür man dankbar sein muss.
d) Paula ist kein Mensch, der halbe Sachen macht.
e) Er interessiert sich für alles, was mit ihrer Arbeit zu tun hat.
f) Es gibt nichts, das darauf hindeutet, dass der Mörder Linkshänder ist.
g) Wir sind nicht die Einzigen, die das sagen.
h) Ich war einer der Letzten, die ihn lebend gesehen haben.
i) Clare wäre die Erste gewesen, die das zugegeben hätte.
j) Wir hatten damals nicht viel, worüber wir hätten lachen können.

choose [tʃuːz] (– chose [tʃəʊz] – chosen) / select [sɪ'lekt]	auswählen
accompany [ə'kʌmpəni]	begleiten
grateful ['greɪtfl] / thankful ['θæŋkfl]	dankbar
not do things by halves [hɑːvz]	keine halben Sachen machen
indicate ['ɪndɪkeɪt]	darauf hindeuten
he's left-handed [left 'hændɪd]	er ist Linkshänder
alive [ə'laɪv]	lebend; lebendig
admit [əd'mɪt] something	etwas zugeben

◄ GrLGr S. 272 ►

124 *to*-Infinitiv nach Fragewörtern und *whether*

Auch hier haben wir es mit einer Konstruktion zu tun, die im Deutschen keine Entsprechung hat: *I don't know what to do* (= Ich weiß nicht, was ich tun soll), *I don't know how to do it* (= Ich weiß nicht, wie ich es machen soll / wie man es macht). Es geht also um einen Gebrauch des *to*-Infinitivs, der im Deutschen mit „was … soll", „wie … kann" etc. und auch mit „man" wiedergegeben wird.

Die *how to*-Konstruktion findet sich in tausenden von Buchtiteln der Ratgeberliteratur: *How to Get Rich Quick* (= Wie man schnell reich wird), *How to Get Rid of Computer Viruses* (= Wie man Computerviren loswird) etc. Eines der erfolgreichsten *how-to books* (= Ratgeberbücher) ist das 1936 erschienene *How to Win Friends and Influence People* (= Wie man Freunde gewinnt und Menschen beeinflusst) von Dale Carnegie [kɑːˈneɪgi], das bis heute über 15 Millionen Käufer gefunden hat.

96 *Übersetzen Sie.*

Ich überlege, wo ***ich*** *mein Auto* ***parken soll.***	I'm wondering **where to park** my car

a) Ich wusste nicht, was ich sagen sollte.
b) Wir hatten keine Ahnung, wie man da hinkommt.
c) Du musst lernen, wie man mit Kritik umgeht.
d) Ich kann mich nicht entscheiden, ob ich kaufen oder leasen soll.
e) Ein kluger Mensch weiß, wann er reden und wann er schweigen muss.
f) Wir wissen nicht, wen wir zu unserer Hochzeit einladen sollen.
g) Ich überlege, welches Kleid ich anziehen soll.
h) Sie stritten sich darüber, wo sie ihren Urlaub verbringen sollten.

handle criticism [ˈkrɪtɪsɪzm]	mit Kritik umgehen
decide [dɪˈsaɪd]	(sich) entscheiden
lease [liːs]	leasen; pachten; mieten
be silent [ˈsaɪlənt]	schweigen
wedding [ˈwedɪŋ]	Hochzeit
quarrel [ˈkwɒrəl] over / about something	sich über etwas streiten

to-Infinitiv zum Ausdruck der Absicht oder des Zwecks

I come to bury ['beri] *Caesar* ['si:zə], *not to praise him* (= Ich komme Cäsar zu begraben, nicht ihn zu preisen) lässt Shakespeare den Marcus Antonius in seinem Drama *Julius Caesar* sagen und benutzt damit vor über 400 Jahren den *to*-Infinitiv zum Ausdruck der Absicht in einem Satz, den auch ein Heutiger hätte sprechen können. Shakespeare hätte auch sagen können: *I come in order to bury Caesar, not to praise him.* Das hätte dann pedantisch geklungen und hätte auch den Rhythmus zerstört.
In order to kommt wesentlich seltener vor als das schlichte *to*, wirkt oft förmlicher, kann aber in bestimmten Kontexten – etwa aus Gründen der Klarheit oder Betonung – durchaus als angemessener empfunden werden: *Humans need hope in order to advance.* (= Die Menschen brauchen Hoffnung um voranzukommen.)

7 *Übersetzen Sie mit* to, *nicht mit* in order to.

a) Wir sind nicht hier um uns zu amüsieren.
b) Er stand auf um sich noch einen Drink zu holen.
c) Wir tun dies um dich zu schützen.
d) Ich ging hinaus um etwas frische Luft zu schnappen.
e) Sie blieb stehen um einen Augenblick zu verschnaufen.
f) Sie rief an um einen Termin zu vereinbaren.
g) Wir trafen uns um über das neue Projekt zu sprechen.
h) Wahrscheinlich hat er das gesagt um uns zu beeindrucken.
i) Viele Touristen kommen nach London um sich die Sehenswürdigkeiten anzusehen.
j) Ich weiß, es klingt seltsam, aber man muss essen um abzunehmen.
k) Ich kaufte mir einen dicken Roman um auf der langen Reise etwas zu lesen zu haben.
l) Um so etwas zu übersetzen, brauche ich ein Wörterbuch.
m) Um an diesem Seminar teilzunehmen, müssen Sie amerikanische Staatsbürgerin sein.

enjoy [ɪn'dʒɔɪ] / amuse [ə'mju:z] oneself	sich amüsieren
get (– got – got) some fresh air	etwas frische Luft schnappen
catch (– caught – caught) one's breath [breθ]	verschnaufen
make (– made – made) an appointment [ə'pɔɪntmənt]	einen Termin vereinbaren
impress [ɪm'pres] someone	jemand beeindrucken
lose (– lost – lost) weight [weɪt]	(*Körpergewicht:*) abnehmen
attend [ə'tend] a seminar ['semɪnɑ:]	an einem Seminar teilnehmen
a US / a United States citizen ['sɪtɪzn]	ein(e) amerikanische(r) Staatsbürger(in)

GrLGr S. 281 ff.

126 *to*-Infinitiv nach Verb + Objekt

Der Satz *She advised me to go home at once* hat hinsichtlich des Infinitiv-Gebrauchs eine direkte Entsprechung im Deutschen: „Sie riet mir, sofort nach Hause zu gehen“.
Es gibt aber auch Fälle, wo das englische Verb diese Konstruktion zulässt, sein deutsches Pendant aber nicht: *She wanted me to go home at once.* (= Sie wollte, dass ich sofort nach Hause ging / gehe.) Im Deutschen ist hier also nur ein „dass“-Satz möglich, kein Infinitiv mit „zu“.
Beachten Sie aber, dass bei dem Verb *suggest* die Infinitivkonstruktion – entgegen landläufiger Meinung – ausgeschlossen ist: *She suggested that I (should) go home at once.* (= Sie schlug vor, dass ich sofort nach Hause gehe.)

98 *Gebrauchen Sie bei der Übersetzung die Konstruktion Verb + Objekt +* **to**-*Infinitiv. Beispiel:*

Ich ***erwarte nicht, dass du*** *meine Meinung* ***teilst.***	**I don't expect you to share** my opinion.

a) Sie erlaubten mir, ihr Faxgerät zu benutzen.
b) Erlauben Sie mir, dass ich mich vorstelle.
c) Ich riet ihm, nicht nachzugeben.
d) Wir wissen nicht, was sie veranlasste, ihre Taktik zu ändern.
e) Wir konnten ihn nicht dazu kriegen, die Tabletten zu schlucken.
f) Das Gesetz kann niemanden zwingen, seinen Nächsten zu lieben.
g) Ich hasse es, wenn Leute mich anstarren.
h) Ich liebe es, wenn du mir abends vorliest.
i) Wir würden es vorziehen, wenn Sie per Kreditkarte bezahlen.
j) Ich weiß, dass manche Leute mich für verrückt hielten.
k) Niemand erwartet, dass du dich entschuldigst.
l) Sie will nicht, dass der Hund auf dem Sofa schläft.

fax machine ['fæks məʃi:n]	Faxgerät
introduce [ɪntrə'dju:s] oneself	sich vorstellen
give in (– gave – given)	nachgeben
cause / induce [ɪn'dju:s] / prompt	veranlassen
change one's tactics ['tæktɪks]	seine Taktik ändern
swallow ['swɒləʊ]	schlucken
love your neighbour ['neɪbə]	liebe deinen Nächsten
stare [steə] at someone	jemand anstarren
pay by / via ['vaɪə] credit card	per Kreditkarte bezahlen
apologize [ə'pɒlədʒaɪz]	sich entschuldigen

Passiv der Verb-Objekt-Infinitiv-Konstruktion

Besonders zu beachten ist hier, dass auch Verben, denen im Aktiv nach dem Objekt ein Infinitiv ohne *to* folgt, im Passiv einen *to*-Infinitiv verlangen:
Aktiv: *I heard/saw/made him jump.* (= Ich hörte/sah/ließ ihn springen.)
Passiv: *He was heard/seen/made* **to** *jump.* (= Man hörte/sah/ließ ihn springen.)
(Vergleichen Sie auch S. 96 ff. „Aktiv – Passiv".)

Verwandeln Sie die Sätze ins Passiv und übersetzen Sie sie. – Beispiel:

They allowed him to stay.
He was allowed to stay.
Es wurde ihm erlaubt zu bleiben. / Er durfte bleiben.

a) They allowed her to use the library.
b) They advised us to bring sleeping bags.
c) They asked me to write an article about the exhibition.
d) They expect people to work more for less money.
e) The inclement weather forced us to be indoors most of the time.
f) This is not the kind of work they hired him to do.
g) Can we persuade you to come along?
h) We told them not to touch anything.
i) You must warn them not to lean over the railing.
j) I never heard her complain.
k) The witness saw five men run out of the building.
l) They made the prisoners stand at attention for hours.

library ['laɪbrəri]	Bibliothek
sleeping bag ['sli:pɪŋ bæg]	Schlafsack
exhibition [eksɪ'bɪʃn]	Ausstellung
the inclement [ɪn'klemənt] weather ['weðə]	das unfreundliche Wetter
indoors [ɪn'dɔ:z]	im Haus; drin(nen)
hire ['haɪə] someone	jemand einstellen
persuade [pə'sweɪd] someone	jemand überreden
touch [tʌtʃ]	berühren
warn someone not to do something	jemand davor warnen, etwas zu tun
lean [li:n] (– leant* [lent] – leant*) over the railing	sich über das Geländer lehnen / beugen
complain [kəm'pleɪn]	klagen; sich beklagen
witness ['wɪtnəs]	Zeuge / Zeugin
stand (– stood – stood) at attention [ə'tenʃn]	stillstehen; strammstehen

128 Aktiver oder passiver Infinitiv?

„Er war nicht zu sehen" sagen wir im Deutschen und neigen dann dazu, diese aktive Infinitivkonstruktion auf das Englische zu übertragen: ~~*He was not to see.*~~
Im Englischen dagegen wählt man entsprechend dem passiven Sinn auch die passive Form: *He was not to be seen.*
Nun wäre es ja schön, wenn dieses logische Prinzip (bei passivem Sinn passive Form) durchgängig Gültigkeit hätte. Das ist aber nicht der Fall, denn in Kombination mit einem Adjektiv steht auch im Englischen das Aktiv: *It was not difficult to understand* (= Es war nicht schwer zu verstehen). Oft folgt der aktive Infinitiv auch auf Adjektiv + Nomen: *He was a difficult man to understand* (= Er war ein Mann, den man nur schwer verstand). Schließlich lieben es die Engländer geradezu, diese Konstruktion mit einer nachgestellten Präposition zu vollenden: *He was a difficult man to get along with* (= Er war ein Mann, mit dem schwer auszukommen war).
Sie sehen also: Diese Struktur ist allemal eine Übung wert.
Und – wie sagt doch unser *chiropractor* ['kaɪrəʊpræktə] (= Chiropraktiker) immer, wenn er einen besonders schmerzhaften Griff anwendet: *Enjoy!*

100 ***Aktiv oder Passiv? Setzen Sie das eingeklammerte Verb in die korrekte Form.***

You are to (congratulate) for the great job you have done.
You are to be congratulated for the great job you have done.

That sort of information can't be hard to (find).
That sort of information can't be hard to find.

a) What is to (do) first?
b) That was a dangerous thing to (do).
c) These complications were not to (foresee).
d) The situation is still fluid and the outcome is difficult to (foresee).
e) The article is well researched and interesting to (read).
f) Poetry is meant to (read) aloud.
g) The next morning the storm had passed and not a cloud was to (see).
h) The country's economy is in dire straits, and the reasons are not far to (seek).
i) A lot of hard work remains to (do) before we can sit back and relax.
j) Vehicles are not to (park) in front of or near the gate.
k) Dogs are to (keep) on leads at all times.
l) Hurry up, we've a train to (catch).
m) Getting laid off can be a traumatic experience, especially when you have a family to (support) and big bills to (pay).

n) The threat of infection is very real, and not to (take) lightly.
o) Many people think that professional politicians are not to (believe).
p) The news was so good that she found it hard to (believe).
q) The results were too good to (believe).
r) The windows were hard to (open) and in need of repair.
s) She left strict orders that the windows were not to (open).
t) A house is meant to (live) in.
u) The house badly needs repair; in its present state it is not fit to (live) in.
v) One key question is yet to (answer).
w) The government has a few questions yet to (answer) on this matter.

foresee [fɔ:'si:] (– foresaw – foreseen)	vorhersehen; voraussehen
fluid ['flu:ɪd]	flüssig; im Fluss
outcome ['aʊtkʌm]	Ausgang (*einer Sache*); Ergebnis; Resultat
well researched [rɪ'sɜ:tʃt]	gut recherchiert
poetry ['pəʊɪtri]	Poesie; Lyrik; Gedichte
in dire straits [daɪə 'streɪts]	in einer ernsten Notlage
seek [si:k] (– sought [sɔ:t] – sought)	suchen
the reasons ['ri:znz] are not far to seek	die Gründe liegen auf der Hand
vehicle ['vi:ɪkl]	Fahrzeug
keep (– kept – kept) a dog on (the) lead [li:d]	einen Hund an der Leine halten / führen
lay (– laid – laid) someone off	jemand entlassen
a traumatic [trɔ:'mætɪk] experience [ɪk'spɪəriəns]	eine traumatische Erfahrung
support [sə'pɔ:t] a family	eine Familie ernähren
the threat [θret] of infection [ɪn'fekʃn]	die Infektionsgefahr
take something lightly ['laɪtli]	etwas auf die leichte Schulter nehmen
order ['ɔ:də]	Anweisung; Befehl
in its present ['preznt] state	in seinem gegenwärtigen / derzeitigen / jetzigen Zustand
not fit to live [lɪv] in	unbewohnbar
key question [ki: 'kwestʃn]	Schlüsselfrage

◄ GrLGr S. 315 ff. ►

-*ing*-Fügung in adverbialer Funktion

Im Englischen ist es – wie die erste Übung zeigt – durchaus nicht unüblich, nacheinander stattfindende Handlungen so auszudrücken, als liefen sie gleichzeitig ab:
Putting on his socks and shoes, he rushed to the gate.
Wörtlich übersetzt drückt dieser Satz eine physikalische Unmöglichkeit aus: „Seine Socken und Schuhe anziehend stürzte er zum Tor."
Tatsächlich aber suggeriert der Satz englischen Ohren ein Nacheinander: „Er zog seine Socken und Schuhe an und stürzte zum Tor."

101 *Übersetzen Sie entsprechend dem Muster.*

Er zog seinen Mantel an und eilte ins Büro.
Putting on his coat, he hurried to the office.

a) Sie zog ihren Mantel an und verließ das Haus.
b) Sie legte die Zeitung hin und ging in die Küche.
c) Er nahm sie in die Arme und küsste sie.
d) Sie öffnete ihre Handtasche und nahm einige Briefe heraus.
e) Er winkte ein Taxi herbei und sagte dem Fahrer, er solle dem schwarzen BMW folgen.
f) Er zog eine Pistole heraus und richtete sie auf die Kassiererin.
g) So schnell wie möglich raffte sie ihre Sachen zusammen und eilte ins Büro, um den Artikel an ihre Zeitung zu faxen.

put [pʊt] on a coat / put a coat on (– put – put)	einen Mantel anziehen
hail a taxi [heɪl ə 'tæksi]	ein Taxi herbeiwinken / rufen
pull [pʊl] out a gun [gʌn]	eine Pistole herausziehen
aim / point the gun at someone	die Pistole auf jemand richten
cashier [kæ'ʃɪə]	Kassierer(in)
gather ['gæðə] up one's things	seine Sachen zusammenraffen

102 *Übersetzen Sie mit Hilfe von -ing-Fügungen.*

a) Da ich großen Hunger hatte, war mir egal, was ich aß.
b) Da sie sahen, dass sie keine Chance hatten, ergaben sie sich.
c) Da er sich für unbesiegbar hielt, wurde er arrogant und grausam.
d) Als sie ihn fand, saß er auf einer Bank und aß eine Brezel.
e) Als sie am Flughafen ankamen, stellten sie fest, dass ihr Flug gestrichen worden war.
f) Als er sein Ende nahen fühlte, ließ er seine Kinder kommen und segnete sie.

g) Nachdem sie den Brief gelesen hatte, griff sie zum Telefon und wählte seine Nummer.
h) Während sie sich von der Operation erholte, las sie ein Buch, das ihr Leben veränderte.
i) Wenn man einen Aufsatz schreibt, sollte man versuchen, Wortschatz und Satzbau zu variieren.
j) Sie rutschte aus und fiel die Treppe runter, wobei sie sich den rechten Arm und zwei Finger brach.

I don't care / mind what they think	mir ist egal, was sie denken
surrender [sə'rendə]	sich ergeben
invincible [ɪn'vɪnsɪbl] / undefeatable [ʌndɪ'fiːtəbl]	unbesiegbar
pretzel ['pretsl]	Brezel
cancel ['kænsl] a flight [flaɪt]	einen Flug streichen / ausfallen lassen
find [faɪnd] (– found – found) / discover [dɪ'skʌvə]	feststellen
the end draws [drɔːz] near / approaches [ə'prəʊtʃɪz]	das Ende naht
summon ['sʌmən] someone	jemand kommen lassen
bless someone	jemand segnen
pick up the phone [fəʊn]	zum Telefon greifen
dial ['daɪəl] a number	eine Nummer wählen
recover [rɪ'kʌvə] from an operation [ɒpə'reɪʃn]	sich von einer Operation erholen
essay ['eseɪ]	Aufsatz
vocabulary [və'kæbjʊləri]	Wortschatz
sentence structure ['sentəns strʌktʃə]	Satzbau
vary ['veəri]	variieren
slip [slɪp]	ausrutschen

132 *-ing*-Fügung mit eigenem Sinnsubjekt

Wieder einmal eine Struktur, die im Deutschen auch nicht entfernt eine Entsprechung hat. Beachten Sie die „Konkurrenz" zwischen Possessivpronomen und Objektform des Personalpronomens:

Do you mind ***my / me*** *sitting here?* (= Hast du was dagegen, dass / wenn ich hier sitze?)

Would you object to ***my / me*** *giving her your address and phone number?* (= Hätten Sie etwas dagegen, wenn ich ihr Ihre Adresse und Telefonnummer gebe?)

103 *Übersetzen Sie.*

Sie bestand darauf, dass ***das Kind*** *zu Hause blieb.*
She insisted on **the child** staying at home.

a) Sie bestanden darauf, dass ich zum Abendessen blieb.
b) Du hast doch nichts dagegen, wenn ich dich Piggy nenne?
c) Ich erinnere mich daran, dass du seinen Namen erwähntest.
d) Ich kann mir nicht vorstellen, dass er so etwas tut.
e) Der Erfolg des Programms hängt davon ab, dass jeder seinen Beitrag leistet.
f) Es hat keinen Sinn, wenn wir unnötige Risiken eingehen.
g) Man kann hier kein Feuer anmachen, ohne dass es jemand merkt.
h) Ich bin es leid, dass mich jeder fragt, wann wir denn heiraten.
i) Ich bin erstaunt darüber, dass ein Mann wie Sie Gerüchten Beachtung schenkt.
j) Du kannst nicht immer damit rechnen, dass dir jemand aushilft.

insist [ɪn'sɪst] on something	auf etwas bestehen
dinner ['dɪnə]	Abendessen (*als Hauptmahlzeit*)
do one's part [pɑ:t]	seinen Beitrag leisten
take a risk [rɪsk]	ein Risiko eingehen
light (– lit / lighted – lit / lighted) a fire ['faɪə]	ein Feuer anmachen / anzünden
I'm sick of it	ich bin es leid
get married ['mærɪd]	heiraten
be surprised at something	über etwas erstaunt sein
pay attention to rumours ['ru:məz]	Gerüchten Beachtung schenken
count [kaʊnt] on	rechnen mit; damit rechnen, dass
help someone out	jemand aushelfen

-*ing*-Fügung in attributiver Funktion

„In attributiver Funktion“ heißt hier: gleich einem Adjektiv, einem Relativsatz, einem *to*-Infinitiv oder einer *-ed*-Fügung der näheren Bestimmung eines Nomens (oder Pronomens) dienend:
Adjektiv: *a* ***nice*** *car*
Relativsatz: *a car* ***that makes you happy***
to-Infinitiv: *a car* ***to feel good in***
-ed-Fügung: *a car* ***loved by millions***
Und in diesem Kapitel nun die attributive *-ing*-Fügung:
a car ***standing in the middle of the road***

1 *Ersetzen Sie den Relativsatz durch eine* -ing*-Fügung.*

Is there a bus **that goes** up to the castle?
Is there a bus **going** up to the castle?

a) The road that connects the two towns is very narrow.
b) We should all keep an eye on old people who live alone.
c) Inside every fat person is a thin one who wants to get out.
d) An increasing number of youngsters who apply for work are hardly literate.
e) We must make sure that everyone who wishes to speak gets a chance to do so.
f) People who stayed at the hotel were always very taken with the view.
g) We're a company full of smart, creative people who strive to do our jobs better every day.
h) The number of patients who suffer from this disease has increased rapidly in recent years.
i) The students who attend her workshops come from all over the world including Britain and Australia.

connect [kə'nekt]	verbinden
an increasing [ɪn'kri:sɪŋ] number of youngsters ['jʌŋstəz]	eine zunehmende / wachsende Zahl von Jugendlichen
apply [ə'plaɪ] for work	sich um einen Arbeitsplatz bewerben
they are hardly literate ['lɪtrət]	sie können kaum lesen und schreiben
be very taken with something	sehr von etwas angetan sein
view [vju:]	Aussicht; Ausblick
company ['kʌmpəni]	Gesellschaft; Firma; Unternehmen
smart [smɑ:t]	clever; intelligent
strive [straɪv] (– strove [strəʊv] – striven ['strɪvn]) to do something	sich bemühen / bestrebt sein, etwas zu tun
suffer ['sʌfə] from a disease [dɪ'zi:z]	an einer Krankheit leiden
in recent ['ri:snt] years	in den letzten Jahren
attend [ə'tend] a workshop	an einem Workshop / Seminar teilnehmen

105 ***Ersetzen Sie nun umgekehrt die -ing-Fügung durch einen Relativsatz.***

The children **attending** this school are aged twelve or under.
The children **who attend** this school are aged twelve or under.

a) The burglars looked everywhere, even behind the pictures hanging on the walls.
b) Unemployment is one of the major problems facing our society.
c) The name "Mississippi" is derived from an Indian word meaning "great waters" or "father of waters".
d) Many Americans think that the number of legal and illegal immigrants settling in the country each year is too high.
e) Anyone seeing me there would have thought I was a lunatic.
f) The majority of the people living in this part of the city cannot afford to have computers in their homes.
g) Motorists exceeding the speed limit by one to ten miles per hour in a school zone can be fined from $170 to $200.
h) The woman showing me to my seat in the theatre whispered to me that the gardener was the murderer.
i) Most of the big companies advertising on TV include their web address in their ads.

burglar ['bɜːglə]	Einbrecher(in)
hang [hæŋ] (– hung [hʌŋ] – hung)	hängen
unemployment [ʌnɪm'plɔɪmənt]	(die) Arbeitslosigkeit
face a problem ['prɒbləm]	einem Problem gegenüberstehen; mit einem Problem konfrontiert sein
be derived [dɪ'raɪvd] from an Indian word	von einem indianischen Wort hergeleitet sein / stammen
settle in a country ['kʌntri]	sich in einem Land niederlassen
a lunatic ['luːnətɪk]	ein(e) Irre(r) / Wahnsinnige(r) / Verrückte(r)
they cannot afford [ə'fɔːd] to have computers	sie können sich Computer nicht leisten
exceed [ɪk'siːd] the speed limit	die zulässige Geschwindigkeit überschreiten
they can be fined $170 (= a hundred and seventy dollars)	ihnen kann ein Bußgeld von 170 Dollar auferlegt werden
show someone to their seat [siːt]	jemand zu seinem Platz führen
she whispered ['wɪspəd] to me	sie flüsterte mir zu
web address ['web ədres]	Internetadresse
ad (= advertisement [əd'vɜːtɪsmənt])	Anzeige; Werbespot

-ed-Fügung in attributiver Funktion

Eine Fügung der hier geübten Art kann noch so lang sein, wir können sie im Deutschen ungeniert vor das Nomen setzen – nicht aber im Englischen:
die **in dem Artikel zitierten** Quellen = *the sources* ***cited in the article***
das **von den Räubern benutzte** Fluchtfahrzeug = *the getaway vehicle* ***used by the robbers.***

6 *Übersetzen Sie.*

Die in dem Buch enthaltenen Statistiken sind veraltet.
The statistics contained in the book are out of date.

a) Alle hier ausgestellten Gemälde sind Originale.
b) Einige der von uns benutzten Maschinen sind über 50 Jahre alt.
c) Der durch den Krieg angerichtete Schaden ist unermesslich.
d) Die von der Firma gezahlten Gehälter liegen über dem Durchschnitt.
e) Einige der von dem Ausschuss gemachten Vorschläge sind höchst innovativ.
f) Keines der von der Opposition vorgebrachten Argumente ist überzeugend.
g) Überall waren mit Maschinenpistolen bewaffnete Soldaten zu sehen.
h) Stimmt es wirklich, dass von Frauen geschriebene Romane hauptsächlich von Frauen gelesen werden?

display / show / exhibit [ɪg'zɪbɪt] paintings	Gemälde ausstellen
cause / do / bring about damage ['dæmɪdʒ]	Schaden anrichten
immense [ɪ'mens] / incalculable [ɪn'kælkjʊləbl]	unermesslich
salary ['sæləri]	Gehalt
be above average ['ævrɪdʒ]	über dem Durchschnitt liegen
committee [kə'mɪti]	Ausschuss; Komitee
highly innovative ['ɪnəvətɪv]	höchst innovativ
advance [əd'vɑ:ns] / put forward ['fɔ:wəd] / offer an argument ['ɑ:gjʊmənt]	ein Argument vorbringen
convincing [kən'vɪnsɪŋ]	überzeugend
submachine gun [sʌbmə'ʃi:n gʌn]	Maschinenpistole
is it really ['rɪəli] true?	stimmt es wirklich?
novel ['nɒvl]	Roman
mainly ['meɪnli]	hauptsächlich

◄ GrLGr S. 327 f., 314 f. ►

136 Attributive Fügungen mit *-ed*-Partizip oder *-ing*-Form

Hier werden die in den letzten beiden Kapiteln separat behandelten Typen von attributiven Fügungen gemischt geübt. Es ist also zu unterscheiden zwischen

-ing-Fügung (*the virus* ***causing the disease*** = der Virus, der die Krankheit verursacht) und

-ed-Fügung (*the diseases* ***caused by the virus*** = die von dem Virus verursachten Krankheiten).

107 *Übersetzen Sie mit einer* -ing- *oder* -ed-*Fügung.*

a) die in der Geschichte beschriebenen Personen
b) die in dem Gutachten enthaltenen Vorschläge
c) die von der Regierung ergriffenen Maßnahmen
d) die von dem Autor verwendeten Stilmittel
e) illegale Einwanderer, die von der amerikanischen Grenzpolizei gefasst werden
f) Mexikaner, die illegal über die Grenze gehen
g) Kinder, die an Unterernährung leiden
h) Bauern die auf den Feldern arbeiten
i) die Leute, die diesen Film sehen
j) die in den ärmsten Ländern der Welt lebenden Menschen

describe [dɪ'skraɪb]	beschreiben
report [rɪ'pɔ:t]	(*auch:*) Gutachten
contain [kən'teɪn]	enthalten
proposal [prə'pəʊzl]	Vorschlag
government ['gʌvnmənt]	Regierung
take (– took – taken) measures ['meʒəz]	Maßnahmen ergreifen
stylistic device [staɪ'lɪstɪk dɪ'vaɪs]	Stilmittel
illegal [ɪ'li:gl] immigrants ['ɪmɪgrənts]	illegale Einwanderer / Immigranten
catch [kætʃ] (– caught [kɔ:t] – caught)	fangen; fassen; schnappen
the US Border Patrol [pə'trəʊl]	(die US-amerikanische Grenzpolizei)
cross the border ['bɔ:də]	über die Grenze gehen
suffer from malnutrition [mælnju'triʃn]	an Unterernährung leiden

Attributive Fügungen mit *-ing*-Form, *-ed*-Partizip oder *to*-Infinitiv

Eine nicht ganz leichte, aber nützliche Übung, denn Sie müssen a) ein passendes Verb finden und b) dieses Verb in die passende Form setzen. Der Lösungsschlüssel nennt nur die naheliegendsten Verben. Falls Sie „exotischere“, im Schlüssel nicht genannte Varianten einsetzen, könnten Sie diese Kombinationen im Internet abchecken: google.de (die gesuchte Wortgruppe in Anführungszeichen setzen). Diese Suchmaschine (= *search engine*) ist überhaupt für sprachliche Recherchen hervorragend geeignet.

8 ***Setzen Sie ein passendes Verb ein, und zwar in einer der folgenden Formen:***
-ing-*Form,*
-ed-*Partizip*
oder* to-*Infinitiv.

Crime is one of the main problems __________ the United States today.
Crime is one of the main problems **facing** the United States today.

The information __________ in the brochure is not quite up to date.
The information **contained** / **given** in the brochure is not quite up to date.

I'll give you a book __________ on the plane.
I'll give you a book **to read** on the plane.

a) The water __________ from the tap was very hot.
b) Some of the suggestions __________ by him are quite reasonable.
c) After __________ a light supper we went up to our room.
d) What would be a suitable souvenir __________ home from Scotland?
e) She won second prize in a playwriting competition __________ by the BBC.
f) Neighbours should keep an eye on old people __________ alone.
g) The work __________ by the committee is of great value to all of us.
h) We're looking for a woman __________ a green trouser suit.
i) We're looking for a woman __________ in a green trouser suit.
j) I was one of the last people __________ him alive.
k) She didn't suffer – that's something __________ grateful for.
l) The film __________ at the Odeon cinema is said to be very good.
m) The police officer __________ her about the accident was very polite.
n) The statistics __________ in the book are completely out of date.
o) The children __________ this school are mostly from immigrant families.

tap [tæp] *BE* / *AE* faucet ['fɔːsɪt]	(Wasser-)Hahn
make (– made – made) suggestions [sə'dʒestʃnz]	Vorschläge machen

reasonable ['ri:znəbl]	vernünftig
have a light supper ['sʌpə]	ein leichtes Abendbrot / Abendessen einnehmen
suitable ['su:təbl]	passend; geeignet
win (– won [wʌn] – won) second prize	den zweiten Preis gewinnen
playwriting competition ['pleɪraɪtɪŋ kɒmpətɪʃn]	Dramenwettbewerb
run (– ran – run) a competition [kɒmpə'tɪʃn]	einen Wettbewerb veranstalten
neighbour ['neɪbə]	Nachbar(in)
keep (– kept – kept) an eye [aɪ] on someone	jemand im Auge behalten
committee [kə'mɪti]	Ausschuss; Komitee
value ['vælju:]	Wert
look for someone	jemand suchen
wear [weə] (– wore – worn) a trouser suit ['traʊzə su:t]	einen Hosenanzug tragen
suffer ['sʌfə]	leiden
grateful ['greɪtfl]	dankbar
the film is said [sed] to be very good	der Film soll sehr gut sein
police officer [pə'li:s ɒfɪsə]	Polizeibeamte(r)
question ['kwestʃən] someone about something	jemand zu etwas befragen / vernehmen / verhören
accident ['æksɪdənt]	Unfall
polite [pə'laɪt]	höflich
contain [kən'teɪn] statistics [stə'tɪstɪks]	Statistiken enthalten
out of date [aʊt əv 'deɪt]	überholt; veraltet
attend [ə'tend] a school [sku:l]	eine Schule besuchen

„Ketten-Verb" + *to*-Infinitiv oder *-ing*-Form?

Nachstehend finden Sie zwei Übungen zu diesem Thema. Die „Ketten-Verben", auf die entweder ein *to*-Infinitiv oder eine *-ing*-Form folgt (nur eine Form ist korrekt!), sind fett gedruckt und die Sätze alphabetisch angeordnet. „Ketten-Verben", bei denen Sie unsicher sind, könnten Sie sich in zwei Spalten angeordnet notieren – links: + *to*-Infinitiv, rechts: + *-ing*-Form.

9 ***Setzen Sie das eingeklammerte Verb in die korrekte Form:* to*-Infinitiv oder* -ing*-Form.***

a) Several officials have **admitted** (take) bribes.
b) Police officers **attempted** (arrest) him, but he resisted.
c) The candidate carefully **avoided** (make) any promises.
d) We are so glad we **chose** (stay) here.
e) Police have **declined** (say) who tipped them off.
f) The officer **demanded** (see) her passport.
g) She **denied** ever (take) a substance to enhance her performance.
h) The board **discussed** (open) a branch in China.
i) I **dislike** (look) at the same thing over and over again.
j) She **enjoys** (look) after her two grandsons.
k) When you have **finished** (write) your text, use the spellchecker to correct any spelling errors.
l) Even on the worst day at work I can't **imagine** (do) anything else.

official [ə'fɪʃl]	Beamter / Beamtin
admit [əd'mɪt]	zugeben
take (– took – taken) bribes [braɪbz]	Bestechungsgelder annehmen; sich bestechen lassen
resist [rɪ'zɪst]	sich widersetzen; Widerstand leisten
avoid [ə'vɔɪd]	es vermeiden
promise ['prɒmɪs]	Versprechen
choose [tʃu:z] (– chose [tʃəʊz] – chosen) to do something	sich entschließen, etwas zu tun
decline [dɪ'klaɪn]	ablehnen
tip someone off	jemand einen Tipp / Wink geben
officer ['ɒfɪsə]	(Polizei-)Beamte(r)
deny [dɪ'naɪ]	abstreiten; leugnen
enhance [ɪn'hɑ:ns] one's performance [pə'fɔ:məns]	seine Leistung steigern / verbessern
board [bɔ:d]	Vorstand
branch [brɑ:ntʃ]	Filiale
over and over again [ə'gen]	immer wieder
look after someone	sich um jemand kümmern
I enjoy [ɪn'dʒɔɪ] doing it	ich tue es gern
I can't imagine doing that	ich kann mir nicht vorstellen, das zu tun

110 ***Setzen Sie das eingeklammerte Verb in die korrekte Form:* to-*Infinitiv oder* -ing-*Form.***

a) She **loathes** (have) to smile at rude customers.
b) I **managed** (convince) them that I was completely harmless.
c) A witness **mentioned** (see) a white pickup at the scene of the robbery.
d) I don't **mind** (be) called old-fashioned.
e) She **neglected** (inform) us of her new address.
f) The authors **omitted** (mention) that they had received funding from the tobacco industry.
g) He **pretended** (not notice) how upset she was.
h) They have **promised** (support) the project financially.
i) I don't **recollect** ever (see) her since.
j) I **resent** (be) called an egoist.
k) He never **stopped** (love) her, but he had **stopped** (believe) that they could be happy again.
l) During her walk round the town she occasionally **stopped** (talk) to someone she knew.
m) He said the road was impassable and **suggested** (go) by boat.

loathe [ləʊð]	es verabscheuen / hassen
rude [ru:d]	unhöflich
customer ['kʌstəmə]	Kunde / Kundin
convince [kən'vɪns] someone	jemand überzeugen
witness ['wɪtnəs]	Zeuge / Zeugin
pickup (truck)	Kleintransporter (mit offener Ladefläche)
omit [əʊ'mɪt] to do something	es unterlassen / versäumen, etwas zu tun
receive [rɪ'si:v] funding ['fʌndɪŋ] from	finanziert werden von
pretend [prɪ'tend]	vorgeben; so tun, als ob
upset [ʌp'set]	mitgenommen; bestürzt; erregt
recollect [rekə'lekt]	sich erinnern / entsinnen
ever since [sɪns]	seither; seitdem
resent [rɪ'zent] something	etwas übel nehmen; sich über etwas ärgern
impassable [ɪm'pɑ:səbl]	unpassierbar; unbefahrbar

„Ketten-Nomen" + *to*-Infinitiv oder + Präposition und *-ing*-Form?

Eine Regel, die man sich merken sollte: Ein an eine Präposition angehängtes Verb muss immer in der *-ing*-Form stehen. Das Problem in den folgenden beiden Übungen: zu entscheiden, ob *to* + Infinitiv folgen muss oder aber eine Präposition (und wenn ja, welche?) + *-ing*-Form. Bei *habit* und *delight* werden Sie feststellen, dass die anzuhängende Form von der vorausgegangenen Konstruktion abhängt.

1 *Setzen Sie entweder* to + *Infinitiv oder Präposition* + -ing-*Form ein – wie im Beispiel.*

She doesn't have the courage (say) what she thinks
She doesn't have the courage to say what she thinks.

He had the advantage (be) twenty inches taller than his opponent.
He had the advantage of being twenty inches taller than his opponent.

a) He lacks the **ability** (motivate) others.
b) She made no **attempt** (conceal) her dislike.
c) He is in no **danger** (overwork) himself.
d) I don't understand how he can take **delight** (torture) animals.
e) It's a **delight** (watch) children grow.
f) She has a remarkable **determination** (succeed).
g) Our graduates have no **difficulty** (find) employment.
h) We have the **freedom** (believe) whatever we want, but not the **freedom** (do) whatever we want.
i) It's not my **habit** (offer) advice unless it's asked for.
j) I'm not in the **habit** (offer) advice unless it's asked for.
k) I don't have much **hope** (get) my money back.
l) He gave the **impression** (be) rather bored.

he lacks the ability [ə'bɪləti]	ihm fehlt die Fähigkeit / mangelt es an der Fähigkeit
motivate ['məʊtɪveɪt]	motivieren
attempt [ə'tempt]	Versuch
conceal [kən'si:l]	verbergen
dislike [dɪs'laɪk]	Abneigung
danger ['deɪndʒə]	Gefahr
overwork [əʊvə'wɜ:k] oneself	sich überarbeiten
delight [dɪ'laɪt]	Freude
watch [wɒtʃ] children ['tʃɪldrən] grow	sehen, wie Kinder (heran)wachsen
take delight in doing something	Freude daran haben, etwas zu tun

remarkable [rɪ'mɑːkəbl] determination [dɪtɜːmɪ'neɪʃn]	bemerkenswerte Entschlossenheit
succeed [sək'siːd]	Erfolg haben; erfolgreich sein
graduate ['grædʒuət]	(Hochschul-)Absolvent(in)
difficulty ['dɪfɪkəlti]	Schwierigkeit(en)
find (– found – found) employment [ɪm'plɔɪmənt]	eine Anstellung / Stelle finden
habit ['hæbɪt]	Gewohnheit
offer advice [əd'vaɪs]	Rat(schläge) anbieten
unless [ən'les]	es sei denn(, dass)
ask for advice [əd'vaɪs]	um (einen) Rat bitten
impression [ɪm'preʃn]	Eindruck
be rather bored [bɔːd]	sich ziemlich langweilen

112 *Setzen Sie entweder* to + *Infinitiv oder Präposition* + -ing*-Form ein – wie in der vorhergehenden Übung.*

a) Only one thing was left: the **instinct** (survive).
b) I have no **intention** (retire).
c) She has just announced her **intention** (retire) at the end of the year.
d) He eventually made up his **mind** (accept) the offer.
e) There would have been no **point** (continue) the conversation.
f) I'm afraid I'm not in a **position** (do) anything about it.
g) We look forward to the **privilege** (work) with you.
h) What are your **reasons** (want) to change your job?
i) She had the **reputation** (be) hard to please.
j) You have every **right** (express) your opinion but you don't need to be insulting.
k) To combat the rumours, the company took the unusual **step** (call) a press conference.

survive [sə'vaɪv]	überleben
intention [ɪn'tenʃn]	Absicht
announce something	etwas bekannt geben
retire [rɪ'taɪə]	in den Ruhestand gehen
eventually [ɪ'ventʃuəli]	schließlich (*nicht:* „eventuell"*!*)
make up one's mind [maɪnd]	sich entschließen
accept [ək'sept] an offer	ein Angebot annehmen
there would have been no point	es hätte keinen Zweck gehabt
continue [kən'tɪnjuː] a conversation [kɒnvə'seɪʃn]	ein Gespräch / eine Unterhaltung fortsetzen
be in a position [pə'zɪʃn]	in der Lage sein
look forward ['fɔːwəd] to something	sich auf etwas freuen
the privilege ['prɪvɪlɪdʒ]	das Privileg; die Ehre

reason ['ri:zn]	Grund
change [tʃeɪndʒ] one's job	sich beruflich verändern
reputation [repju'teɪʃn]	Ruf
she's hard to please [hɑ:d tə 'pli:z]	sie ist schwer zufrieden zu stellen; man kann ihr kaum etwas recht machen
express [ɪk'spres] one's opinion [ə'pɪnjən]	seine Meinung äußern / zum Ausdruck bringen
be insulting [ɪn'sʌltɪŋ]	beleidigend werden
combat ['kɒmbæt] something	etwas bekämpfen; gegen etwas angehen
rumour *BE* / *AE* rumor ['ru:mə]	Gerücht
an unusual [ʌn'ju:ʒuəl] step	ein ungewöhnlicher Schritt; eine ungewöhnliche Maßnahme
call a press conference ['kɒnfrəns]	eine Pressekonferenz anberaumen

Auf *to* kann ein Verb im Infinitiv folgen (z. B. *to do*); das auf *to* folgende Verb kann aber auch in der *-ing*-Form stehen (z. B. *to doing*). Im letzteren Fall ist *to* nicht Infinitivpartikel, sondern Präposition:

He refused (= weigerte sich)	***to do***	*that.*	(Nur Partikel *to* + Infinitiv richtig.)
He confessed (= gestand)	***to doing***	*that.*	(Nur Präposition *to* + *-ing*-Form richtig.)

113 *Setzen Sie Infinitiv oder* -ing-*Form ein.*

a) She threatened to (report) him to the police.
b) Most people have an aversion to (report) others to the police.
c) The athlete refused to (use) illegal drugs.
d) The athlete resorted to (use) illegal drugs.
e) They admitted to (kill) the old man.
f) They attempted to (kill) the old man.
g) He devotes much of his time to (raise) money for research.
h) They have been tireless in their efforts to (raise) money for research.
i) Holding benefit concerts would be a wonderful way to (raise) money for research.
j) He objects to (be) called a liar.
k) Nobody likes to (be) called a liar.
l) I was looking forward to (read) the book.
m) I tried to (read) the book, but became so bored that I couldn't go on.
n) When I finally got around to (read) the book, I was disappointed.
o) I'm not used to (be) treated like this.
p) I used to (be) treated like royalty.
q) I don't deserve to (be) treated like this.
r) Americans are constantly searching for ways to (slim) down without changing their lifestyles.
s) The key to (slim) down is changing your lifestyle.
t) The president said there was no alternative to (wage) war.
u) The president said the country had no alternative but to (wage) war.

threaten ['θretn]	damit drohen
report someone to the police [pə'li:s]	jemand bei der Polizei anzeigen
an aversion [ə'vɜ:ʃn] to	eine Abneigung (da)gegen
athlete ['æθli:t]	Athlet(in); Sportler(in)
resort [rɪ'zɔ:t] to	sich verlegen auf; sich darauf verlegen

admit [əd'mɪt] to something	etwas zugeben / gestehen
devote [dɪ'vəʊt] time to something	einer Sache Zeit widmen
raise money for research ['riːsɜːtʃ]	Geld für die Forschung sammeln / auftreiben
hold (– held – held) a benefit concert ['kɒnsət]	ein Benefizkonzert / Wohltätigkeitskonzert veranstalten
object [əb'dʒekt] to something	etwas ablehnen; sich gegen etwas wehren
call someone a liar ['laɪə]	jemand als Lügner bezeichnen
look forward ['fɔːwəd] to something	sich auf etwas freuen
become (– became – become) bored [bɔːd]	sich langweilen
get around / round to something	zu etwas kommen
disappointed [dɪsə'pɔɪntɪd]	enttäuscht
be used [juːst] to something	etwas gewohnt sein; an etwas gewöhnt sein
treat [triːt]	behandeln
I used [juːst] to live here	ich habe hier (früher) mal gewohnt
I don't deserve [dɪ'zɜːv] it	ich verdiene es nicht
slim down [slɪm 'daʊn]	(*Körpergewicht:*) abnehmen
change [tʃeɪndʒ] one's lifestyle	seine Lebensweise ändern
alternative [ɔːl'tɜːnətɪv]	Alternative
wage war [weɪdʒ 'wɔː]	Krieg führen
have no alternative [ɔːl'tɜːnətɪv] but …	keine andere Möglichkeit haben als …

GrLGr S. 404 ff.

Verben mit zwei Objekten

Eine Besonderheit der englischen Grammatik besteht darin, dass man zwar sagen kann: *She showed him the letter*; nicht aber: ~~*She explained him the problem*~~. Dagegen ist in beiden Fällen eine andere Wortstellung möglich: *She showed the letter to him* und *She explained the problem to him*. Schließlich ist noch dies ein grammatisch richtiger Satz: *She envied him the prize* (= Sie beneidete ihn um den Preis); nicht aber: ~~She envied him to the prize~~.

Welche Stellungsmöglichkeiten jeweils für die beiden Objekte bestehen (*him the letter, the letter to him*), hängt von dem Verb ab, das ihnen vorangeht. In der ersten Übung sind das *confess, confide, dedicate, describe, explain, introduce* und *mention* – bei ihnen ist nur die Stellung *the letter to him* möglich.

In der zweiten Übung haben wir (mit einer Ausnahme) nur das Verb *show*. Bei *show* sind – wie wir schon wissen – beide Stellungen möglich. Welche Stellung man wählt, hängt von der Länge der Objekte und der beabsichtigten Betonung ab, und die verschiedenen Möglichkeiten werden hier geübt.

Die dritte Übung schließlich konzentriert sich auf eine kleine Gruppe von Verben, für die nur die Stellung *him the letter* in Frage kommt.

114 *Übersetzen Sie.*

a) Er gestand ihr seine Liebe.
b) Sie vertraute ihm ein Geheimnis an.
c) Sie widmete das Buch ihrer jüngsten Tochter.
d) Der Kassierer beschrieb den Räuber der Polizei.
e) Ich erklärte den Kindern die Regeln.
f) Kannst du mir das erklären?
g) Sie stellte mich ihren Eltern vor.
h) Mir gegenüber erwähnte er das nie.

confess [kən'fes]	gestehen; beichten; bekennen
confide [kən'faɪd]	anvertrauen
secret ['si:krət]	Geheimnis
dedicate ['dedɪkeɪt]	widmen
cashier [kæ'ʃɪə]	Kassierer(in)
describe [dɪ'skraɪb]	beschreiben
robber ['rɒbə]	Räuber
explain [ɪk'spleɪn]	erklären
rule [ru:l]	Regel
introduce [ɪntrə'dju:s] someone	jemand vorstellen
parents ['peərənts]	Eltern
mention ['menʃn]	erwähnen

5 *Übersetzen Sie.*

a) Sie zeigte mir den Brief, aber nicht die Fotos.
b) Sie zeigte den Brief einer ganzen Reihe von Leuten.
c) Sie zeigte ihn mir.
d) Sie zeigte ihn ihrem Anwalt.
e) Wem zeigte sie den Brief?
f) Wem zeigte sie ihn?
g) Der Brief wurde dem Richter gezeigt.
h) Dem Richter wurde der Brief gezeigt, aber nicht die Fotos.
i) Warum wurde mir keine Kopie des Briefes geschickt?
j) Wem wurde der Brief gezeigt?

quite a few people ['pi:pl]	eine ganze Reihe von Leuten
lawyer ['lɔ:jə] / solicitor [sə'lɪsɪtə] *BE / AE* attorney [ə'tɜ:ni]	(Rechts-)Anwalt / (Rechts-)Anwältin
judge [dʒʌdʒ]	Richter(in)
send (– sent – sent)	schicken

6 *Übersetzen Sie.*

a) Darf ich Ihnen ein paar Fragen stellen?
b) Ich missgönne ihr das Geld keineswegs.
c) Ich wette mit dir um 50 Pfund, dass ich es schneller kann.
d) Er berechnete uns fünfzig Dollar für den Reifen.
e) Dieses Abenteuer hat ihn fast das Leben gekostet.
f) Ich beneide ihn nicht um den Job, den er übernommen hat.
g) Kannst du mir meine Grausamkeit verzeihen?

(be)grudge [(bɪ)'grʌdʒ] someone something	jemand etwas missgönnen
bet (– bet – bet)	wetten
charge [tʃɑ:dʒ] someone a price	jemand einen Preis berechnen
tyre ['taɪə]	(Gummi-)Reifen
adventure [əd'ventʃə]	Abenteuer
cost [kɒst] (– cost – cost)	(*Geld etc.*) kosten
envy ['envi] someone something	jemand um etwas beneiden
take on a job [dʒɒb]	einen Job / eine Arbeit übernehmen
forgive [fə'gɪv] (– forgave – forgiven)	verzeihen; vergeben
cruelty ['kru:əlti]	Grausamkeit

◄ GrLGr S. 408 f. ►

148 Stellung des Objekts bei *phrasal verbs*

Phrasal verbs sind Verben, die aus einem Verb und einer adverbialen Partikel wie *back, in* oder *off* zusammengesetzt sind.
Werden diese „zweiteiligen" Verben mit einem Objekt kombiniert, so ergibt sich die Frage, ob die zwei Verbteile zusammenbleiben (*sent off the letter*) oder durch das Objekt getrennt werden (*sent the letter off*). Kriterien für die Entscheidung sind Länge des Objekts, beabsichtigte Betonung und Wohlklang.

117 *Übersetzen Sie.*

a) Drei Wochen später brachte sie die Bücher zurück.
Sie brachte sie zurück.
Sie brachte die Bücher zurück, aber nicht die CDs.

b) Haben Sie das Antragsformular abgeschickt?
Haben Sie es abgeschickt?
Haben Sie das Antragsformular und die anderen Unterlagen abgeschickt?

c) Ich bin entschlossen, das Rauchen aufzugeben.
Ich bin entschlossen, es aufzugeben.
Er gab das Rauchen und Trinken auf und wurde zum Asketen.

d) Hast du die Lampe ausgeschaltet?
Hast du alle Lampen und elektrischen Geräte ausgeschaltet?
Hast du alles ausgeschaltet?

e) Wenn du ihm Geld leihst, wirst du es nie zurückbekommen.
Ich muss versuchen, das Geld zurückzubekommen, das ich ihm geliehen habe.
Ich muss versuchen, es zurückzubekommen.

bring back [brɪŋ 'bæk] (– brought [brɔːt] – brought)	zurückbringen
application form [æplɪ'keɪʃn fɔːm]	Antragsformular
send off (– sent – sent)	abschicken
documents ['dɒkjʊmənts] / papers	Unterlagen
determined [dɪ'tɜːmɪnd]	entschlossen
give (– gave – given) up smoking	das Rauchen aufgeben
ascetic [ə'setɪk]	Asket(in)
turn off / switch off	ausschalten
electrical [ɪ'lektrɪkl] appliance [ə'plaɪəns]	elektrisches Gerät
lend (– lent – lent) someone something	jemand etwas leihen
get (– got – got) back	zurückbekommen

Verben mit nominalem Objektkomplement

Nominales Objektkomplement – das ist *quite a mouthful* (= ein ziemlicher Brocken). Gemeint ist Folgendes: In dem Satz *I consider you my friend* (= Ich betrachte dich als meinen Freund) ist *you* das Objekt und *my friend* eine nominale (d. h. aus einem Nomen bestehende) Ergänzung zum Objekt, eben das Komplement.
Diese Komplementierung des Objekts nach einem Nomen ist vor allem nach den Verben *appoint, consider, crown, declare, elect, make* und *proclaim* üblich.

8 ***Übersetzen Sie.***

a) Ich habe dich immer für meinen Freund gehalten.
b) Dies wurde allgemein als ein kühner Schachzug angesehen.
c) Sie wählten sie einstimmig zu ihrer Anführerin.
d) Franklin Roosevelt wurde viermal zum Präsidenten der Vereinigten Staaten gewählt.
e) 1999 wurde sie zur Botschafterin der Vereinigten Staaten in Neuseeland ernannt.
f) Am 2. Dezember 1804 krönte sich Napoleon zum Kaiser der Franzosen.
g) 1941 wurde der 4. Juli in den Vereinigten Staaten zu einem gesetzlichen Feiertag erklärt.
h) Nachdem er 1066 Harold in der Schlacht bei Hastings besiegt hatte, erklärte sich William zum König von England.
i) Der Präsident machte sie zu seiner engsten außenpolitischen Beraterin.

consider [kən'sɪdə]	halten für; ansehen als
a bold move [mu:v]	ein kühner Schachzug
unanimous(ly) [ju:'nænɪməs(li)]	einstimmig
Franklin Roosevelt ['rəʊzəvelt]	(1882–1945, US-Präsident 1933–45)
elect [ɪ'lekt]	wählen
ambassador [æm'bæsədə]	Botschafter(in)
New Zealand [nju 'zi:lənd]	Neuseeland
crown [kraʊn] oneself	sich krönen
Napoleon [nə'pəʊliən]	(1769–1821, korsisch-französischer Diktator)
emperor ['empərə]	Kaiser
legal holiday [li:gl 'hɒlədeɪ]	gesetzlicher Feiertag
declare [dɪ'kleə]	erklären (zu)
Harold ['hærəld]	(1022–1066, letzter angelsächsischer König)
Hastings ['heɪstɪŋz]	(Seebad in Südost-England, an der Kanalküste)
defeat [dɪ'fi:t]	besiegen
proclaim [prə'kleɪm] oneself king	sich zum König erklären
close adviser [kləʊs əd'vaɪzə]	enge(r) Berater(in)
foreign-policy [fɒrən 'pɒləsi] adviser	außenpolitische(r) Berater(in)

Die korrekte Wortstellung wird in diesem Buch auch an vielen anderen Stellen geübt, nicht zuletzt in den Übersetzungsbeispielen. Beachten Sie in diesem Zusammenhang besonders die Übungen auf den Seiten 34 ff., 109 f. und 148. In diesem Kapitel nun geht es gezielt um die Wortstellung. Es gilt, vor allem folgende, durch die Interferenz der deutschen Muttersprache verursachte Fehler zu vermeiden:

1. Nichteinhaltung der Normalfolge Subjekt – Verb – Objekt.
2. Falsche Positionierung eines Adverbs oder einer adverbialen Bestimmung.

Drei authentische Beispiele aus Schülerarbeiten der Abiturstufe mögen diese Fehlertypen veranschaulichen:

~~*In her letter described Mary the situation in Ireland*~~. Im Deutschen bewirkt die Voranstellung der adverbialen Bestimmung *in her letter* eine Umkehrung der Reihenfolge Subjekt – Verb: *Mary beschrieb* → *in ihrem Brief beschrieb Mary.* Im Englischen bleibt jedoch die Normalfolge Subjekt – Verb erhalten: *In her letter Mary described the situation in Ireland.*

~~*It can also be used the word "leave"*~~. Direkte Übersetzung aus dem Deutschen, dadurch unidiomatischer Gebrauch von *it* und Fehlstellung des Subjekts (*the word "leave"*). Richtig: *The word "leave" can also be used.*

~~*The British government had the bad situation in the first time underestimated*~~. Abgesehen von unidiomatischer Wortwahl Fehlstellung des Objekts (*the bad situation*) und der adverbialen Bestimmung (~~*in the first time*~~). Richtig: *The British government had at first underestimated the seriousness of the situation.*

119 ***Hier ist ein Text über* immigration to the United States. *Bringen Sie die Wörter in die normale Reihenfolge und setzen Sie dabei notwendige Kommas, Doppelpunkte oder Anführungszeichen ein.***

a) always / a country of immigrants / been / has / the United States
b) about 30,000 years ago / by way of the Bering Strait / came / from Asia / the first humans / to the Americas
c) in 1776 / signed / the Declaration of Independence / the 56 people / were white, male, and of European descent / who
d) during the following 200 years / migrated / more than 50 million people / the vast majority of them coming from Europe / to the United States
e) has been changing / however / since about 1970 / the ethnic makeup of the new immigrants
f) are / currently / entering the US / from Latin American and Asian countries / the majority of immigrants
g) America's cultural and ethnic diversity / anywhere in the world / is / unmatched

h) being reflected / increasingly / in school and college curriculums and in the composition of the political establishment / is / the country's multiculturalism
i) more immigrants / takes in / than / the rest of the world combined / the US
j) in another country / nearly ten per cent of Americans / today / were born
k) are / hundreds of Spanish-language radio stations and newspapers / in the United States / there
l) about 13 per cent of Americans / at home / languages other than English / speak
m) are / in the school systems of New York City, Chicago, and Los Angeles / more than 100 languages / spoken
n) each year / is / many Americans / settling in the country / that / the number of legal and illegal immigrants / think / too high
o) a construction worker / and increase the crime rate / away / burden the welfare rolls / complains / our jobs / they take
p) an executive / for / have / millions of unskilled and low-skilled workers / no use / that / we / we're importing / worries
q) Americans don't want to do / an economist / and / are / because / do work / good for the economy / hard / however / says / that / the immigrants / they / work /
r) a banker observes / a better chance / have / immigrants / millionaires / native-born Americans / of becoming / than / that
s) a sociologist / American culture / by making it more diverse / convinced / enrich / immigrants / is / that
t) and statistics / been / have / immigrants / reveal / since 1901 / that / 30 per cent of America's Nobel Prize winners

by way of the Bering Strait [beərɪŋ 'streɪt]	über die Bering-Straße („Bering-Meerenge")
Asia ['eɪʒə]	Asien
the first humans ['hjuːmənz]	die ersten Menschen
the Americas [ə'merɪkəz]	(= Nord-, Mittel- und Südamerika)
sign [saɪn]	unterzeichnen
Declaration [deklə'reɪʃn] of Independence [ɪndɪ'pendəns]	Unabhängigkeitserklärung
male [meɪl]	männlich
of European descent [dɪ'sent]	europäischer Abstammung
migrate [maɪ'greɪt]	einwandern; auswandern
the vast [vɑːst] majority [mə'dʒɒrəti]	die große / überwältigende Mehrheit
Europe ['jʊərəp]	Europa
the ethnic makeup ['eθnɪk]	die ethnische Zusammensetzung
currently ['kʌrəntli]	momentan; zur Zeit; gegenwärtig
Latin American [lætɪn ə'merɪkən]	lateinamerikanisch
cultural and ethnic ['eθnɪk] diversity [daɪ'vɜːsəti]	kulturelle und ethnische Vielfalt

unmatched [ʌn'mætʃt]	einmalig; unübertroffen
be reflected [rɪ'flektɪd]	sich widerspiegeln
increasingly [ɪŋ'kriːsɪŋli]	zunehmend; in wachsendem Maße
curriculum [kə'rɪkjʊləm]	Lehrplan; Stoffplan
composition (= makeup) [kɒmpə'zɪʃn]	Zusammensetzung
multiculturalism [mʌlti'kʌltʃərəlɪzm]	multikultureller Charakter
settle ['setl] in a country ['kʌntri]	sich in einem Land niederlassen / ansiedeln
construction worker [kən'strʌkʃn]	Bauarbeiter
increase [ɪn'kriːs] the crime rate ['kraɪm reɪt]	die Kriminalität(sziffer) erhöhen
burden ['bɜːdn] the welfare rolls	die Sozialkassen belasten
complain [kəm'pleɪn]	klagen; sich beklagen
executive [ɪg'zekjətɪv]	Führungskraft; leitende(r) Mitarbeiter(in); Manager(in)
unskilled worker ['ʌnskɪld 'wɜːkə]	ungelernte(r) Arbeiter(in)
low-skilled worker ['ləʊ skɪld 'wɜːkə]	angelernte(r) Arbeiter(in)
have no use [juːs] for something	keine Verwendung für etwas haben
import [ɪm'pɔːt]	importieren
worry ['wʌri]	sich sorgen; sich Sorgen machen
economist [ɪ'kɒnəmɪst]	Wirtschaftswissenschaftler(in); Wirtschaftler(in)
good for the economy [ɪ'kɒnəmi]	gut für die (Volks-)Wirtschaft
observe [əb'zɜːv]	bemerken; feststellen; äußern
native-born Americans ['neɪtɪv bɔːn]	gebürtige Amerikaner(innen)
sociologist [səʊʃi'ɒlədʒɪst]	Soziologe / Soziologin
diverse [daɪ'vɜːs]	vielfältig; gemischt
convinced [kən'vɪnst]	überzeugt
enrich [ɪn'rɪtʃ]	bereichern
reveal [rɪ'viːl]	enthüllen; zeigen
Nobel [nəʊ'bel] Prize winner	Nobelpreisträger(in)

120 *Übersetzen Sie.*

a) Ich sehe ihn oft im Klub.
b) Gestern habe ich ihn im Klub gesehen.
c) Nur ihn habe ich gestern im Klub gesehen.
d) Im Klub kann man manchmal seltsame Leute sehen.
e) Ich habe das Buch gelesen.
f) Ich habe es im Urlaub gelesen.
g) Wahrscheinlich habe ich es im Urlaub gelesen.
h) Im Urlaub lese ich nie die Zeitung.
i) Dieses Buch werde ich im Urlaub lesen.
j) Das Buch habe ich gelesen. Jetzt werde ich mir den Film ansehen.
k) Die Wahrheit wusste nur mein Vater.
l) Mein Vater war der Einzige, der die Wahrheit wusste.
m) Mein Vater wusste nur, was Jack ihm erzählt hatte.

n) Offensichtlich wusste mein Vater nichts davon.
o) Sie beteuerte ihre Unschuld.
p) Bei den Verhören beteuerte sie ständig ihre Unschuld.
q) Vergeblich beteuerte sie ihre Unschuld.
r) Das hättest du wirklich für mich tun können.

strange [streɪnʒ] people ['pi:pl]	seltsame Leute
read [ri:d] (– read [red] – read [red])	lesen
on my holiday ['hɒlədeɪ]	im Urlaub
probably ['prɒbəbli]	wahrscheinlich
know [nəʊ] (– knew [nju:] – known) the truth [tru:θ]	die Wahrheit wissen / kennen
obviously ['ɒbviəsli]	offensichtlich
protest [prə'test] one's innocence ['ɪnəsəns]	seine Unschuld beteuern
during the interrogations [ɪnterə'geɪʃnz]	bei den Verhören
constant(ly) ['kɒnstənt(li)]	ständig
in vain [ɪn 'veɪn]	vergeblich

1 *Übersetzen Sie.*

a) Geht ihr heute Abend ins Theater?
b) Im Winter gehen wir abends manchmal ins Theater.
c) Sie geht nicht sehr oft ins Theater.
d) Könnten wir nicht öfter ins Theater gehen?
e) Warum gehen wir nicht öfter ins Theater?
f) Warum gehen wir heute Abend nicht ins Theater?
g) Heute Abend gehen wir ins Theater.
h) Abends gehen wir in London manchmal ins Theater.
i) In London gehen wir abends manchmal ins Theater.
j) Sie fragte, warum wir nicht öfter ins Theater gehen.
k) Wir können nicht so oft ins Theater gehen, wie wir gern möchten.
l) In der Regel sind Theaterkarten heutzutage sehr teuer.
m) Von Zeit zu Zeit kann man hier immer noch eine ausgezeichnete Inszenierung sehen.
n) Im Januar 1593 mussten die Londoner Theater schließen, da die Pest ausgebrochen war.

go to the theatre ['θɪətə]	ins Theater gehen
in the evening(s) ['i:vnɪŋ(z)]	abends
sometimes ['sʌmtaɪmz]	manchmal
often ['ɒfn] – more often	oft – öfter
tonight [tə'naɪt] / this evening	heute Abend

as we'd like (to)	wie wir gern möchten
as a rule [ru:l]	in der Regel
expensive [ɪk'spensɪv]	teuer
nowadays ['naʊədeɪz] / these days	heutzutage
from time to time	von Zeit zu Zeit
excellent ['eksələnt]	ausgezeichnet; hervorragend
production [prə'dʌkʃn]	Inszenierung
they had to close [kləʊz]	sie mussten schließen
(the) plague [pleɪg]	die Pest
break out [breɪk 'aʊt] (– broke – broken)	(*Krankheit, Seuche:*) ausbrechen

Von den meisten Englischlernenden werden die Präpositionen als besonderer *bugbear* ['bʌgbeə] (= Schreckgespenst) empfunden. Möglicherweise sind die meisten Fehler, die von Nichtmuttersprachlern gemacht werden, Fehler im Gebrauch der Präpositionen.
Daher nun dieses sehr umfangreiche Präpositionen-Kapitel. Wir haben uns bemüht, die meisten der durch Interferenz des Deutschen fehleranfälligen Präpositionen zu berücksichtigen.
Die Wahl der Präposition wird in den meisten Fällen durch Leitwörter bestimmt. Das Leitwort ist zumeist ein Verb, ein Nomen oder ein Adjektiv. Entsprechend haben wir fünf der acht Übungen angeordnet: Die alphabetisch angeordneten Leitwörter sind fett gedruckt. In drei Übungen werden die Ausdrücke mit Präpositionen gemischt geübt; da fehlt dann das Leitsystem durch Alphabetisierung und Fettdruck.
Beachten Sie die (seltenen) Fälle, wo im Englischen anders als im Deutschen gar keine Präposition steht. *Arrive home* (= zu Hause ankommen) und *Welcome home!* (= Willkommen zu Hause!) sind bekannte Beispiele.

2 *Setzen Sie – wo nötig – passende Präpositionen ein.*

a) _____ the time we **arrived** _____ the station the last train was gone.
b) She **arrived** late _____ the appointment.
c) She was scheduled to **arrive** _____ home _____ the morning of September 11, 2001.
d) A three-year-old **died** _____ heart failure brought on _____ obesity, it emerged today.
e) She **died** _____ cancer _____ the age of 87.
f) Her only son **died** _____ suicide _____ 2004.
g) Macbeth learns that his wife has **died** _____ her own hand.
h) Each year thousands _____ people **die** _____ fire-related injuries.
i) Other people would **jump** _____ an offer like this.
j) As the band started to play, the crowd **jumped** _____ their feet and started dancing wildly.
k) Can you **jump** _____ that fence and not touch it?
l) They **lived** _____ selling vegetables from their garden.
m) He has never worked a day _____ his life and **lives** _____ his parents.
n) Astronomers say that the moon is **made** _____ green cheese.
o) Cheese and yoghurt are **made** _____ milk.

the train was gone [gɒn]	der Zug war weg
appointment	Verabredung; Termin
she was scheduled ['ʃedju:ld] to arrive [ə'raɪv]	sie sollte (planmäßig) ankommen
heart failure ['hɑ:t feɪljə]	Herzversagen
bring on (– brought [brɔ:t] – brought)	verursachen
obesity [ə'bi:səti]	Fettleibigkeit
it emerged [ɪ'mɜ:dʒd] today	wie heute bekannt wurde
cancer ['kænsə]	Krebs(erkrankung)
suicide ['su:ɪsaɪd]	Selbstmord
Macbeth [mək'beθ]	(schottischer Feldherr in Shakespeares gleichnamiger Tragödie von 1606)
learn (– learnt* – learnt*)	erfahren
die [daɪ] by one's own [əʊn] hand	von eigener Hand sterben
fire-related injuries ['faɪə rɪleɪtɪd 'ɪndʒəriz]	Brandverletzungen
jump [dʒʌmp] at an offer	bei einem Angebot sofort zugreifen
jump to one's feet [fi:t]	aufspringen
fence [fens]	Zaun
touch [tʌtʃ] something	etwas berühren
vegetable(s) ['vedʒtəbl(z)]	Gemüse
live off ['lɪv ɒf] someone	auf jemandes Kosten leben
his parents ['peərənts]	seine Eltern
astronomer [ə'strɒnəmə]	Astronom(in)
yoghurt ['jɒgət]	Jog(h)urt

123 *Übersetzen Sie.*

a) Willkommen in London!
b) Wllkommen zu Hause!
c) Das Wasser riecht nach Chlor.
d) Was meinen Sie mit USP?
e) Sie liebt mich trotz meiner Fehler.
f) Er wurde am Bein verwundet.
g) Der Erste Weltkrieg dauerte von 1914 bis 1918.
h) Ich habe ein Konto bei der Lloyds Bank.
i) Als wir in London ankamen, regnete es.
j) Ich beneide ihn nicht um seinen Job.
k) Er hatte einen Job, lebte aber immer noch bei seinen Eltern.
l) Die Hälfte der Weltbevölkerung lebt von weniger als zwei Dollar pro Tag.

chlorine ['klɔ:ri:n]	Chlor
USP [ju: es 'pi:] (= unique [ju:'ni:k] selling proposition)	einzigartiges verkaufsförderndes Merkmal
in spite of	trotz

fault [fɔ:lt]	(*z. B. Charakter-*)Fehler
wound [wu:nd]	verwunden; Wunde
war [wɔ:]	Krieg
last [lɑ:st]	dauern
account [ə'kaʊnt]	Konto
envy ['envi] someone	jemand beneiden
the world's [wɜ:ldz] population [pɒpju'leɪʃn]	die Weltbevölkerung
less than ['les ðən]	weniger als

4 *Setzen Sie – wo nötig – passende Präpositionen ein.*

a) _____ torture people will **confess** _____ crimes they never committed.
b) We are a specialty shop and **deal** _____ things that are not always easy to find _____ the larger stores.
c) If we don't **deal** _____ this problem now, it will come back to haunt us.
d) Nobody **laughed** _____ the jokes _____ him more heartily than he did himself.
e) We **left** the dog _____ a neighbour when we went _____ holiday.
f) All efforts to prolong human life with animal organ transplants have **met** _____ failure.
g) She was rushed _____ hospital, where she was immediately **operated** _____.
h) What if I have **paid** _____ the goods, but the seller doesn't send them?
i) A creative person can never be **replaced** _____ a computer.
j) The wounded man was **screaming** _____ pain.
k) This shop **specializes** _____ large sizes.
l) She **spends** most of her spare money _____ books.
m) The ice cream **tastes** _____ soap.

torture ['tɔ:tʃə]	Folter
confess [kən'fes] to a crime [kraɪm]	ein Verbrechen gestehen
commit [kə'mɪt] a crime	ein Verbrechen begehen
specialty ['speʃəlti] *AE* / *BE* speciality [speʃi'æləti] shop	Spezialgeschäft; Fachgeschäft
deal [di:l] (– dealt [delt] – dealt) in something	mit etwas handeln
store [stɔ:]	Geschäft; Warenhaus; Kaufhaus
deal [di:l] (– dealt [delt] – dealt) with a problem ['prɒbləm]	sich mit einem Problem befassen
haunt [hɔ:nt] someone	jemand heimsuchen / verfolgen
laugh heartily ['hɑ:tɪli]	herzlich lachen
leave [li:v] (– left – left)	(zurück)lassen
neighbour ['neɪbə]	Nachbar(in)
efforts ['efəts]	Anstrengungen; Bemühungen

prolong [prə'lɒŋ] human life [hju:mən 'laɪf]	das menschliche Leben verlängern
animal organ ['ɔ:gən] transplants ['trænsplɑ:nts]	Transplantation von Tierorganen
meet (– met – met) with failure ['feɪljə]	nicht von Erfolg gekrönt sein; scheitern
rush [rʌʃ] someone to hospital ['hɒspɪtl]	jemand schnellstens ins Krankenhaus bringen
immediately [ɪ'mi:diətli]	sofort; unverzüglich
operate ['ɒpəreɪt] on someone	jemand operieren
seller ['selə]	Verkäufer(in)
creative [kri'eɪtɪv]	kreativ; schöpferisch
replace [rɪ'pleɪs] someone by something	jemand durch etwas ersetzen
wounded ['wu:ndɪd] man	Verwundeter
scream [skri:m] in / with pain [peɪn]	vor Schmerzen schreien
specialize ['speʃəlaɪz] in something	auf etwas spezialisiert sein
large sizes ['saɪzɪz]	Übergrößen
spare money [speə 'mʌni]	das Geld, das man übrig hat
taste of soap [səʊp]	nach Seife schmecken

125 *Übersetzen Sie.*

a) Sie kam bei einem Autounfall ums Leben.
b) Können wir zur Abwechslung nicht mal von was anderem reden?
c) Er schläft bei Tag und arbeitet bei Nacht.
d) Haben Sie eine Landkarte zur Hand?
e) Die meiste Arbeit wird mit der Hand gemacht.
f) Sie spielte die Sonate aus dem Gedächtnis.
g) Wir sind im Augenblick etwas knapp bei Kasse.
h) Wo waren Sie am Vormittag des 11. September?
i) Wegen des Lärms konnten wir nicht schlafen.
j) Lewis gewann den Kampf nach Punkten.
k) Sie hatte es im Radio gehört.
l) Er steht unter Mordverdacht.
m) „Ich liebe dich", sagte sie mit leiser Stimme.
n) Lass uns einen Spaziergang im Park machen.

be killed [kɪld]]	ums Leben kommen
car accident ['kɑ:r æksɪdənt]	Autounfall
for a change [fər ə 'tʃeɪndʒ]	zur Abwechslung
map [mæp]	(Land-)Karte; Stadtplan
sonata [sə'nɑ:tə]	Sonate
from memory ['meməri]	aus dem Gedächtnis
be short of cash [kæʃ]	knapp bei Kasse sein
moment ['məʊmənt]	Moment; Augenblick
noise [nɔɪz]	Lärm; Krach; Geräusch

win [wɪn] (– won [wʌn] – won)	gewinnen
fight [faɪt]	(Box-)Kampf
hear [hɪə] (– heard [hɜːd] – heard)	hören
under suspicion [sə'spɪʃn] of murder ['mɜːdə]	unter Mordverdacht
in a low [ləʊ] voice [vɔɪs]	mit leiser Stimme
go for a walk [wɔːk]	einen Spaziergang machen

6 ***Setzen Sie passende Präpositionen ein.***

a) I wrote a cheque _____ $1500 but there was only $1450 _____ my **account**.
b) We offer our customers a discount of 10 per cent _____ **condition** that they pay within four weeks.
c) My parents' neighbours will not go out together _____ **fear** of being burgled if the house is empty.
d) He's become an old **hand** _____ speaking in public.
e) When she heard that her husband was alive, she wept _____ **joy**.
f) The children laughed _____ **joy** and excitement.
g) I had to skip my exercises _____ **lack** of time.
h) Everyone is in such a hurry _____ the **morning.**
i) He said that he did not know anyone _____ the **name** of Steve Holden.
j) She wrote a number of books _____ the **name** of Patricia Williams.
k) It may seem a good idea, but _____ my **opinion** it won't work in the present situation.

cheque [tʃek]	Scheck
account [ə'kaʊnt]	Konto
discount ['dɪskaʊnt]	Rabatt; Skonto
on condition [kən'dɪʃn] that	unter der Bedingung, dass
for fear of	aus Angst vor; aus Angst davor, dass
burgle ['bɜːgl] someone	bei jemand einbrechen
be an old hand at something	ein alter Hase in etwas sein
speak [spiːk] (– spoke – spoken) in public ['pʌblɪk]	öffentlich sprechen / reden
her husband ['hʌzbənd]	ihr (Ehe-)Mann
weep (– wept – wept) for joy [dʒɔɪ]	vor Freude weinen
excitement [ɪk'saɪtmənt]	Aufregung
skip [skɪp] something	etwas ausfallen lassen
exercises ['eksəsaɪzɪz]	(gymnastische) Übungen; Gymnastik
for lack of time [læk əv 'taɪm]	aus Zeitmangel
be in a hurry ['hʌri]	in Eile sein
in my opinion [ə'pɪnjən]	meiner Meinung / Ansicht nach; meines Erachtens
it won't [wəʊnt] (= will not) work	es wird nicht funktionieren
in the present situation [sɪtʃu'eɪʃn]	in der gegenwärtigen Lage / Situation

127 *Setzen Sie passende Präpositionen ein.*

a) He bought a plot of land, built a nice house _____ it, and sold it _____ a handsome **profit**.
b) _____ the time of the collision, the train was going _____ a **speed** of about 130 kilometres an hour.
c) A 20-year-old man _____ Easington was arrested _____ **suspicion** of stealing a car.
d) If our train arrives _____ **time**, we'll be _____ **time** for dinner.
e) The highlight of our stay was our **tour** _____ the Lake District with David _____ our guide.
f) Our room has a wonderful **view** _____ the mountains and the ocean.
g) These photos were taken during our **visit** _____ New Orleans in the summer of 2003.
h) There were some family photos _____ the **wall**, but I didn't recognize anyone _____ them.
i) _____ over 40 years, the Empire State Building was the tallest building _____ the **world**.

buy [baɪ] (– bought [bɔ:t] – bought)	kaufen
a plot of land [plɒt əv 'lænd]	ein Stück Land
build [bɪld] (– built [bɪlt] – built)	bauen
sell [sel] (– sold – sold)	verkaufen
a handsome ['hænsəm] profit ['prɒfɪt]	ein ansehnlicher / stattlicher Gewinn
collision [kə'lɪʒn]	Zusammenstoß
speed [spi:d]	Geschwindigkeit
arrest [ə'rest] someone	jemand verhaften
suspicion [sə'spɪʃn]	Verdacht
steal [sti:l] (– stole [stəʊl] – stolen) something	etwas stehlen
on time [ɒn 'taɪm]	pünktlich
be in time for something	rechtzeitig zu etwas kommen
highlight ['haɪlaɪt]	Glanzlicht; Höhepunkt
stay [steɪ]	Aufenthalt
a tour [tʊə] of the Lake District ['leɪk dɪstrɪkt]	eine Reise durch den Lake District
guide [gaɪd]	(Reise- / Fremden-)Führer(in)
view [vju:] of the mountains ['maʊntɪnz]	Blick auf die Berge
ocean ['əʊʃn]	Ozean
take (– took – taken) photos ['fəʊtəʊz]	Fotos / Aufnahmen machen
a visit ['vɪzɪt] to New Orleans [nju: 'ɔ:liənz]	ein Besuch in New Orleans
wall [wɔ:l]	Wand
recognize ['rekəgnaɪz] someone	jemand erkennen
Empire State Building [empaɪə 'steɪt bɪldɪŋ]	(Wolkenkratzer mit 102 Stockwerken in Manhattan, gebaut 1931)
the tallest ['tɔ:lɪst] building	das höchste Gebäude

3 *Setzen Sie – wo nötig – passende Präpositionen ein.*

a) They are **clever** _____ getting around / round regulations.
b) As a full-time employee you will be **entitled** _____ a number of benefits, among them health insurance _____ a minimal cost.
c) Many people are **frightened** _____ expressing their opinions in public.
d) The book is particularly **good** _____ Shakespeare movies.
e) I am not very **good** _____ remembering phone numbers.
f) She is said to be seriously **ill** _____ pneumonia.
g) The dog is **jealous** _____ the baby.
h) Charles I was **married** _____ a Catholic and was sympathetic _____ that religion.
i) The region is **rich** _____ natural resources.
j) The cat is still **shy** _____ strangers and frightened _____ the dog.
k) They are fond _____ playing a game that is **similar** _____ soccer.
l) This reaction is **typical** _____ someone who's completely ignorant of the rest of the world.

be clever ['klevə] at something	geschickt / gut in etwas sein
get (– got – got) (a)round regulations [regju'leɪʃnz]	Bestimmungen umgehen
full-time employee [ɪm'plɔɪi:]	Vollzeitmitarbeiter(in); Vollzeitkraft
be entitled [ɪn'taɪtld] to something	auf etwas Anspruch haben
benefits ['benɪfɪts]	(Sozial-)Leistungen
health insurance ['helθ ɪnʃʊərəns]	Krankenversicherung
be frightened ['fraɪtnd] of something	vor etwas Angst haben; sich vor etwas fürchten
express [ɪk'spres] one's opinion [ə'pɪnjən]	seine Meinung äußern
in public ['pʌblɪk]	in der Öffentlichkeit; öffentlich
particularly [pə'tɪkjʊləli]	besonders
movie ['mu:vi]	Film
remember [rɪ'membə] something	sich an etwas erinnern; sich etwas merken können
she is said [sed] to be ill	sie soll krank / erkrankt sein
she is seriously ['sɪəriəsli] ill with	sie ist ernstlich erkrankt an
ill with pneumonia [nju'məʊniə]	an einer Lungenentzündung erkrankt
be jealous ['dʒeləs] of someone	auf jemand eifersüchtig sein
Charles I (= Charles the First [tʃɑ:lz ðə 'fɜ:st])	(1600–49, König v. Engl., Schottl., Irland 1625–49)
be married ['mærɪd] to someone	mit jemand verheiratet sein
a Catholic ['kæθlɪk]	ein(e) Katholik(in)
be sympathetic [sɪmpə'θetɪk] to someone / something	mit jemand / etwas sympathisieren
natural resources [nætʃrəl rɪ'sɔ:sɪz]	Naturschätze
be shy [ʃaɪ] of someone	jemand gegenüber scheu sein
stranger ['streɪndʒə]	Fremde(r)

be fond [fɒnd] of doing something	etwas gern tun
be similar ['sɪmɪlə] to something	einer Sache ähnlich sein
soccer ['sɒkə]	Fußball
be typical ['tɪpɪkl] of	typisch sein für
be completely [kəm'pli:tli] ignorant ['ɪgnərənt] of something	über etwas absolut nichts wissen

129 *Setzen Sie passende Präpositionen ein.*

a) The pilot had apparently lost control _____ the plane.
b) Contractions and ellipses are characteristic _____ the spoken language.
c) Quick-witted, wealthy, and beautiful, Portia ['pɔ:ʃə] embodies the virtues that are typical _____ Shakespeare's heroines.
d) Like all prosperous countries, Britain will always be attractive _____ immigrants.
e) We had to analyse an excerpt _____ a novel _____ Thomas Hardy.
f) This article is a perfect example _____ poor journalism.
g) Immigrants are often accused _____ taking jobs away _____ Americans.
h) It is argued that illegal immigrants live _____ the expense _____ the taxpayer.
i) Baby squirrels are rarely seen unless they are in need _____ help.

apparently [ə'pærəntli]	anscheinend
lose [lu:z] (– lost – lost) control [kən'trəʊl] of something	die Kontrolle über etwas verlieren
contraction [kən'trækʃn]	Kontraktion (= *eine durch Zusammenziehung gebildete Kurzform wie z. B.* can't)
ellipsis [ɪ'lɪpsɪs] – ellipses [ɪ'lɪpsi:z]	Ellipse (= *Auslassung von Wörtern, die für das Verständnis entbehrlich sind*) – Ellipsen
quick-witted [kwɪk'wɪtɪd]	schlagfertig
wealthy ['welθi]	vermögend; reich
embody [ɪm'bɒdi]	verkörpern
virtue ['vɜ:tʃu:]	Tugend
heroine ['herəʊɪn]	Heldin; Heroine
prosperous ['prɒspərəs]	wohlhabend; reich
analyse ['ænəlaɪz]	analysieren
an excerpt ['eksɜ:pt] from a novel ['nɒvl]	ein Auszug aus einem Roman
Thomas Hardy [tɒməs 'hɑ:di]	(1840–1928, engl. Erzähler u. Dichter)
poor journalism ['dʒɜ:nəlɪzm]	schlechter Journalismus
accuse someone of doing something	jemand beschuldigen, etwas zu tun
argue ['ɑ:gju:]	behaupten
illegal [ɪ'li:gl] immigrants ['ɪmɪgrənts]	illegale Einwanderer
live at the expense [ɪk'spens] of someone	auf jemandes Kosten leben
taxpayer ['tækspeɪə]	Steuerzahler(in)
baby sqirrel ['skwɪrəl]	Eichhörnchenjunges
unless [ən'les]	es sei denn(, dass)
be in need [ni:d] of help	Hilfe brauchen

Die große Mehrzahl der in diesem Kapitel geübten Konjunktionen leiten Nebensätze ein, wie z. B. *if* in diesem Beispiel: *I don't know* ***if she loves him***. Beachten Sie, dass die Wortstellung Subjekt – Verb – Objekt (anders als oft im Deutschen) nach einer Konjunktion erhalten bleibt. Vergleichen Sie:
She loves him. – **Sie liebt ihn**.
I don't know if ***she loves him***. – Ich weiß nicht, ob **sie ihn liebt**.
Angemessener Gebrauch der Konjunktionen ist ein wesentliches Merkmal guten Stils; durch Konjunktionen werden logische Zusammenhänge deutlich gemacht, Übergänge hergestellt und rhythmische Effekte erzielt.

0 *Übersetzen Sie.*

a) Er kam sofort, nachdem ich angerufen hatte.
b) Sie kam, obwohl sie krank war.
c) Die Situation wird immer schlimmer.
d) Hier drinnen ist es schön kühl.
e) Nur der kleine Tom war unglücklich, da er niemand hatte, mit dem er spielen konnte.
f) Ich wünschte, ich könnte schreiben wie sie.
g) Soweit ich weiß, existiert das Gebäude nicht mehr.
h) Sie sah aus, als ob sie schliefe.
i) Solange sie nicht zu viel Krach machen, können sie gerne hier spielen.
j) Ich sag's ihm, sobald er kommt.
k) Es war, als ob ich nie weg gewesen wäre.

immediately [ɪ'mi:diətli] / at once [ət 'wʌns]	sofort
call [kɔ:l]	anrufen
bad – worse [wɜ:s] – worst [wɜ:st]	schlimm – schlimmer – schlimmste
exist [ɪg'zɪst]	existieren; bestehen
building ['bɪldɪŋ]	Gebäude
make too much noise [nɔɪz]	zu viel Krach / Lärm machen

31 *Übersetzen Sie.*

a) Sie ist unglücklich, weil sie allein ist.
b) Mach deine Hausaufgaben, bevor du gehst.
c) Bis wir uns wiedersehen, wird sie die ganze Sache vergessen haben.
d) Auch wenn nichts daraus wird – es war nett von dir, an mich zu denken.
e) Die Lampen sind immer an, auch wenn niemand zu Hause ist.
f) Ich bezweifle, dass sich dieses Problem lösen lässt.
g) Hier ist meine Telefonnummer für den Fall, dass Sie es sich anders überlegen.

h) Jetzt, wo er tot ist, wird er als Held gefeiert.
i) Wenn du erst mal angefangen hast, ist es schwer, aufzuhören.
j) Komm früh, sonst kriegst du vielleicht keinen Sitzplatz.
k) Die Veranstaltung findet im Freien statt, vorausgesetzt es regnet nicht.

do one's homework ['həʊmwɜːk]	seine Hausaufgaben machen
meet (– met – met) again	sich wiedersehen
forget [fə'get] (– forgot – forgotten)	vergessen
nothing came of it	es wurde nichts daraus
think (– thought – thought) of someone / something	an jemand / etwas denken
doubt [daʊt] if / whether	bezweifeln, dass
solve [sɒlv] a problem ['prɒbləm]	ein Problem lösen
in case [ɪn 'keɪs]	für den Fall, dass
change one's mind [maɪnd]	es sich anders überlegen
hail someone as a hero ['hɪərəʊ]	jemand als Held feiern
seat [siːt]	(Sitz-)Platz
event [ɪ'vent]	Veranstaltung
be held [held]	(*Veranstaltung*) stattfinden
in the open (air)	im Freien

132 *Übersetzen Sie.*

a) Es hat sich viel verändert, seitdem ihr das letzte Mal hier wart.
b) Da ich seine Adresse nicht kannte, konnte ich ihm nicht schreiben.
c) Ich kannte seine Adresse nicht, also konnte ich ihm auch nicht schreiben.
d) Er will nicht essen, es sei denn, ich füttere ihn.
e) Wir können nicht warten, bis sie kommt.
f) Sie sah müde aus, als ich sie das letzte Mal sah.
g) Was macht ihr, wenn es regnet?
h) Wenn wir nicht rechtzeitig kommen, werden wir nichts zu essen kriegen.
i) Immer wenn sie uns besucht, bringt sie Geschenke für die Kinder mit.
j) Die Einbrecher kamen, während wir schliefen.

change [tʃeɪndʒ]	sich (ver)ändern
feed [fiːd] (– fed – fed) someone	jemand füttern
look tired ['taɪəd]	müde aussehen
in time [ɪn 'taɪm]	rechtzeitig
come (– came – come) to visit ['vɪzɪt] / see someone	jemand besuchen
present ['preznt]	Geschenk
burglar ['bɜːglə]	Einbrecher(in)
we were sleeping / asleep [ə'sliːp]	wir schliefen (gerade)

Im Deutschen ist man so flink – oder läuft man so schnell – wie ein Wiesel; im Englischen *you are as quick as a flash* (= Blitz) oder *you run like a rabbit* (= Kaninchen). Auch in den folgenden Sätzen sind die Vergleiche nicht immer die gleichen wie im Deutschen.

3 ***Vervollständigen Sie die Sätze mit Hilfe von Ausdrücken aus der folgenden Liste.***

chimney, devils, dog, elephant, fish, fish out of water, greased lightning, hot potato, log, millstone, plague, putty, sardines, sore thumb, stick, trooper, wildfire

a) When they no longer needed him, they dropped him like a ______________.
b) Among all those strangers I felt like a ______________.
c) Though she eats like a horse, she's as skinny as a ______________.
d) He's a slimy little creep and I avoid him like the ______________.
e) His men fought like ______________ and the enemy suffered terrible losses.
f) He was a long-legged guy and could run like ______________.
g) I can never remember names but my wife has a memory like an ______________.
h) His debts hung like a ______________ around his neck.
i) The futuristic glass building on our block sticks out like a ______________.
j) He wants to go to Paris, she wants to go to Tenerife, so to Tenerife they go. He's like ______________ in her hands.
k) There are not enough trains, and passengers are packed like ______________ during peak hours.
l) The virus spread like ______________, damaging peoples' files and overloading e-mail systems.
m) The old duchess drinks like a ______________, smokes like a ______________ and swears like a ______________.
n) I worked like a ______________ during the day and slept like a ______________ at night.

drop something / someone	etwas / jemand fallen lassen
a stranger ['streɪnʒə]	ein(e) Fremde(r)
skinny ['skɪni]	mager; dürr; dünn
stick [stɪk]	Stock
a slimy ['slaɪmi] little creep [kri:p]	ein schleimiger kleiner Widerling / Fiesling
avoid [ə'vɔɪd] someone	jemand meiden
the plague [pleɪg]	die Pest

fight [faɪt] (– fought [fɔ:t] – fought)	kämpfen
enemy ['enəmi]	Feind
suffer terrible ['terəbl] losses ['lɒsɪz]	schreckliche Verluste erleiden
a long-legged ['lɒŋ-legɪd] guy [gaɪ]	ein langbeiniger Bursche / Typ
like greased lightning [gri:st 'laɪtnɪŋ]	wie ein geölter Blitz
remember [rɪ'membə] names	sich Namen merken
memory ['mem(ə)ri]	Gedächtnis
debt [det]	(Geld-)Schuld
futuristic [fju:tʃə'rɪstɪk]	futuristisch
stick out (– stuck – stuck)	hervorstechen; (her)vorstehen
a sore thumb [sɔ: 'θʌm]	ein wunder / entzündeter / schlimmer Daumen
stick out like a sore thumb [θʌm]	ins Auge fallen; (unangenehm) auffallen
Tenerife [tenə'ri:f]	Teneriffa
putty ['pʌti]	Kitt
sardine [sɑ:'di:n]	Sardine
during peak hours	während der Hauptverkehrszeit
spread [spred] (– spread – spread)	sich ausbreiten
damage ['dæmɪdʒ]	beschädigen
file [faɪl]	(*Computer:*) Datei
overload [əʊvə'ləʊd]	überlasten
duchess ['dʌtʃɪs]	Herzogin
chimney ['tʃɪmni]	Schornstein; Schlot
swear [sweə] (– swore – sworn)	fluchen
trooper ['tru:pə]	einfacher Soldat in Kavallerie oder Panzereinheit
log [lɒg]	(Holz-)Klotz; (geschlagener) Baumstamm

Hier nun sind deutsche Idioms, denen englische aus der vorhergehenden Übung entsprechen.

134 *Übersetzen Sie.*

a) Die Nachricht verbreitete sich wie ein Lauffeuer.
b) Die Partei ließ ihn fallen wie eine heiße Kartoffel.
c) Diese Art von Arbeit hasse ich wie die Pest.
d) Du hättest ihn hören sollen, als die Maschine kaputtging. Er fluchte wie ein Landsknecht.
e) Er jagte davon wie ein geölter Blitz.
f) Ich fühle mich hier wie ein Fisch auf dem Trockenen.
g) Mit diesem Kleid fällst du vollkommen aus der Reihe.
h) „Wie hast du geschlafen?" – „Wie ein Murmeltier."

news [nju:z] (*Immer mit Singularverb.*)	Nachricht(en)
spread [spred] (– spread – spread)	sich verbreiten
drop something / someone	etwas / jemand fallen
hear [hɪə] (– heard [hɜ:d] – heard)	hören
machine [mə'ʃi:n]	Maschine
break [breɪk] (– broke – broken) down	kaputtgehen
dash off [dæʃ 'ɒf]	davonjagen
dress [dres]	Kleid

5 *Versuchen Sie das fehlende Vergleichswort aus der Liste zu ergänzen.*

bone, brass, bull, cucumber, dishwater, fox, fruitcake, gold, ice, ink, Job, lamb, lion, nails, 1-2-3, pancake, sheet, two short planks

a) Her hair is as **black** as ______________.
b) "So what?" she said, **bold** as ______________, and looked me straight in the face.
c) She's a beautiful woman, but **cold** as ______________.
d) Everything was going wrong, I was flipping out, but she was **cool** as a ______________.
e) It hadn't rained in months and the ground was **dry** as a ______________.
f) The movie was as **dull** as ______________.
g) Using the new software is as **easy** as ______________.
h) Cycling in Holland is the easiest thing in the world because the country is as **flat** as a ______________.
i) Sue keeps her promises. Her word is as **good** as ______________.
j) Most of the time she's very sweet and affectionate, but she can be as **hard** as ______________ when the going gets tough.
k) Normally he's arrogant, but in court he was as **meek** as a ______________.
l) Don't listen to what he says. He's as **nutty** as a ______________.
m) In this business you have to be as **sly** as a ______________.
n) He was old, but still **strong** as a ______________ and **brave** as a ______________.
o) He's as **thick** as ______________ and needs a teacher as patient as ______________.
p) As she heard the news, her face turned **white** as a ______________ and it looked like she was going to pass out.

ink [ɪŋk]	Tinte
so what?	na und?
bold [bəʊld]	keck; frech
brass [brɑːs]	Messing
look someone straight [streɪt] in the face	jemand direkt ins Gesicht sehen
go (– went – gone [gɒn]) wrong [rɒŋ]	schief gehen
flip out [flɪp 'aʊt]	durchdrehen; ausflippen
cucumber ['kjuːkʌmbə]	(Salat-)Gurke
the ground [graʊnd]	der (Erd-)Boden
bone [bəʊn]	Knochen
movie ['muːvi]	(Kino-)Film
dull [dʌl]	langweilig
dishwater ['dɪʃwɔːtə]	Abwasch-/Spülwasser
cycle ['saɪkl] – cycling ['saɪklɪŋ]	Rad fahren – Radfahren
pancake ['pænkeɪk]	Pfannkuchen
keep [kiːp] (– kept – kept) a promise ['prɒmɪs]	ein Versprechen halten
she's very sweet [swiːt]	sie ist sehr lieb
affectionate [ə'fekʃnət]	liebevoll; zärtlich
when the going gets tough [tʌf]	wenn es hart auf hart kommt
in court [ɪn 'kɔːt]	vor Gericht
meek [miːk]	sanft(mütig)
lamb [læm]	Lamm
nutty ['nʌti]	(*eigentlich* = „Nüsse enthaltend") verrückt; bescheuert
fruitcake ['fruːtkeɪk]	(gehaltvoller) englischer Kuchen (mit Trockenobst)
business ['bɪznɪs]	Geschäft; Branche
sly [slaɪ]	schlau; gerissen
brave [breɪv]	mutig; tapfer
lion ['laɪən]	Löwe
thick [θɪk]	(*eigentlich:* dick, *übertragen aber:*) dumm; doof
plank [plæŋk]	Brett; Planke
patient ['peɪʃnt]	geduldig
Job [dʒəʊb]	Hiob („gerechter" Mensch des Alten Testaments der Bibel, der die ihm durch Gott auferlegten Leiden geduldig erträgt)
sheet [ʃiːt]	(Bett-)Laken
pass out [pɑːs 'aʊt]	ohnmächtig werden

6 ***Ersetzen Sie die unterstrichenen Formulierungen durch die korrekte Form der nachstehenden idiomatischen Ausdrücke.***

alive and kicking
bark up the wrong tree
blow hot and cold
blow the whistle on ['wɪsl]
burn the midnight oil
carry the can
drag your feet on
jump on the bandwagon
like a million dollars
open up a can of worms [wɜːmz]
what the doctor ordered

a) He keeps changing his mind. You never know where you are with him.
b) I don't think she's ill. When I saw her yesterday, she was just fine.
c) If you think it's all my fault, you're blaming the wrong person.
d) In Brazil, environmentalists have been murdered for alerting the authorities to illegal logging operations.
e) We've got enough to worry about without starting on that set of problems.
f) Michelle looked very pretty in her pink dress.
g) We'd just moved into a larger flat, so the rise was just what we needed.
h) What are you doing at the weekend? I suppose I'll be working late into the night to prepare for Monday's exam.
i) When it looked like he was going to win, more and more people supported his campaign.
j) The authorities know about the problem but are deliberately slow in dealing with it.
k) You know the whole thing was your idea, so don't expect me to take the blame.

it's my fault [fɔːlt]	es ist meine Schuld
blame somebody	jemand die Schuld geben
Brazil [brə'zɪl]	Brasilien
environmentalist [ɪnvaɪrən'mentəlɪst]	Umweltschützer(in)
alert [ə'lɜːt] the authorities [ɔː'θɒrətiz] to something	die Behörden auf etw. aufmerksam machen
illegal logging operations [ɒpə'reɪʃnz]	illegale Holzfällungen
we've got enough to worry ['wʌri] about	wir haben schon genug Probleme
rise [raiz]	Gehaltserhöhung
support [sə'pɔːt] a campaign [kæm'peɪn]	einen Wahlkampf unterstützen
the authorities [ɔː'θɒrətiz]	die Behörden
be deliberately [dɪ'lɪbrətli] slow	bewusst langsam sein; sich viel Zeit lassen
deal (– dealt [delt] – dealt) with a problem	sich mit einem Problem befassen
take the blame	die Schuld auf sich nehmen

137 Übersetzen Sie.

a) Ich bin mit meinem Latein am Ende.
b) Du bist eine Frau nach meinem Herzen.
c) Das kannst du noch einmal sagen.
d) Ich liebe dich aus tiefstem Herzen.
e) Der hat überall die Finger drin.
f) Sie ist den ganzen Tag auf Trab.
g) Man darf nicht alles auf eine Karte setzen.
h) Das ist doch Schnee von gestern.
i) Ich habe ein Gedächtnis wie ein Sieb.
j) Wir sollten das Kind nicht mit dem Bade ausschütten.
k) Du hast auf's falsche Pferd gesetzt.
l) Er kennt das Gebiet wie seine Westentasche.
m) Die ganze Sache hinterließ bei mir einen üblen Nachgeschmack.

heart [hɑ:t]	Herz
bottom ['bɒtəm]	Grund; Boden
pie [paɪ]	Pastete
basket ['bɑ:skɪt]	Korb
ancient ['eɪnʃənt] history ['hɪstri]	alte Geschichte; graue Vorzeit
sieve [sɪv]	Sieb
throw [θrəʊ] (– threw [θru:] – thrown [θrəʊn])	werfen
area ['eəriə]	Gebiet
back [bæk]	Rückseite; Rücken
leave [li:v] (– left – left)	hinterlassen; zurücklassen
bad taste [bæd 'teɪst]	schlechter Geschmack
mouth [maʊθ]	Mund

138 Übersetzen Sie.

a) Wir haben unsern Vorschlag gemacht, jetzt sind die am Zug.
b) Hör auf, um den heißen Brei herumzureden.
c) Ich traute meinen Augen nicht.
d) Der Lärm hier macht mich wahnsinnig.
e) Können wir nicht versuchen, zwei Fliegen mit einer Klappe zu schlagen?
f) Sie haben ihn kaltblütig umgebracht.
g) Von mir aus kann er warten, bis er schwarz wird.
h) Die Eintrittskarten gehen weg wie warme Semmeln.
i) Hier habe ich das Sagen.
j) Es gibt da etwas, was ich mir von der Seele reden muss.
k) Sie schwebte im siebenten Himmel.

l) Ich glaube, wir reden aneinander vorbei.
m) Sieh zu, dass du nicht vom Regen in die Traufe gerätst.

make (– made – made) a proposal [prəˈpəʊzl]	einen Vorschlag machen
court [kɔːt]	(Tennis-)Platz
beat [biːt] (– beat – beaten)	schlagen
bush [bʊʃ]	Busch; Strauch
noise [nɔɪz]	Lärm
drive [draɪv] (– drove [drəʊv] – driven [ˈdrɪvn])	treiben; (*hier:*) machen
bend [bend]	(*Straße:*) Kurve
blood [blʌd]	Blut
for all I care [keə]	von mir aus
cake [keɪk]	Kuchen; Gebäckstück
shot [ʃɒt]	Schuss
chest [tʃest]	Brust(kasten / -korb)
cloud [klaʊd]	Wolke
purpose [ˈpɜːpəs]	Zweck; Absicht
frying pan [ˈfraɪɪŋ pen]	Bratpfanne

Sprichwörter sind über Jahrhunderte – vielleicht Jahrtausende – geronnene Erfahrungen der Menschen. Viele Sprichwörter sind in sprachliche Bilder gekleidet. Ein solches Bild ist das von der Kirche, die man im Dorf lassen sollte. Jeder weiß, was das Bild bedeutet: nicht zu weit gehen, nicht übertreiben. Das Englische kennt kein vergleichbares Sprichwort, kann aber ungefähr das Gleiche ausdrücken und bedient sich dabei eines anderen Bildes, des von der Grenze: *You have to draw the line somewhere.* Wenn wir dagegen davon sprechen, dass wir das Kind nicht mit dem Bade ausschütten sollten, dann benutzen wir ein Bild, das es im Englischen genauso gibt: *Don't throw the baby out with the bathwater* oder – für uns auch in Bezug auf die Stellung des Objekts bei *phrasal verbs* interessant (→ S. 148) – *Don't throw out the baby with the bathwater.*
Das Folgende ist weniger eine Übung zum Englischlernen als ein unterhaltsames Gedankenspiel. Vergleichen Sie, mit welchen Mitteln die beiden Sprachen die gleiche Erkenntnis ausdrücken.

139 ***Ordnen Sie jedem englischen Sprichwort ein deutsches von Seite 173 zu, das in etwa das Gleiche ausdrückt.***

a) A bird in the hand is worth two in the bush.
b) All's well that ends well.
c) Beggars can't be choosers.
d) Birds of a feather flock together.
e) Don't count your chickens before they are hatched.
f) Dry bread at home is better than roast meat abroad.
g) Every man is the architect of his own fortune.
h) First clean out your own backyard.
i) Honesty is the best policy.
j) It takes two to tango.
k) Life is what you make it.
l) Make hay while the sun shines.
m) Once a bad boy and always a bad boy.
n) Once bitten, twice shy.
o) People who live in glass houses shouldn't throw stones.
p) Remember the boy who cried wolf.
q) The early bird catches the worm.
r) The fire burns brightest on one's own hearth.
s) The truth will out.
t) Time to catch bears is when they're out.
u) When in Rome, do as the Romans do.

beggar ['begə]	Bettler(in)
choose [tʃu:z] (– chose – chosen)	wählen
(chooser ['tʃu:zə]	= jemand, der wählerisch ist)
birds of a feather ['feðə]	Vögel mit dem gleichen Federkleid
flock [flɒk]	(Vogel-)Schwarm
flock together	sich zusammenscharen
hatch [hætʃ]	ausbrüten; (aus)schlüpfen
roast meat [rəʊst 'mi:t]	Braten
fortune ['fɔ:tʃn]	Glück
backyard [bæk'ja:d]	Hinterhof
honesty ['ɒnəsti]	Ehrlichkeit
the best policy ['pɒləsi]	die beste Politik
to tango ['tæŋgəʊ]	Tango tanzen
make (– made – made) hay [heɪ]	Heu machen
bite [baɪt] (– bit [bɪt] - bitten)	beißen
throw [θrəʊ] (– threw [θru:] – thrown)	werfen
cry wolf [kraɪ 'wʊlf]	blinden Alarm schlagen
worm [wɜ:m]	Wurm
hearth [hɑ:θ]	(häuslicher) Herd
bear [beə]	Bär

a) Andere Länder, andere Sitten.
b) Besser ein Spatz in der Hand als eine Taube auf dem Dach.
c) Bleibe im Lande und nähre dich redlich.
d) Daheim ist's am besten.
e) Ehrlich währt am längsten.
f) Ein jeder kehre vor seiner eigenen Tür.
g) Ende gut, alles gut.
h) Gebranntes Kind scheut das Feuer.
i) Gleich und gleich gesellt sich gern.
j) In der Not frisst der Teufel Fliegen.
k) Jeder ist seines Glückes Schmied.
l) Lügen haben kurze Beine.
m) Man muss das Eisen schmieden, solange es heiß ist.
n) Man soll den Tag nicht vor dem Abend loben.
o) Mit den Wölfen muss man heulen.
p) Morgenstund' hat Gold im Mund.
q) Wer einmal lügt, dem glaubt man nicht.
r) Wer im Glashaus sitzt, soll nicht mit Steinen werfen.
s) Zum Heiraten gehören zwei.

Die folgenden 35 Kapitel befassen sich mit Wörtern – Wörtern, die Englischlernenden besondere Schwierigkeiten bereiten und die deshalb entweder falsch gebraucht oder falsch übersetzt werden. Darunter sind solche häufig verwendeten Verben wie „brauchen“, „dürfen“, „können“, „lassen“, „machen“, „müssen“, „sollen“, „werden“ und „wollen“, die eine Vielzahl von idiomatischen englischen Entsprechungen haben; tückische Grundwörter wie „all“, „alle“, „alles“, „jede“, „ganz“, „auch“, „erst“, „kein“, „man“, „schon“, „sehr“ und „sich“, allesamt nicht immer leicht zu übersetzen; schließlich falsche Freunde wie „aktuell“ und „sympathisch“ (falsche Freunde deshalb, weil die auf Englisch fast gleich lautenden Wörter *actual* und *sympathetic* eine andere Bedeutung haben).

Apropos falsche Freunde: Davon gibt es eine ganze Menge, die wir in unserem Buch nicht systematisch behandelt haben, weil es ein Buch dieses Inhalts bereits gibt: *Fehlerfrei Englisch* von John Stevens, ebenfalls im Max Hueber Verlag erschienen.

„Aktuell“ = *current, latest, ongoing, relevant, topical*

140 ***Übersetzen Sie.***

a) die aktuelle Diskussion
b) die aktuelle Situation
c) eine Lösung für die aktuellen Probleme
d) aktuelle Ereignisse
e) die aktuelle Damenmode
f) ein aktuelles Buch
g) aktuelle Nachrichten
h) der Artikel ist immer noch aktuell

discussion [dɪ'skʌʃn]	Diskussion
situation [sɪtʃu'eɪʃn]	Situation
find a solution [sə'lu:ʃn] to a problem	für ein Problem eine Lösung finden
event [ɪ'vent]	Ereignis
women's ['wɪmɪnz] / ladies' fashion ['fæʃn]	Damenmode
news (*Singular*)	Nachrichten

„Alle“, „alles“, „ganz“, „jede“ GrLGr S. 112 f.

1 *Übersetzen Sie.*

a) Vor dem Gesetz sind alle Bürger gleich.
b) Die Züge fahren alle zehn Minuten.
c) Sie ist ein Engel und alle lieben sie.
d) Diese Fanatiker sind zu allem fähig.
e) Du weißt, ich würde alles für dich tun.

before the law [lɔː]	vor dem Gesetz
citizen ['sɪtɪzn]	(Staats-)Bürger(in)
equal ['iːkwəl]	gleich
angel ['eɪndʒəl]	Engel
fanatic [fə'nætɪk]	Fanatiker(in)
be capable ['keɪpəbl] of something	zu etwas fähig sein

2 *Übersetzen Sie.*

a) Hoffentlich geht alles gut.
b) Sie wissen alle davon.
c) Ich möchte, dass Ihr alle das Bild seht.
d) Nicht alle Politiker sind so.
e) Alle drei Romane spielen in New York.
f) Ich habe eine Liste aller Romane, die sie geschrieben hat.
g) Das Leben hier ist alles andere als angenehm.
h) In dieser kleinen Stadt wissen alle alles über jeden.
i) Trinken Sie alle zwei Stunden ein Glas Wasser.
j) Jeder Kunde zählt.
k) Jeder dritte Amerikaner ist übergewichtig.
l) Jeder wusste, was er zu tun hatte.
m) Jeder von ihnen wusste, was auf dem Spiel stand.
n) Sie können mich jederzeit anrufen.
o) Das kann jeder sagen.
p) Wir haben unser ganzes Geld ausgegeben.
q) Die ganze Stadt wusste davon.
r) Sie ist ein ganz anderer Mensch, wenn sie auf der Bühne steht.
s) Im großen Ganzen ist unsere Lage nicht schlechter als voriges Jahr.
t) Das Ganze war eine Katastrophe.

know [nəʊ] (– knew [nju:] – known [nəʊn]) about something	von etwas wissen
politician [pɒlə'tɪʃn]	Politiker(in)
the novel ['nɒvl] is set in Rome	der Roman spielt in Rom
write [raɪt] (– wrote [rəʊt] – written ['rɪtn])	schreiben
pleasant ['pleznt]	angenehm
customer ['kʌstəmə]	Kunde / Kundin
count [kaʊnt]	zählen
overweight [əʊvə'weɪt]	übergewichtig
be at stake [ət 'steɪk]	auf dem Spiel stehen
call [kɔ:l] someone	jemand anrufen
spend (– spent – spent) money ['mʌni]	Geld ausgeben
be on stage / onstage / on the stage	auf der Bühne stehen
our situation [sɪtʃu'eɪʃn]	unsere Lage
bad [bæd] – worse [wɜ:s] – worst [wɜ:st]	schlecht – schlechter – schlechtest
disaster [dɪ'zɑ:stə]	Katastrophe

„Auch"

143 *Übersetzen Sie.*

a) Auch du wirst das zugeben müssen.
b) Ich sagte ihm auch, dass wir das Geld nicht hätten.
c) Er spricht auch Spanisch.
d) Das weiß sie auch.
e) Das weiß sie auch nicht.
f) Das wäre unklug und auch gefährlich.
g) Er kann sowohl charmant als auch grausam sein.
h) Ich bin überrascht. – Ich auch.
i) Ich bin nicht überrascht. – Ich auch nicht.
j) Ich habe eine Einladung. – Ich auch.
k) Ich habe keine Ahnung. – Ich auch nicht.
l) Ich würde ihr das Geld leihen. – Die Bank auch.
m) Ich würde ihr kein Geld leihen. – Ich auch nicht.
n) Sie wurde Schauspielerin, und ihre Schwester auch.
o) Ihr gefiel es dort nicht, und ihrer Schwester auch nicht.

admit [əd'mɪt] / concede [kən'si:d] something	etwas zugeben
unwise [ʌn'waɪz] / ill-advised [ɪl əd'vaɪzd]	unklug

dangerous ['deɪndʒərəs]	gefährlich
charming ['tʃɑ:mɪŋ]	charmant
cruel ['kru:əl]	grausam
surprised [sə'praɪzd]	überrascht
invitation [ɪnvɪ'teɪʃn]	Einladung
I haven't (got) / don't have a clue [klu:]	ich habe keine Ahnung
lend (– lent – lent) someone money ['mʌni]	jemand Geld leihen

Beginning: at the beginning oder *in the beginning?*

Wenn *of* folgt, heißt es *at the beginning* (nicht: *in the beginning*):

At the beginning of the 20th century people had great hopes for the future.	**Zu Beginn** des 20. Jahrhunderts setzten die Menschen große Hoffnungen in die Zukunft.
Most keyboards have the letters QWERT **at the beginning** of the second row.	Die meisten Tastaturen haben die Buchstaben QWERT **am Anfang** der zweiten Reihe.

In the beginning bedeutet *at first* und bezeichnet einen Gegensatz zu einer späteren Situation:

In the beginning I believed his promises but now I'm not so sure.	**Am Anfang** glaubte ich seinen Versprechungen, aber jetzt bin ich nicht mehr so sicher.
In the beginning God created the heaven and the earth.	**Am Anfang** schuf Gott Himmel und Erde.

Der gleiche Unterschied besteht zwischen *at the end* und *in the end*:

We can now see the light **at the end** of the tunnel.	Wir können jetzt das Licht **am Ende** des Tunnels sehen.
It was a tougher match than they'd expected, though **in the end** they won by a safe margin.	Das Spiel war härter, als sie erwartet hatten, obwohl sie **am Ende** mit einem sicheren Abstand gewannen.

144 *Setzen Sie* at *oder* in *ein.*

a) You generally pay rent _____ the beginning of the month.
b) There will be a written exam _____ the end of the course.
c) _____ the end, the hero prevails and the villain gets the punishment he deserves.
d) _____ the end of the novel the hero dies and the heroine enters a convent to become a nun.
e) He likes to read the children stories and rock them to sleep _____ the end of a long day.
f) _____ the beginning most people thought it was a just war; _____ the end they knew they had been duped.
g) _____ the beginning of the first chapter there is a brief outline of the book.
h) _____ the end the dictator died by his own hand with his "Thousand-Year Reich" in ruins around him.
i) _____ the beginning of the 20th century many people believed in war, empire and conquest.

generally ['dʒenrəli]	im Allgemeinen
pay rent [peɪ 'rent]	(die) Miete bezahlen
a written exam [ɪg'zæm] / examination [ɪgzæmɪ'neɪʃn]	eine schriftliche Prüfung
the hero ['hɪərəʊ] prevails [prɪ'veɪlz]	der Held obsiegt
the villain ['vɪlən]	der Schurke / Bösewicht
the punishment ['pʌnɪʃmənt] he deserves [dɪ'zɜːvz]	die Strafe, die er verdient
novel ['nɒvl]	Roman
die [daɪ]	sterben
the heroine ['herəʊɪn]	die Heldin
enter a convent ['kɒnvənt]	ins Kloster gehen
become (– became – become) a nun [nʌn]	Nonne werden
read someone a story	jemand eine Geschichte vorlesen
child [tʃaɪld] – children ['tʃɪldrən]	Kind – Kinder
rock a child to sleep [sliːp]	ein Kind in den Schlaf wiegen
a just war ['dʒʌst wɔː]	ein gerechter Krieg
dupe [djuːp] someone	jemand betrügen / reinlegen / überlisten
chapter ['tʃæptə]	Kapitel
a brief [briːf] outline ['aʊtlaɪn] of the book	ein kurzer Überblick über das Buch
dictator [dɪk'teɪtə]	Dikatator(in)
die [daɪ] by one's own [əʊn] hand	von eigener Hand sterben; sich umbringen
in ruins ['ruːɪnz]	in Trümmern
the 20th (= twentieth ['twentiɪθ]) century ['sentʃəri]	das 20. Jahrhundert
empire ['empaɪə]	Empire; Weltreich; Imperium
conquest ['kɒŋkwest]	Eroberung

„Beide" GrLGr S. 113 f.

Hier gibt es folgende Verwendungsmuster:

*I like **both** portraits* ['pɔːtrəts].	Mir gefallen **beide** Porträts.
*I like **the two** portraits.*	Mir gefallen **die beiden** Porträts.
*I like them **both**. / I like **both of** them.*	Mir gefallen sie **alle beide**.
***Both (of)** these portraits are good.*	Diese Porträts sind **beide** gut.
*These **two** portraits are good.*	Diese **beiden** Porträts sind gut.
*We are **both** very happy.*	Wir sind **beide** sehr glücklich.
***Both of** us are very happy.*	**Beide** sind wir sehr glücklich.
*I've invited them **both**.*	Ich habe sie **beide** eingeladen.
*I've invited **both of** them.*	Ich habe **beide** eingeladen.
***Either of the** books is acceptable.*	**Jedes der beiden** Bücher ist akzeptabel.
***Either** book is acceptable.*	**Jedes der beiden** Bücher ist / **Beide** Bücher sind akzeptabel.
*I've invited **neither of them**.*	Ich habe **keine(n) von beiden** eingeladen.
*I have**n't** invited **either of them**.*	Ich habe **sie beide nicht** eingeladen.

5 *Übersetzen Sie.*

a) Ich finde beide Lösungen unbefriedigend.
b) Zwischen den beiden Parteien besteht kein großer Unterschied.
c) Beide Geschichten enden tragisch.
d) Diese Namen sind beide auf der Liste.
e) Seine Schwestern wurden beide Ärztinnen.
f) Ich vermisse sie alle beide so sehr.
g) Diese Mittel können beide unerwünschte Nebenwirkungen hervorrufen.
h) Eine solche Partnerschaft würde uns beiden nützen.
i) So eine Regelung würde keinem von uns beiden nützen.
j) Wir glauben, dass keiner der beiden Elternteile imstande ist, für das Kind zu sorgen.
k) Die beiden Männer verschwanden am zehnten Mai und keiner von beiden ist je wieder gesehen worden.

solution [sə'lu:ʃn]	Lösung
unsatisfactory [ʌnsætɪs'fæktri]	unbefriedigend
end tragically ['trædʒɪkli] / have a tragic ending	tragisch enden
become (– became – become) a doctor ['dɒktə]	Arzt / Ärztin werden
miss something / someone	etwas / jemand vermissen
drug [drʌg]	(Arznei-)Mittel
produce [prə'dju:s] undesirable ['ʌndɪzaɪərəbl] side effects	unerwünschte Nebenwirkungen hervorrufen
partnership ['pɑ:tnəʃɪp]	Partnerschaft
benefit ['benɪfɪt] someone	jemand nützen
arrangement [ə'reɪndʒmənt]	Regelung
parent ['peərənt]	Elternteil
be able to do / be capable ['keɪpəbl] of doing something	imstande sein etwas zu tun
care for a child [tʃaɪld]	für ein Kind sorgen
disappear [dɪsə'pɪə]	verschwinden

„Bleiben"

146 ***Übersetzen Sie.***

a) Wie lange werden Sie hier bleiben?
b) Warum bleiben Sie nicht zum Abendessen?
c) Es bleibt noch viel Arbeit zu tun.
d) Ob diese Strategie Erfolg hat, bleibt abzuwarten.
e) Alle blieben stehen, bis die Königin ihren Platz eingenommen hatte.
f) Er blieb ihr Freund, bis er 1995 starb.
g) Trotz dieser Meinungsverschiedenheiten sind wir stets Freunde geblieben.
h) Ich hatte Schwierigkeiten wach zu bleiben.
i) In so einer Situation ist es wichtig, dass man ruhig bleibt und rational handelt.
j) Um in Form zu bleiben, muss man täglich üben.
k) Eine Weile blieben wir miteinander in Verbindung.
l) An Sonn- und Feiertagen bleibt das Geschäft geschlossen.
m) Viele Morde bleiben unentdeckt.
n) Viele Fragen blieben ungeklärt.
o) Unsere Anstrengungen blieben nicht unbeachtet.
p) Es ist immer klug, bei der Wahrheit zu bleiben.
q) Verwenden Sie so wenig Worte wie möglich, vermeiden Sie lange Sätze und bleiben Sie beim Thema.

supper ['sʌpə] / dinner ['dɪnə]]	Abendessen
strategy ['strætədʒi]	Strategie
be successful [sək'sesfl]	Erfolg haben
remain [rɪ'meɪn] standing	stehen bleiben
take (– took – taken) one's seat [si:t]	seinen Platz einnehmen
in spite of [ɪn 'spaɪt əv] / despite [dɪ'spaɪt]	trotz
disagreements [dɪsə'gri:mənts] / differences ['dɪfrənsɪz]	Meinungsverschiedenheiten
have difficulty ['dɪfɪkəlti] doing something	Schwierigkeiten haben, etwas zu tun
stay / keep (– kept – kept) awake [ə'weɪk]	wach bleiben
important [ɪm'pɔ:tənt]	wichtig
stay calm [steɪ 'kɑ:m]	ruhig bleiben; (die) Ruhe bewahren
act rationally ['ræʃnəli]	rational / vernünftig handeln
keep (– kept – kept) in shape / stay in form	in Form bleiben
practise ['præktɪs] daily ['deɪli]	täglich üben
keep (– kept – kept) / stay in touch [tʌtʃ] with someone	mit jemand in Verbindung bleiben
the shop is closed [kləʊzd]	der Laden / das Geschäft ist geschlossen
an undetected ['ʌndɪtektɪd] murder ['mɜ:də]	ein unentdeckter Mord
unanswered questions ['ʌnɑ:nsəd 'kwestʃənz]	ungeklärte Fragen
efforts ['efəts]	Anstrengungen; Bemühungen
go (– went – gone [gɒn]) unnoticed [ʌn'nəʊtɪst]	unbeachtet bleiben
wise [waɪz]	klug; vernünftig; weise
stick (– stuck – stuck) to the truth	bei der Wahrheit bleiben
few [fju:] words [wɜ:dz]	wenig(e) Worte
avoid [ə'vɔɪd] long sentences ['sentənsɪz]	lange Sätze vermeiden
stick (– stuck – stuck) to the point [pɔɪnt]	beim Thema bleiben

„Brauchen" GrLGr S. 369 f., 354

Beachten Sie die wesentlichen Entsprechungen und Konstruktionen:

You **needn't** come. You **don't need to** come. You **don't have to** come.	Du **brauchst nicht** zu kommen.
You **needn't have** come.	Du **hättest nicht** zu kommen **brauchen**.
How much money are you going to **need**?	Wie viel Geld werdet ihr **brauchen**?
We **don't need** a map. We **don't need** any help.	Wir **brauchen keine** (Land-)Karte. Wir **brauchen keine** Hilfe.
He **needn't** have been so rude. He **didn't need** to be so rude. There was **no need for** him to be so rude.	Er hätte **nicht** so grob zu sein **brauchen**.
It took me two hours to find it.	Ich **brauchte** zwei Stunden, um es zu finden.
I **took** two hours to get home.	Ich **brauchte** zwei Stunden, um nach Hause zu kommen.
The walls **could do with** a new coat of paint.	Die Wände **könnten** einen neuen Anstrich **brauchen**.

147 *Übersetzen Sie.*

a) Ein Auslandsurlaub braucht ja nicht die Welt zu kosten.
b) Dein Arbeitgeber braucht ja nicht zu wissen, was für eine Krankheit du hattest.
c) Es braucht nicht sofort zu sein.
d) Sie tat es von selbst; sie brauchte nicht daran erinnert zu werden.
e) Du brauchst es nur zu sagen und ich tue es.
f) Du hättest dir keine Sorgen zu machen brauchen.
g) Braucht ihr immer noch Hilfe?
h) Wir werden wohl einige weitere Stühle brauchen.
i) Wie lange werden Sie dafür brauchen?
j) Wie lange werden wir brauchen, um den Kredit zurückzuzahlen?

k) In der Regel brauche ich nur 20 Minuten, um mich fertig zu machen.
l) Die Geschworenen brauchten 13 Stunden, um zu diesem Urteil zu kommen.
m) Wir sind beide müde und könnten einen Urlaub brauchen.

a holiday abroad [hɒlədeɪ ə'brɔ:d]	ein Auslandsurlaub
cost (– cost – cost) the earth	die Welt kosten
employer [ɪm'plɔɪə]	Arbeitgeber(in)
immediately [ɪ'mi:diətli] / at once [ət 'wʌns]	sofort
do (– did – done) something of one's own accord [ə'kɔ:d]	etwas von selbst tun
remind [rɪ'maɪnd] someone of something	jemand an etwas erinnern
worry ['wʌri]	sich Sorgen machen
repay [rɪ'peɪ] a loan [ləʊn]	einen Kredit / ein Darlehen zurückzahlen
as a rule [ru:l]	in der Regel
get ready [get 'redi]	sich fertig machen
juror ['dʒʊərə]	Geschworene(r)
reach a verdict ['vɜ:dɪkt]	zu einem Urteil kommen / gelangen

„Bringen"

48 ***Übersetzen Sie.***

a) Bring mir doch bitte eine Flasche Wein aus dem Keller, ja?
b) Der letzte Sommer hat uns viel Regen gebracht.
c) Das neue Gesetz hat uns nur Ärger gebracht.
d) Ich konnte mich nicht dazu bringen, das Tier zu töten.
e) Bring diese Sachen doch bitte in die Reinigung.
f) Nachdem sie das Geschirr in die Küche gebracht hatten, machten sie es sich vor dem Fernseher gemütlich.
g) Lassen Sie meine Sachen bitte auf mein Zimmer bringen.
h) Ich denke, wir werden sie ins Krankenhaus bringen lassen müssen.
i) Er wurde zur Polizei gebracht.
j) Kann ich dich nach Hause bringen?
k) Oma bringt gerade die Kinder ins Bett.
l) Bring ihn bloß nicht auf dumme Gedanken!
m) Wir bringen Ihnen die Waren ins Haus.
n) Mein Beruf bringt es mit sich, dass ich viel auf Reisen bin.
o) Sie hat viele Opfer gebracht, um das zu erreichen.
p) Wir müssen unsere Kunden dazu bringen, dass sie pünktlicher bezahlen.
q) Ich versuchte, ihn zum Lachen zu bringen, aber es gelang mir nicht.

a bottle ['bɒtl] of wine	eine Flasche Wein
cellar ['selə]	Keller
law [lɔ:]	Gesetz
trouble ['trʌbl]	Ärger
to the cleaners (*Plural*)	in die (chemische) Reinigung
the dishes ['dɪʃɪz] (*Plural*)	das Geschirr
make oneself comfortable ['kʌmftəbl]	es sich gemütlich machen
hospital ['hɒspɪtl]	Krankenhaus
police [pə'li:s] (*Plural*)	Polizei
granny ['græni] / grandma ['grænmɑ:]	Oma
foolish ideas [aɪ'dɪəz]	dumme Gedanken
the goods [gʊdz]	die Ware(n)
sacrifice ['sækrifaɪs]	Opfer (→ S. 205 f.)
achieve [ə'tʃi:v] something	etwas erreichen
customer ['kʌstəmə]	Kunde / Kundin
pay more promptly ['prɒmptli]	pünktlicher bezahlen
I didn't succeed [sək'si:d]	es gelang mir nicht

Cause of – reason for

Nicht nur *cause* (= Ursache, Auslöser) und *reason* (= Grund, Anlass), sondern auch die darauf folgenden Präpositionen werden oft verwechselt. Beachten Sie also:

The **cause of** the accident is unknown.	Die Ursache des Unglücks ist unbekannt.
The **reason for** the investigation was not disclosed.	Der Grund / Anlass für die Untersuchung wurde nicht bekannt gegeben.

149 ***Setzen Sie* cause(s) of *oder* reason(s) for *ein.***

a) The editor didn't give any __________ rejecting my article.
b) A lack of self-esteem is one of the __________ corruption.
c) She refused to go into the __________ her decision.
d) The __________ the First World War are not easy to explain.
e) Research has given us new insights into the __________ migraine.
f) There is not a single good __________ the average citizen to own a gun.
g) Carpets are a possible __________ air pollution in the home.

h) I'm not making an excuse for what she did but I am only offering a possible __________ her actions.
i) One of the __________ the delay was that documents could only be officially released when ready in all six official languages.
j) Harriet Beecher Stowe's novel *Uncle Tom's Cabin* has often been cited as one of the __________ the American Civil War.

editor ['edɪtə]	Herausgeber(in); Redakteur(in); Lektor(in)
reject [rɪ'dʒekt] an article ['ɑːtɪkl]	einen Artikel ablehnen
lack of self-esteem [self i'stiːm]	Mangel an Selbstachtung
corruption [kə'rʌpʃn]	Korruption; Bestechlichkeit
refuse [rɪ'fjuːz] to do something	sich weigern, etwas zu tun; etwas nicht tun wollen
go (– went – gone [gɒn]) into something	auf etwas eingehen
decision [dɪ'sɪʒn]	Entscheidung
the First World War [fɜːst wɜːld 'wɔː]	der Erste Weltkrieg
explain [ɪk'spleɪn]	erklären
research [rɪ'sɜːtʃ]	(die) Forschung
give (– gave – given) new insights ['ɪnsaɪts] into something	neue Einblicke in etwas ermöglichen
migraine ['maɪgreɪn]	Migräne
the average ['ævrɪdʒ] citizen ['sɪtɪzn]	der / die Durchschnittsbürger(in)
own [əʊn] a gun [gʌn]	eine Schusswaffe besitzen
carpet ['kɑːpɪt]	Teppich
air pollution ['eə pəluːʃn]	Luftverschmutzung
make (– made – made) an excuse [ɪk'skjuːs] for something	etwas entschuldigen
offer ['ɒfə] something	etwas anbieten / vorbringen
her actions ['ækʃnz]	ihre Handlungen
delay [dɪ'leɪ]	Verzögerung; Verspätung
release [rɪ'liːs] documents ['dɒkjumənts]	Dokumente veröffentlichen
officially [ə'fɪʃəli]	offiziell
official language [əfɪʃl 'læŋgwɪdʒ]	Amtssprache
Harriet Beecher Stowe ['hæriət 'biːtʃə 'stəʊ]	(1811–96, US-amerikanische Schriftstellerin und Kämpferin für die Sklavenbefreiung)
novel ['nɒvl]	Roman
Uncle Tom's Cabin ['kæbɪn]	Onkel Toms Hütte (1852 erschienener Roman)
cite [saɪt] something	anführen; zitieren
the American Civil War [sɪvl 'wɔː]	der amerikanische Bürgerkrieg / Sezessionskrieg (1861–65)

Comprise, consist etc.

Sinnverwandte, mitunter falsch gebrauchte Wörter:

comprise [kəm'praɪz]	umfassen
make up [meɪk 'ʌp]	bilden
compose [kəm'pəʊz]	bilden
be composed of [kəm'pəʊzd]	sich zusammensetzen aus
constitute ['kɒnstɪtju:t]	bilden; ausmachen
consist of [kən'sɪst]	bestehen aus
consist in [kən'sɪst]	in etw. bestehen; darin bestehen
contain [kən'teɪn]	enthalten
include [ɪn'klu:d]	einschließen
involve [ɪn'vɒlv]	involvieren; mit sich bringen

150 ***Setzen Sie das passende Verb in der richtigen Form ein.***

a) His sentences often __________ only one word.
b) How many states __________ the United States of America?
c) Much of the universe is __________ of matter we can't see.
d) My job __________ spending a lot of time on the telephone.
e) The anthology __________ an audio CD __________ examples of many of the songs and speeches.
f) The committee currently __________ the following members.
g) The country's ethnic minorities __________ about eight per cent of its total population.
h) Courage __________ being afraid but going on all the same.
i) Women __________ 50 per cent of the total workforce but only 23 per cent of the scientists and engineers.
j) Government make-work schemes __________ spending without producing or investing.
k) The excerpt __________ a dialogue between the two men about the pros and cons of immigration.

sentence ['sentəns]	Satz
universe ['ju:nɪvɜ:s]	Universum
matter ['mætə]	Materie
spend (– spent – spent) a lot of time	viel Zeit verbringen
anthology [æn'θɒlədʒi]	Anthologie (≈ Textsammlung, -auswahl)
example [ɪg'zɑ:mpl]	Beispiel

speech [spi:tʃ]	Rede; Ansprache
workforce ['wɜ:kfɔ:s]	Arbeiterschaft; Belegschaft
committee [kə'mɪti]	Ausschuss; Komitee
ethnic ['eθnɪk] minority [maɪ'nɒrəti]	ethnische Minderheit
total population [təʊtl pɒpju'leɪʃn]	Gesamtbevölkerung
courage ['kʌrɪdʒ]	Mut
be afraid [ə'freɪd]	Angst haben
go (– went – gone) on all the same	trotzdem weitermachen
the total workforce ['wɜ:kfɔ:s]	die Gesamtzahl der Beschäftigten
scientist ['saɪəntɪst]	(Natur-)Wissenschaftler(in)
engineer [endʒi'nɪə]	Ingenieur(in); Techniker(in)
government ['gʌvnmənt]	Regierung(s-)
make-work schemes [ski:mz]	Arbeitsbeschaffungsmaßnahmen
spend (– spent – spent)	(*Geld:*) ausgeben
produce [prə'dju:s]	produzieren; herstellen
invest [ɪn'vest]	(*Geld:*) investieren / anlegen
excerpt ['eksɜ:pt]	Auszug (*z. B. aus einem Buch*)
dialogue ['daɪəlɒg]	Dialog
the pros and cons of immigration	das Für und Wider der Einwanderung / Immigration

„Dürfen“ ◄ GrLGr S. 349 ff., 363 ►

1 *Übersetzen Sie.*

a) Dürfen wir unsere Wörterbücher benutzen?
b) Während der Prüfung dürfen Sie Ihr Handy nicht benutzen.
c) Du darfst nicht alles glauben, was ich sage.
d) In den Zügen darf nicht geraucht werden.
e) Darf ich Sie um einen Gefallen bitten?
f) Darf ich ins Wasser?
g) Der Hund darf nicht aufs Sofa.
h) Wir dürfen nicht den letzten Bus verpassen.
i) Hierzulande darfst du nicht so einfach eine Schusswaffe besitzen.
j) Sie dürfen Ihr Fahrzeug nicht auf dem Rasen parken.
k) Texte und Abbildungen dürfen nicht ohne Genehmigung benutzt werden.
l) Wenn man die Leute so anlügt, darf man sich nicht wundern, wenn einem niemand mehr glaubt.
m) Selbst seine Frau durfte ihn nicht besuchen.
n) Sie hofft ihn morgen besuchen zu dürfen.
o) Ich wollte etwas sagen, sie trösten, aber ich wusste, dass ich das nicht durfte.

p) Der Junge wäre gern noch länger geblieben, aber er durfte nicht.
q) Werden wir den großen Saal benutzen dürfen?
r) Dies dürfte leicht zu beweisen sein.
s) Dieses Spiel hätten wir nie verlieren dürfen.

dictionary ['dɪkʃənəri]	Wörterbuch
exam [ɪg'zæm] / examination [ɪgzæmɪ'neɪʃn]	Prüfung; Examen
mobile ['məʊbaɪl] (phone) / cell phone ['sel fəʊn]	Mobiltelefon; Handy
ask someone a favour ['feɪvə]	jemand um einen Gefallen bitten
miss the bus [mɪs ðə 'bʌs]	den Bus verpassen
own [əʊn] a gun just like that	so einfach eine Schusswaffe besitzen
vehicle ['viːɪkl]	Fahrzeug
lawn [lɔːn]	Rasen
illustration [ɪlə'streɪʃn]	Abbildung; Illustration
permission [pə'mɪʃn]	Genehmigung; Erlaubnis
lie to someone	jemand anlügen / belügen
be surprised [sə'praɪzd]	sich wundern
even ['iːvn] his wife	selbst / sogar seine Frau
comfort ['kʌmfət] / console [kən'səʊl] someone	jemand trösten
prove [pruːv] something	etwas beweisen
lose [luːz] (– lost – lost) a game [geɪm]	ein Spiel verlieren

„Erst"

Für „erst" gibt es im Englischen eine Vielzahl von idiomatischen Entsprechungen. Die häufigsten sind *first*, *only* und *not (...) until / till*:

I'd like to think about it a little **first**.	Ich möchte **erst** ein bisschen darüber nachdenken.
He was **only** nine when his mother died.	Er war **erst** neun, als seine Mutter starb.
That did**n't** come **until** / **till** much later.	Das kam **erst** viel später.

2 *Übersetzen Sie mit* first, only *oder* not (...) until / till.

a) Mach erst dein Studium fertig.
b) Das muss ich erst mit meiner Frau besprechen.
c) Ja, ich komme, aber ich muss erst noch Frühstück für die Kinder machen.
d) Erst einmal vielen Dank für Ihre ausführliche Antwort.
e) Erst einmal musst du an deine Familie denken.
f) Ich habe ihn erst gestern gesehen.
g) Sie ist gerade erst angekommen.
h) Ich habe erst heute Morgen davon erfahren.
i) Gott sei Dank ist es erst sechs Uhr, wir haben also noch Zeit.
j) Die offizielle Eröffnung ist erst morgen.
k) Wir ziehen erst aus, wenn wir was Neues gefunden haben.
l) Erst als ich nach Hause kam, setzten die Schmerzen wieder ein.

complete [kəm'pli:t] one's studies	sein Studium fertig machen / abschließen
discuss [dɪ'skʌs] something with someone	etwas mit jemand besprechen
get (– got – got) breakfast ['brekfəst]	(das) Frühstück machen
a detailed ['di:teɪld] response [rɪ'spɒns] / reply [rɪ'plaɪ]	eine ausführliche Antwort
arrive [ə'raɪv]	ankommen
learn [lɜ:n] about something	von etwas erfahren
thank God [θæŋk 'gɒd]	Gott sei Dank!
official [ə'fɪʃl] opening	offizielle Eröffnung
move out [mu:v 'aʊt]	ausziehen (*aus Wohnung etc.*)
find [faɪnd] (– found [faʊnd] – found)	finden
get (– got – got) home	nach Hause kommen
pain sets (– set – set) in	Schmerzen setzen ein

„Falsch"

„Falsch" im Sinn von „unecht", „nachgemacht", „unaufrichtig" ist *false*; im Sinn von „verkehrt", „fehlerhaft" ist es *wrong*. Das biblische „Hütet euch vor falschen Propheten" ist *Beware of false prophets* ['prɒfɪts]; das Sprichwort „Was gestern richtig war, kann morgen falsch sein" wäre *What was right yesterday can be wrong tomorrow*. Beachten Sie aber bei Tests: *New York is the capital of the USA. True or false?*

153 *Setzen Sie* **false** [fɔːls] *oder* **wrong** [rɒŋ] *ein.*

a) He was betrayed by a _________ friend.
b) I can't believe that he wilfully gave _________ testimony.
c) Raising taxes would be the _________ policy.
d) Sorry, that's the _________ answer.
e) The robber was probably wearing a _________ beard.
f) Yellow would be the _________ colour for you.

betray [bɪ'treɪ]	verraten
wilfully ['wɪlfəli]	bewusst; vorsätzlich
give testimony ['testɪməni]	eine (Zeugen-)Aussage machen; aussagen
raise taxes ['tæksɪz]	die Steuern erhöhen
the right policy ['pɒləsi]	die richtige Politik
robber ['rɒbə]	Räuber
wear (– wore – worn) a beard [bɪəd]	einen Bart tragen

„Ganz"

154 *Übersetzen Sie.*

a) Sie hat ihr ganzes Leben hier verbracht.
b) Er hat seine ganze Energie in dieses Buch gesteckt.
c) So einen Laden gibt es in ganz England nicht nochmal.
d) Die ganze Belegschaft wurde entlassen.
e) Er hatte sein ganzes Geld in dieses Projekt gesteckt.
f) Was wirst du mit diesem ganzen Krempel machen?
g) Im großen Ganzen bin ich mit meinem Aussehen zufrieden.
h) Wie findest du denn den Roman als Ganzes?
i) Ich fürchte, du wirst nochmal ganz von vorn anfangen müssen.
j) Sie haben ganz Recht.
k) Das ist eigentlich eine ganz gute Idee.
l) Ich habe hier eine ganze Menge gelernt.
m) Ich bin ganz Ihrer Meinung.
n) Es war nicht ganz das, was wir erwartet hatten.
o) Die Felder sind immer noch ganz mit Schnee bedeckt.
p) Die Kinder waren ganz Ohr.
q) Da ihr niemand helfen wollte, machte sie es ganz allein.
r) Das war ein ganz schlimmer Fehler.
s) Hast du mich denn ganz und gar vergessen?

t) Ich war ganz und gar nicht überrascht.
u) Dieses Bild hier gefällt mir ganz besonders.

spend (– spent – spent)	verbringen
put (– put – put) one's energy ['enədʒi] into something	seine Energie in etwas stecken
workforce ['wɜːkfɔːs]	Belegschaft
sack / fire someone	jemand entlassen / rausschmeißen
make someone redundant [rɪ'dʌndənt]	jemand entlassen / freisetzen
project ['prɒdʒekt] / venture ['ventʃə]	Projekt; Unternehmung; Unternehmen
put [pʊt] (– put – put) money ['mʌni] into something	Geld in etwas stecken
junk [dʒʌŋk]	Krempel; Trödel; altes Zeug
on the whole [həʊl] / by and large	im großen Ganzen
be happy / comfortable ['kʌmftəbl] with something	mit etwas zufrieden sein
the way I look [lʊk]	wie ich aussehe; mein Aussehen
novel ['nɒvl]	Roman
actually ['æktʃuəli]	(*Füllwort, etwa:*) eigentlich
agree [ə'griː] with someone	mit jemand einer Meinung sein
expect [ɪk'spekt] something	etwas erwarten
field [fiːld]	Feld; Acker
covered ['kʌvəd] with / in snow [snəʊ]	mit Schnee bedeckt
be all ears [ɪəz]	ganz Ohr sein
a bad mistake [mɪ'steɪk] / a blunder ['blʌndə]	ein schlimmer Fehler
not in the least	ganz und gar nicht
be particularly fond of something	etwas (ganz) besonders mögen

„Groß" = *large, big, great* oder *tall*?

Grundbedeutungen:

„zweidimensional"	*large*	*a large forest*	ein großer Wald
„dreidimensional"	*big*	*a big rock*	ein großer Felsbrocken
„viel Platz bietend"	*large*	*a large car*	ein großes Auto
„viel Platz einnehmend"	*big*	*a big car*	ein großes Auto
„Betrag, Menge"	*large*	*a large sum of money*	eine große Geldsumme
„aus vielen bestehend"	*large*	*a large crowd*	eine große Menschenmenge
„umfangreich"	*large / big*	*a large / big dictionary*	ein großes Wörterbuch
„älter"	*big*	*my big brother*	mein großer Bruder
„mächtig, einflussreich"	*big / great*	*the big / great powers*	die Großmächte
„bedeutend"	*great*	*a great work of art*	ein großes Kunstwerk
„wichtig, bedeutsam"	*big / great*	*a big / great decision*	eine große Entscheidung
„Grad", „Maß"	*great*	*great fear*	große Furcht / Angst
„Länge, Höhe"	*tall*	*a tall man with glasses*	ein großer Mann mit Brille

155 *Setzen Sie eine passende Entsprechung für „groß" ein.*

a) A __________ boy like you shouldn't be crying about things like that.
b) A __________ crowd had gathered outside the presidential palace.
c) A poplar can grow extremely __________ in the right conditions.
d) At 1,468 feet, the Sears Tower in Chicago was once the __________ building in the world.
e) Berlin is Germany's __________ city.
f) Her family were high up in society and her father was someone __________ in the government.

g) He's over six feet __________ now.
h) His mother is a __________ thin woman.
i) I'm not a __________ lover of green cabbage.
j) In the doorway he almost collided with a young man wearing a yellow sports jacket, who seemed to be in a __________ hurry.
k) It was a __________ mistake to trust him.
l) Prussia's Frederick II is generally regarded as a __________ king.
m) Saudi Arabia has the world's __________ oil reserves.
n) She has __________ influence with the president.
o) Thank you for the invitation. I accept it with __________ pleasure.
p) The __________ bosses of our nation's labor unions just don't get it.
q) The lamp is too __________ for such a small room.
r) The market is controlled by a few __________ companies.
s) There has been a __________ increase in the demand for glass
t) Unemployment is one of the __________ issues of the campaign.
u) You have done me a __________ service.

cry [kraɪ] about something	wegen etwas weinen
crowd [kraʊd]	(Menschen-)Menge
outside the presidential palace [prezɪ'denʃl 'pæləs]	vor dem Präsidentenpalast
gather ['gæðə]	sich (ver)sammeln
poplar ['pɒplə]	Pappel
in the right conditions [kən'dɪʃnz]	unter den richtigen Bedingungen
foot [fʊt] (*Plural* feet [fi:t])	Fuß (= ca. 30 cm)
Sears Tower [sɪəz 'taʊə]	(höchstes Gebäude der USA)
was high up in society [sə'saɪəti]	gehörte zu den oberen Zehntausend
government ['gʌvnmənt]	Regierung
green cabbage [gri:n 'kæbɪdʒ]	Grünkohl
collide [kə'laɪd] with someone	mit jemand zusammenstoßen
wear [weə] (– wore – worn) a sports jacket ['dʒækɪt]	eine Sportjacke tragen
be in a hurry ['hʌri]	in Eile sein
mistake [mɪ'steɪk]	Fehler
trust [trʌst] someone	jemand (ver)trauen
Prussia ['prʌʃə]	Preußen
Frederick II [fredrɪk ðə 'sekənd]	Friedrich II.
regard someone as ...	jemand ansehen als ...
Saudi Arabia [saʊdi ə'reɪbiə]	Saudi-Arabien
oil reserves ['ɔɪl rɪzɜ:vz]	Ölreserven; Ölvorräte
have influence ['ɪnflʊəns] with someone	bei jemand Einfluss haben
accept [ək'sept] an invitation [ɪnvɪ'teɪʃn]	eine Einladung annehmen
with pleasure ['pleʒə]	mit Vergnügen
labor union *AE* / *BE* trade union ['ju:njən]	Gewerkschaft
they just don't get it	sie kapieren es einfach nicht

control [kən'trəʊl] the market ['mɑːkɪt]	den Markt beherrschen
an increase ['ɪŋkriːs] in the demand [dɪ'mɑːnd] for	eine Steigerung der Nachfrage nach
unemployment [ʌnɪm'plɔɪmənt]	(die) Arbeitslosigkeit
issue ['ɪʃuː]	Thema (der gesellschaftl. Diskussion)
(election) campaign [kæm'peɪn]	Wahlkampf
do someone a service ['sɜːvɪs]	jemand einen Dienst erweisen

-ic, -ical, -ically oder *-icly?*

156 ***Hängen Sie an die eingeklammerten Wortstämme* -ic, -ical, -ically *oder* -icly *an.***

a) Isn't it (trag...) when a (com...) actor fails to be (com...)?
b) "My soul is bleeding," she said in a (com...) serious voice.
c) The audience found the scene extremely (com...).
d) Living on a small pension they have to be very (econom...).
e) Only a company that's (econom...) successful can afford to invest money in (ecolog...) projects.
f) The dire (econom...) situation forces us to be extremely (econom...) with our money.
g) Doctors are sometimes (econom...) with the truth when telling patients about their (med...) condition.
h) In 510 BC, the city-state of Athens created the first (democrat...) government.
i) In a democracy the people are governed by (democrat...) elected leaders.
j) Although the setting of the novel is (histor...) and some of the characters are, almost none of the events have any (histor...) basis.
k) If a building is (histor...) significant, it cannot be demolished.
l) It doesn't really matter whether Odysseus was a (histor...) or merely a (myth...) character.
m) Winston Churchill used the term "iron curtain" in a (histor...) speech at Fulton College, Missouri, in 1946.
n) Isn't it (iron...) that those who want to help can't and those who can help don't?
o) The opening sentence of Jane Austen's novel *Pride and Prejudice* is wonderfully (iron...)
p) Many people misunderstood that statement because they didn't realize that it was meant (iron...).

q) (Polit...) problems should be solved (polit...), not by force.
r) It is neither polite nor (polit...) to get into other people's quarrels.
s) Details of the plan have not been (publ...) announced, so we are unable to discuss them.
t) Major national issues should be open to (publ...) discussion.
u) The reports about child labour in sweatshops led to a (publ...) outcry.
v) More than four centuries after her execution, the (romant...) reign and (trag...) fate of Mary Queen of Scots still fascinates people.

a comic actor ['kɒmɪk æktə]	ein Komödienschauspieler / Komiker
fail to be / do something	etwas nicht sein / tun
the audience ['ɔːdiəns]	das Publikum; die Zuschauer / Zuhörer
live on a pension ['penʃn]	von einer Rente leben
economical [iːkə'nɒmɪkl]	sparsam
the dire ['daɪə] situation [sɪtʃu'eɪʃn]	die miserable / katastrophale Situation
be economical with the truth [truːθ]	es mit der Wahrheit nicht so genau nehmen
medical condition ['medɪkl kəndɪʃn]	Erkrankung
BC [biː'siː] (= before Christ [kraɪst])	v. Chr.
democracy [dɪ'mɒkrəsi]	Demokratie
the setting of the novel ['nɒvl]	der Schauplatz des Romans
character ['kærəktə]	handelnde Person; (Roman-)Figur
demolish [dɪ'mɒlɪʃ] a building ['bɪldɪŋ]	ein Gebäude abreißen
Odysseus [ə'dɪsjuːs]	Odysseus (König v. Ithaka in Homers *Odyssee*)
a mythical ['mɪθɪkl] character	eine Sagengestalt
(Sir) Winston Churchill ['tʃɜːtʃɪl]	(1874–1965, brit. Staatsmann, Premierminister 1940–45 u. 1951–55, Schriftsteller, 1953 Literaturnobelpreis)
isn't it ironic(al) [aɪ'rɒnɪk(l)]	ist es nicht paradox?
Jane Austen ['ɒstɪn]	(1775–1817, engl. Schriftstellerin)
Pride and Prejudice	Stolz und Vorurteil (Roman, 1813)
politic ['pɒlətɪk]	klug
get into other people's quarrels ['kwɒrəlz]	sich in anderer Leute Streitereien verwickeln lassen
a major ['meɪdʒə] issue ['ɪʃuː]	ein wesentliches Problem / Thema
sweatshop ['swetʃɒp]	Ausbeuterbetrieb; Ausbeutungsbetrieb
outcry ['aʊtkraɪ]	Aufschrei der Empörung
execution [eksɪ'kjuːʃn]	Hinrichtung
reign [reɪn]	Herrschaft; Regentschaft
fate [feɪt]	Schicksal
Mary ['meəri] Queen of Scots [skɒts]	(Mary Stuart 1542–87, Königin v. Schottland 1542–67)
fascinate ['fæsɪneɪt]	faszinieren

„Kein"

GrLGr S. 113

157 *Übersetzen Sie.*

a) Ich habe kein Geld.
b) Um in einem Hotel zu wohnen, braucht man Geld, und wir hatten keins.
c) Sie hat kein Handy.
d) Sie sagte kein Wort, saß einfach da und lächelte.
e) Du musst keine Angst haben.
f) Ich habe absolut keine Ahnung, was ich ihm schenken soll.
g) Kein anderer wusste davon.
h) Wir haben keine Hoffnung mehr.
i) Keine Mutter hätte ihr Kind so leiden lassen.
j) Kein Mensch weiß, was an jenem Tag genau passiert ist.
k) Ausländerhass ist hier kein großes Problem.
l) Keiner wollte die Verantwortung übernehmen.
m) Keiner weiß, was sie damit gemeint hat.
n) Keiner von ihnen wollte die Verantwortung übernehmen.
o) Keiner von uns wusste eine Antwort auf diese Frage.
p) Keiner von beiden wollte die Verantwortung übernehmen.
q) Keiner der beiden Vorschläge ist akzeptabel.
r) Mir gefiel keines der Häuser, die wir gesehen haben.
s) Sie heiratete keinen der beiden.

stay in / at a hotel [həʊ'tel]	in einem Hotel wohnen
mobile ['məʊbaɪl] (phone) / cell phone ['sel fəʊn]	Mobiltelefon; Handy
be afraid [ə'freɪd]	Angst haben
know [nəʊ] (– knew [nju:] – known) about something	von etwas wissen
suffer ['sʌfə]	leiden
happen ['hæpən]	passieren; geschehen
xenophobia [zenə'fəʊbiə] / hatred ['heɪtrɪd] of foreigners ['fɒrənəz]	Ausländerhass
take (– took – taken) the responsibility [rɪspɒnsə'bɪləti]	die Verantwortung übernehmen
what do you mean [mi:n] by that?	was meinst du damit?
an answer to this question ['kwestʃən]	eine Antwort auf diese Frage
proposal [prə'pəʊzl]	Vorschlag
acceptable [ək'septəbl]	akzeptabel
I don't like the house [haʊs]	das Haus gefällt mir nicht
marry ['mæri] someone	jemand heiraten

„Können" GrLGr S. 347 ff., 349 ff.

8 *Übersetzen Sie.*

a) Können Sie etwas von Brahms spielen?
b) Sie kann kein Englisch.
c) Sie kann es nicht mehr allein.
d) Sie konnten beide Spiele gewinnen.
e) Wir konnten keinen geeigneten Kandidaten finden.
f) Ich habe diese Entscheidung nie verstehen können.
g) Zu diesem Preis werden Sie es nicht verkaufen können.
h) Ich werde wahrscheinlich nicht kommen können.
i) Es war schön, mal ein bisschen ausspannen zu können.
j) Ich hätte es nicht besser ausdrücken können.
k) Wie konntest du ihn nur heiraten! Ich habe ihn nie ausstehen können.
l) Ich hätte schwören können, dass sie es war.

a suitable candidate ['su:təbl 'kændɪdeɪt]]	ein(e) geeignete(r) Kandidat(in)
decision [dɪ'sɪʒn]	Entscheidung
unwind [ʌn'waɪnd] (– unwound [ʌn'waʊnd] – unwound)	ausspannen
marry ['mæri] someone	jemand heiraten
I can't stand him	ich kann ihn nicht ausstehen
swear [sweə] (– swore – sworn)	schwören

9 *Übersetzen Sie.*

a) Kann ich bitte mal Ihr Telefon benutzen?
b) Warum kann sie keinen geschiedenen Mann heiraten?
c) Du kannst mein Auto nehmen.
d) Sie können hier nicht parken.
e) Sie können nur ein Gepäckstück mit an Bord nehmen.
f) Da kannst du Recht haben.
g) Da könnten Sie Recht haben.
h) Ich dachte, die Tabletten könnten helfen.
i) Der Zug kann Verspätung haben.
j) Es kann durchaus sein, dass der Zug Verspätung hatte.
k) Der Zug kann Verspätung gehabt haben.
l) Der Zug hätte Verspätung haben können.
m) Sie könnte den Zug verpasst haben.
n) Sie ist so früh losgegangen; sie kann den Zug nicht verpasst haben.

divorced [dɪ'vɔːst]	geschiedenen
piece of luggage [piːs əv 'lʌgɪdʒ]	Gepäckstück
on board [bɔːd]	an Bord
be right [raɪt]	Recht haben
pill / tablet ['tæblət]	Tablette; Pille
be late [leɪt]	Verspätung haben
miss a train [mɪs ə 'treɪn]	einen Zug verpassen
set out / set off (– set – set)	aufbrechen; losgehen; losfahren

„Lassen"

Im Sinn von „zulassen" ist die englische Entsprechung meist *let*, gelegentlich auch *allow to*:

My father doesn't **let** **me** **go** out so late.
My father doesn't **allow** **me** **to go** out so late.
Mein Vater lässt mich nicht so spät ausgehen.

160 ***Übersetzen Sie entsprechend.***

a) Lass mich nachdenken.
b) Sie ließen mich bei sich wohnen.
c) Die Polizei musste ihn gehen lassen.
d) Lass mich los!
e) Lassen Sie mich die Tasche tragen.
f) Lass mich mal machen!
g) Er lässt mich nie ausreden.
h) Ich wollte ja gehen, aber meine Eltern ließen mich nicht.
i) Wir ließen uns dazu überreden, noch eine Nacht zu bleiben.
j) Sie wollte sich nicht fotografieren lassen.
k) Du kannst die Kartoffeln noch etwa fünf Minuten kochen lassen.
l) Lass dich nicht zu sehr von ihm piesacken.
m) Ich würde ihn in seinem eigenen Saft schmoren lassen.

stay with someone / stay at someone's place	bei jemand wohnen
police [pə'liːs] (*Plural*)	Polizei
persuade [pə'sweɪd] someone to do something	jemand überreden, etwas zu tun

photograph someone ['fəʊtəgrɑ:f]	jemand fotografieren
boil [bɔɪl]	kochen; sieden
pester ['pestə] someone	jemand piesacken
stew [stju:]	schmoren

Im Sinn von „an einem Ort / in einem Zustand lassen" ist die englische Entsprechung häufig *leave*:

You can **leave** your books on the table.	Du kannst deine Bücher auf dem Tisch **lassen**.

1 *Übersetzen Sie entsprechend.*

a) Um sicherzugehen ließ sie einige Lampen an.
b) Warum hast du die Tür offen gelassen?
c) Lass mich in Ruhe!
d) Du kannst den Hund doch nicht den ganzen Tag allein im Haus lassen.
e) Es wird nicht regnen. Du kannst deinen Schirm zu Hause lassen.
f) Ach du meine Güte! Ich habe meinen Schirm im Bus gelassen.
g) Man sollte den Motor nicht unnötig laufen lassen.
h) Du kannst ihn jetzt doch nicht im Stich lassen.
i) Um ganz ehrlich zu sein, der Film hat mich vollkommen kalt gelassen.

to be on the safe side	um sicherzugehen
umbrella [ʌm'brelə]	(Regen-)Schirm
oh my goodness!	ach du meine Güte!
engine ['endʒɪn]	(Verbrennungs-)Motor
unnecessarily [ʌn'nesəsərəli]	unnötig
to be quite honest ['ɒnɪst]	um ganz ehrlich zu sein
film / movie ['mu:vi]	(Kino-)Film

Im Sinn von „veranlassen" ist die häufigste Entsprechung *have something* + *-ed*-Partizip bzw. *have someone* + Infinitiv + *something*:

She **had the poem copied** by the children.	Sie **ließ das Gedicht** von den Kindern **abschreiben**.
She **had the children copy the poem**.	Sie **ließ die Kinder das Gedicht abschreiben**.

162 *Übersetzen Sie entsprechend.*

a) Ich lasse regelmäßig meine Augen überprüfen.
b) Auch viele Männer lassen sich das Gesicht liften.
c) Der Diktator ließ die Verschwörer hinrichten.
d) Der König ließ sich mehrere prächtige Paläste bauen.
e) Wir ließen uns das Frühstück aufs Zimmer bringen.
f) Sie ließ sich den Zahn ziehen.
g) Man kann sich jederzeit eine Pizza nach Hause liefern lassen.
h) Wir können es uns nicht leisten, das Haus vollkommen renovieren zu lassen.
i) Wir müssen das Dach reparieren lassen.
j) Du solltest dir die Haare nicht so kurz schneiden lassen.
k) Sie lässt sich gern fotografieren.
l) Sie ließ die Schüler über dieses Thema einen Aufsatz schreiben.
m) Sie ließ die Schuldigen in ihr Büro kommen.

check something	etwas (über)prüfen
dictator [dɪk'teɪtə]	Diktator(in)
conspirator [kən'spɪrətə]	Verschwörer(in)
execute ['eksɪkju:t] someone	jemand hinrichten
a sumptuous ['sʌmptʃuəs] palace ['pæləs]	ein prächtiger Palast
pull [pʊl] / extract [ɪk'strækt] a tooth	einen Zahn ziehen
pizza ['pi:tsə]	Pizza
deliver [dɪ'lɪvə]	liefern
we can't afford [ə'fɔ:d] it	wir können es uns nicht leisten
renovate ['renəveɪt] / refurbish [ri:'fɜ:bɪʃ] a house	ein Haus renovieren
mend / repair [rɪ'peə] / fix the roof [ru:f]	das Dach reparieren
like to do something / enjoy [ɪn'dʒɔɪ] doing something	etwas gern tun
an essay ['eseɪ] on this topic ['tɒpɪk]	ein Aufsatz über dieses Thema
the culprit ['kʌlprɪt]	der / die Schuldige

Ein stärkerer Ausdruck für „lassen" im Sinn von „veranlassen" ist *make someone* + Infinitiv oder im Passiv *be made* + *to* + Infinitiv:

This teacher was very strict. He **made us learn** 50 new words every week.	Dieser Lehrer war sehr streng. Er **ließ uns** jede Woche 50 neue Vokabeln **lernen**.
They **made us work** hard. / We **were made to work** hard.	Man **ließ uns** schwer **arbeiten**.

3 *Übersetzen Sie entsprechend.*

a) Sie ließ den Jungen sein Zimmer aufräumen.
b) Er ließ die Gefangenen Liegestütze machen, bis sie erschöpft waren.
c) Grausame Bosse ließen ihre Sklaven arbeiten, bis sie tot umfielen.
d) Man ließ mich fühlen, dass ich willkommen war.
e) Man ließ sie stundenlang in der eisigen Kälte stehen.

tidy up / clean up a room	ein Zimmer aufräumen
prisoner ['prɪznə]	Gefangene(r)
do push-ups ['pʊʃʌps]	Liegestütze machen
exhausted [ɪg'zɔ:stɪd]	erschöpft
cruel ['kru:əl]	grausam
slave [sleɪv]	Sklave / Sklavin
drop dead [drɒp 'ded]	tot umfallen
in the freezing ['fri:zɪŋ] cold	in der eisigen Kälte

Im Sinn von „unterlassen" wird „lassen" häufig mit *stop* wiedergegeben:

Oh come on, **stop** moaning.	Ach, **lass** doch endlich das Jammern!

4 *Übersetzen Sie entsprechend.*

a) Du kannst das Grübeln nicht lassen, was?
b) Lass doch dein dummes Gequatsche, ich versuche nachzudenken!
c) Lass doch diese blöden Bemerkungen!
d) Sie kann das Rauchen einfach nicht lassen.
e) Wirst du das wohl lassen!
f) Könnt ihr das Streiten denn nicht lassen?
g) Mensch, lass den Unsinn!
h) Er kann das Nörgeln nun mal nicht lassen.

brood [bru:d]	grübeln
stupid babbling ['bæblɪŋ]	dummes Gequatsche
silly remarks [rɪ'mɑ:ks]	blöde Bemerkungen
quarrel ['kwɒrəl] / argue ['ɑ:gju:]	(sich) streiten
nonsense ['nɒnsəns]	Unsinn
nag [næg]	nörgeln

165 *Andere Entsprechungen für „lassen". – Übersetzen Sie.*

a) Sie können sich Zeit lassen.
b) Das lässt sich nicht ändern.
c) Die Datei lässt sich nicht öffnen.
d) Wir mussten den Arzt kommen lassen.
e) Sie ließ mich über eine Stunde warten.
f) Aber das muss man ihr lassen, sie gibt nie auf.
g) Kens Eltern lassen sich scheiden.
h) Sie will sich von mir scheiden lassen.
i) Meine Frau will nicht, dass ich mir einen Bart wachsen lasse.
j) Erst gestern hat sie eine teure Vase fallen lassen.
k) Er muss sich am Knie operieren lassen.
l) Er ließ sich davon nicht im Geringsten beeindrucken.

file [faɪl]	Datei
give (– gave – given) up [gɪv 'ʌp]	aufgeben
parents ['peərənts]	Eltern
get (– got – got) a divorce [dɪ'vɔːs]	sich scheiden lassen
divorce [dɪ'vɔːs] someone	sich von jemand scheiden lassen
grow (– grew [gruː] – grown) a beard [bɪəd]	sich einen Bart wachsen lassen
expensive [ɪk'spensɪv]	teuer
vase [vɑːz]	Vase
knee [niː]	Knie
not in the least [liːst]	nicht im Geringsten
impress [ɪm'pres]	beeindrucken

„Machen"

166 *Übersetzen Sie.*

a) Du wirst müde. Soll ich Kaffee machen?
b) Hast du deine Hausaufgaben gemacht?
c) Da ist nichts mehr zu machen, er ist tot.
d) Was machst du da?
e) Was macht deine Arbeit?
f) Was macht dein Hund?
g) Um es kurz zu machen, sie haben mich nicht genommen.
h) Ärger kann einen krank machen.
i) Der Lärm macht mich wahnsinnig.

j) Sie hat es sich zur Aufgabe gemacht, Obdachlosen zu helfen.
k) Ich habe es mir zur Regel gemacht, unangenehme Dinge sofort zu erledigen.
l) Ich habe eine interessante Entdeckung gemacht.
m) Churchill machte Geschichte und schrieb darüber.

get tired [get 'taɪəd]	müde werden
homework ['həʊmwɜːk] (*Singular*)	(*Schule:*) Hausaufgaben
anger ['æŋgə]	Ärger; Zorn
noise [nɔɪz]	Lärm; Geräusch
mad / crazy ['kreɪzi]	verrückt
duty ['djuːti]	Pflicht; Aufgabe
the homeless ['həʊmləs]	die Obdachlosen
unpleasant [ʌn'pleznt]	unangenehm; unerfreulich
do (– did – done) something at once [ət 'wʌns]	etwas sofort erledigen
an interesting ['ɪntrəstɪŋ] discovery [dɪ'skʌvəri]	eine interessante Entdeckung
(Sir) Winston Churchill ['tʃɜːtʃɪl]	(1874–1965, brit. Staatsmann, Premierminister 1940–45 u. 1951–55, Schriftsteller, 1953 Literaturnobelpreis)
history ['hɪstri]	(Welt- *etc.*)Geschichte

7 *Übersetzen Sie.*

a) Am besten machen Sie sich ein paar Notizen.
b) Hast du die Betten gemacht?
c) Hast du auch das Badezimmer gemacht?
d) Ich muss mir die Haare machen lassen.
e) Sie sollten das Dach machen lassen
f) Ich weiß nicht, was ich machen soll.
g) Mach voran!
h) Aus der alten Fabrik haben sie ein Einkaufszentrum gemacht.
i) Er machte sie zu seiner Assistentin.
j) Das macht zusammen 63 Euro.
k) Er machte sich mit dem Geld aus dem Staube.
l) Dieser Käse wird aus Ziegenmilch gemacht.
m) Vergeblich versuchte sie, sich verständlich zu machen.

notes [nəʊts]	Notizen
factory ['fæktri]	Fabrik
shopping centre ['ʃɒpɪŋ sentə]	Einkaufszentrum
assistant [ə'sɪstənt]	Assistent(in)
goat's milk ['gəʊts mɪlk]	Ziegenmilch
in vain [ɪn 'veɪn]	vergeblich

„Man" GrLGr S. 72 f., 257 ff.

168 Übersetzen Sie.

a) Man kann nicht vorsichtig genug sein.
b) Man kann nie wissen.
c) Man sagt, Shakespeare habe so etwa 3000 Wörter neu erfunden.
d) Die Wahrheit wird man wohl nie erfahren.
e) Früher glaubte man, die Erde sei der Mittelpunkt des Universums.
f) Man trägt wieder Hüte.
g) Man soll das Leben genießen.
h) Man sagte mir, der Automat sei außer Betrieb.
i) So etwas tut man nicht.

careful ['keəfl]	vorsichtig
invent [ɪn'vent]	erfinden
truth [tru:θ]	Wahrheit
the centre ['sentə] of the universe ['ju:nɪvɜ:s]	der Mittelpunkt des Universums
wear [weə] (– wore – worn)	(*Kleidung:*) tragen
enjoy [ɪn'dʒɔɪ] life	das Leben genießen
(vending) machine [mə'ʃi:n]	(Verkaufs-)Automat
out of order [aʊt əv 'ɔ:də]	außer Betrieb

„Müssen" GrLGr S. 339 ff., 353 ff.

169 Übersetzen Sie.

a) Du musst tun, was dein Gewissen dir sagt.
b) Warum musst du immer so pessimistisch sein?
c) Du musst nicht immer so pessimistisch sein.
d) Ich musste es tun.
e) Er musste sofort operiert werden.
f) Wir müssen alle unsere Pflicht tun.
g) Es gibt keinen direkten Zug nach London; Sie müssen in Crewe umsteigen.
h) Sie können am Gottesdienst teilnehmen, müssen es aber nicht.
i) Ich fürchte, ich werde jetzt gehen müssen.
j) Sie wird noch mindestens eine Woche im Krankenhaus bleiben müssen.
k) Ich habe in meinem Leben viele Opfer bringen müssen.
l) Sie muss viel gelitten haben.

m) Ich muss morgen bis acht im Büro sein, denn wir bekommen Möbel geliefert.
n) Ich muss morgen Vormittag zum Arzt.
o) Du musst unbedingt zum Arzt, Clare!
p) Es muss kräftig geregnet haben.
q) Das hätte sie eigentlich wissen müssen.
r) Unsere Politiker müssen zur Zeit Entscheidungen treffen, die höchst unpopulär sind.
s) Die Ölpreise steigen und wir müssen mehr Geld für Benzin ausgeben.

conscience ['kɒnʃəns]	Gewissen
pessimistic [pesə'mɪstɪk]	pessimistisch
operate ['ɒpəreɪt] on someone	jemand operieren
duty ['dju:ti]	Pflicht
change [tʃeɪndʒ] at Crewe [kru:]	in Crewe umsteigen
attend [ə'tend] a service ['sɜ:vɪs]	an einem Gottesdienst teilnehmen
make sacrifices ['sækrɪfaɪsɪz]	Opfer bringen
suffer ['sʌfə] a lot	viel leiden
get furniture ['fɜ:nɪtʃə] delivered [dɪ'lɪvəd]	Möbel geliefert bekommen
rain hard / heavily ['hevɪli]	kräftig regnen
politician [pɒlə'tɪʃn]	Politiker(in)
make decisions [dɪ'sɪʒnz]	Entscheidungen treffen
highly unpopular [ʌn'pɒpjʊlə]	höchst unpopulär
rise [raɪz] (– rose – risen ['rɪzn])	(*Preise etc.:*) steigen
spend (– spent – spent) money ['mʌni] on something	Geld für etwas ausgeben
petrol ['petrəl] *BE* / *AE* gas [gæs] / gasoline ['gæsəli:n]	Benzin

„Opfer"

'0 *Übersetzen Sie.*

a) Sie wurde ein Opfer ihrer eigenen Habgier.
b) Der Bürgerkrieg hat bereits tausende von Opfern gefordert.
c) Viele Intellektuelle fielen den stalinistischen Säuberungen zum Opfer.
d) Der König wollte den Göttern ein Opfer darbringen.
e) Wenn die Zeiten hart sind, muss jeder Opfer bringen.
f) Das Open-Air-Konzert fiel dem Regen zum Opfer.

victim ['vɪktɪm]	Opfer (= jemand, der Schaden erleidet)
greed [gri:d]	(Hab-)Gier
civil war [sɪvl 'wɔ:]	Bürgerkrieg

an intellectual [ɪntə'lektʃuəl]	ein Intellektueller / eine Intellektuelle
the Stalinist purges ['stɑ:lɪnɪst 'pɜ:dʒəz]	die stalinistischen Säuberungen
sacrifice ['sækrɪfaɪs]	Opfer (= Hingabe für eine Sache, einen Gott etc.)
offer / make a sacrifice ['sækrɪfaɪs]	ein Opfer darbringen / bringen
times are tough [tʌf] / hard	die Zeiten sind hart

People ◄ GrLGr S. 24 ►

In der Bedeutung „die Leute / Menschen allgemein" wird *people* ohne *the* gebraucht:

People don't know much about him.	**Die Leute** wissen nicht viel über ihn.
I don't care what **people** say about me.	Mir ist egal, was **die Leute** über mich sagen.
Newspapers are supposed to help **people** think.	Zeitungen sollen **den Menschen** beim Nachdenken helfen.

Werden dagegen bestimmte Leute / Menschen ausgewählt, so steht *the*:

The people I asked didn't know much about him.	**Die Leute**, die ich fragte, wussten nicht viel über ihn.
The people who did that should be punished severely.	**Die Leute**, die das getan haben, sollte man streng bestrafen.
Most of the people in the neighbourhood are Muslims.	**Die meisten Leute** in der Gegend sind Muslime.

The people sagt man auch, wenn man „das Volk" meint:

The government must listen to **the people**.	Die Regierung muss auf **das Volk** hören.
The US president is elected directly by **the people**.	Der US-Präsident wird direkt **vom Volk** gewählt.
The people want to have a say.	**Das Volk** will ein Mitspracherecht haben.

In der Bedeutung „Volk“ kann *people* auch mit dem unbestimmten Artikel gebraucht werden und den Plural (*peoples*) bilden:

We are **a people** who believe in freedom.	Wir sind **ein Volk**, das an die Freiheit glaubt.
These two **peoples** have been fighting each other for generations.	Diese beiden **Völker** bekämpfen einander schon seit Generationen.

Lernende sollten *people* in allen Bedeutungen stets als Plural konstruieren, also auch da, wo die deutsche Entsprechung ein Singularverb aufweist:

The **people are** (*nicht:* is) against the war.	Das **Volk ist** gegen den Krieg.
The French **people have** (*nicht:* has) rejected extremism.	Das französische **Volk hat** dem Extremismus eine Absage erteilt.

1 ***Übersetzen Sie.***

a) Die Leute wollen nur unterhalten werden.
b) Die meisten Menschen brauchen mehr Liebe, als sie verdienen.
c) Die meisten Menschen, die hier wohnen, haben ihre Häuser selbst gebaut.
d) Wenn die Menschen weiter die Bambuswälder abholzen, werden die Riesenpandas aussterben.
e) Das Volk muss entscheiden, von wem es regiert werden will.
f) Die Menschen müssen selbst entscheiden, wie sie arbeiten und leben wollen.
g) Die Völker des Nahen Ostens brauchen dringend Frieden und Stabilität.
h) Die Menschen im Nahen Osten sehnen sich nach Frieden und Stabilität.
i) Die Amerikaner betrachten sich als ein Volk, das Frieden und Freiheit liebt.
j) Unter vielen anderen bedeutenden Werken schrieb Churchill auch eine „Geschichte der englischsprachigen Völker“.

entertain [entə'teɪn] someone	jemand unterhalten
deserve [dɪ'zɜːv] something	etwas verdienen
build [bɪld] (– built [bɪlt] – built)	bauen
bamboo forest [bæmbuː 'fɒrɪst]	Bambuswald
cut (cut – cut) down a forest ['fɒrɪst]	einen Wald abholzen
giant panda [dʒaɪənt 'pændə]	Riesenpanda
die out [daɪ 'aʊt]	aussterben
decide [dɪ'saɪd]	entscheiden
govern ['gʌvn] a people	ein Volk regieren
Middle East [mɪdl 'iːst]	Naher Osten

need [ni:d]	brauchen; benötigen
urgent(ly) ['ɜ:dʒənt(li)]	dringend
peace [pi:s]	(der) Frieden
stability [stə'bɪləti]	Stabilität
long for something	sich nach etwas sehnen
regard [rɪ'gɑ:d] oneself as	sich betrachten als
freedom ['fri:dəm]	(die) Freiheit
among [ə'mʌŋ] many other works	unter vielen anderen Werken
important [ɪm'pɔ:tənt]	bedeutend; wichtig
(Sir) Winston Churchill ['tʃɜ:tʃɪl]	(1874–1965, brit. Staatsmann, Premierminister 1940–45 u. 1951–55, Schriftsteller, 1953 Literaturnobelpreis)
history (of Ireland / Germany *etc.*) ['hɪstri]	Geschichte (Irlands / Deutschlands *etc.*)

„Sagen"

Grundregel:

„Sagen" **ohne** Personenobjekt = ***say***:	
Why did she **say** that?	Warum hat sie das gesagt?
„Sagen" **mit** Personenobjekt = ***tell***:	
Why did she **tell** him that?	Warum hat sie ihm das gesagt?

Manchmal (besonders in Begleitsätzen zu direkter Rede) folgt auf *say* ein Personenobjekt, dann aber mit *to*:

"Victory will be yours," she **said** to the king.	„Der Sieg wird euer sein", sagte sie zum König.
He didn't understand what she was **saying** to him.	Er verstand nicht, was sie zu ihm sagte.

172 ***Setzen Sie eine passende Form von* say *oder* tell *ein.***

a) He __________ that he loved her.
b) He __________ her that he loved her.
c) "You are like me," she __________ to him.
d) She __________ him that he was like her.
e) He __________ he'd been to Japan.
f) He __________ me that he'd been to Japan.

g) Why didn't you __________ her that you'd lost it?
h) Did she actually __________ that?
i) That's not what she __________ me when I last saw her.
j) He __________ something that I didn't understand.
k) He __________ something to me but I didn't take much notice.
l) He __________ me something that sounded rather confused.
m) __________ me who your friends are and I will __________ you who you are.

lose [lu:z] (– lost – lost)	verlieren
actually ['æktʃuəli]	tatsächlich
I didn't take much notice ['nəʊtɪs]	ich habe nicht genau hingehört
it sounded rather confused	es hörte sich ziemlich konfus / wirr an

3 *Übersetzen Sie.*

a) Sie sagte, dass sie gerade angekommen sei.
b) Sie sagte ihm, dass sie gerade angekommen sei.
c) Sie sagte das, um ihn zu ärgern.
d) Sie sagte dasselbe wie du.
e) Sie sagte die Wahrheit.
f) Man sollte immer die Wahrheit sagen.
g) Das ist leichter gesagt als getan.
h) Das habe ich ihr auch gesagt.
i) Was genau haben Sie zu ihr gesagt?
j) Sie sagte sich, dass auch sie ein Recht habe, Fehler zu machen.
k) Sie sagte ihm, er solle vorsichtig mit den Gläsern sein.

arrive [ə'raɪv]	ankommen
annoy [ə'nɔɪ] / irritate ['ɪrɪteɪt] someone	jemand ärgern
truth [tru:θ]	Wahrheit
make (– made – made) mistakes [mɪ'steɪks]	Fehler machen
careful ['keəfl]	vorsichtig

„Schon"

„Schon" ist im Deutschen häufig ein Füllwort, das im Englischen keine direkte Entsprechung hat:

What woman would want to marry me?	Welche Frau würde mich **schon** heiraten wollen?
The mere thought of it makes me feel sick.	**Schon** bei dem bloßen Gedanken daran wird mir übel.
There you go again.	Du fängst ja **schon** wieder an!
I can see we're going to be great friends.	Ich sehe **schon**, wir werden dicke Freunde.
She ought to have been back hours ago.	Sie hätte **schon** vor Stunden zurück sein müssen.

Oft ist die Aussage des deutschen „schon" im englischen *present perfect* enthalten:

Have you ever been to Australia?	Sind Sie **schon** mal in Australien gewesen?
I've lived in New York for years.	Ich lebe **schon** seit Jahren in New York.
How long have you known Judy?	Wie lange kennst du Judy **schon**?
I've been looking for you for half an hour.	Ich suche dich **schon** seit einer halben Stunde.

Als direkte Entsprechung für „schon“ steht *already* in Aussagesätzen in der Bedeutung „bereits“, oft mit einem Unterton von Überraschung darüber, dass etwas so schnell, so bald eingetreten ist:

She's **already** here. / She's here **already**.	Sie ist **schon** / **bereits** da.
By the time we arrived she had **already** left.	Als wir ankamen, war sie **schon** gegangen.
He's only four but he can **already** wash himself.	Er ist erst vier, aber er kann sich **schon** selber waschen.
It was **already** dark when we got home.	Als wir nach Hause kamen, war es **schon** dunkel.

In Fragesätzen wird „schon“ immer dann durch *yet* ausgedrückt, wenn unbekannt ist, ob ein erwartetes Ereignis schon eingetreten ist; verwendet man hier *already*, so bedeutet dies, dass man eine bejahende Antwort erwartet bzw. sich darüber wundert, dass das erwartete Ereignis schon eingetreten ist:

Has it arrived **yet**?	(Neutrale Frage:) Ist es **schon** angekommen?
What? Has it arrived **already**?	(Überraschung:) Was? Ist es **schon** angekommen?

4 *Übersetzen Sie.*

a) Ist das Taxi schon da? (*Neutrale Frage.*)
b) Was? Das Taxi ist schon da?
c) Sie hat es mir schon erzählt.
d) Ist sie schon gegangen?
e) Zahlen wir nicht schon genug Steuern?
f) Die Polizei hat schon einen Tatverdächtigen verhaftet.
g) Werden Sie schon bedient?
h) Sie ist schon lange tot.
i) Er ist erst 25 und hat schon seine Autobiographie geschrieben.
j) Das ist etwas, was ich schon lange tun wollte.
k) Kennen Sie ihn schon lange?
l) Ich wollte es ihr erzählen, aber sie wusste es schon.
m) Haben Sie meinen Mann schon kennen gelernt?
n) Wir sind schon ein seltsames Paar, nicht?
o) Dieses Auto hat mir schon viel Ärger bereitet.

p) Ich freue mich schon auf das Wochenende.
q) Die Offensive hat schon begonnen.
r) Wie lange unterrichten Sie schon an dieser Schule?
s) Sie konnte schon mit vier Jahren lesen und schreiben.
t) Musst du denn schon gehen?

pay taxes ['tæksɪz]	Steuern bezahlen
the police [pə'li:s] (*Ist Plural!*)	die Polizei
suspect ['sʌspekt]	(Tat-)Verdächtige(r)
arrest [ə'rest]	verhaften
attend [ə'tend] to someone	jemand bedienen
autobiography [ɔ:təbaɪ'ɒgrəfi]	Autobiographie
meet (– met – met) someone	jemand kennen lernen
an odd couple ['kʌpl] / pair [peə]	ein seltsames Paar
cause [kɔ:z] someone a lot of trouble ['trʌbl]	jemand viel Ärger bereiten
look forward ['fɔ:wəd] to something	sich auf etwas freuen
offensive [ə'fensɪv]	Offensive
teach [ti:tʃ] (– taught [tɔ:t] – taught)	unterrichten

„Sehr“ GrLGr S. 325 f.

Very ist in der Bedeutung „sehr“ auf den Gebrauch bei Adjektiven und Adverbien beschränkt:

She is **very** happy.	Sie ist **sehr** glücklich.
My teacher was **very** understanding.	Mein(e) Lehrer(in) war **sehr** verständnisvoll.
They are **very** interested in politics.	Sie interessieren sich **sehr** für Politik.
He speaks English **very** well.	Er spricht **sehr** gut Englisch.

Bei Verben steht nicht *very* allein, sondern *very much* oder *much*:

I love her **very much**.	Ich liebe sie **sehr**.
His style has been **much** criticized. His style has been criticized **(very) much**.	Sein Stil ist **sehr** kritisiert worden.

Bei Wörtern wie *annoyed, disturbed, impressed, inconvenienced, interested, offended, pleased, relieved, respected, upset* und *worried* findet sich sowohl *(very) much* als auch *very* allein, je nachdem ob diese als *-ed*-Partizipien (also Verben) oder als Adjektive empfunden werden:

She was **much** respected by her students. She was **very** respected by her students. She was **very much** respected by her students.	Sie wurde von ihren Studenten **sehr** geachtet.

5 ***Setzen Sie* very, much *oder* very much *ein.***

a) There might still be a chance but I doubt it __________.
b) The outcome of the election is still __________ in doubt.
c) It's __________ doubtful that the moon has any direct effect on the weather at all.
d) The speech didn't impress me __________.
e) We were __________ impressed by his speech.
f) It wasn't a __________ impressive speech.
g) His arrogant behaviour annoyed me __________.
h) He has some __________ annoying habits.
i) At times I am __________ annoyed by his behaviour.
j) When the doctor told us that it was not cancer, we were __________ relieved.
k) The project interested me __________, so I wrote to the company to find out more.
l) Politics never interested me __________ as a youngster.
m) I was __________ interested to read that curry could help protect the brain against Alzheimer's disease.
n) The article about the beneficial effects of curry is __________ interesting.
o) She was __________ upset by rumours that her father might be involved in the scandal.
p) It was __________ upsetting for her to realize that he simply wasn't up to the job.
q) Fifty years ago a woman would have been __________ offended by this kind of behaviour.
r) Her silence offended me __________.

doubt [daʊt] something	etwas bezweifeln
the outcome of the election [ɪ'lekʃn]	der Ausgang der Wahl
be in doubt [daʊt]	ungewiss sein
it's doubtful ['daʊtfl]	es ist zweifelhaft / unsicher
have a direct ['daɪrekt] effect [ɪ'fekt] on something	auf etwas direkt einwirken
speech [spi:tʃ]	Rede
impress [ɪm'pres]	beeindrucken
an impressive [ɪm'presɪv] speech	eine eindrucksvolle Rede
arrogant ['ærəgənt] behaviour [bɪ'heɪvjə]	arrogantes Verhalten / Benehmen
annoy [ə'nɔɪ] someone	jemand ärgern
annoying [ə'nɔɪɪŋ] habits ['hæbɪts]	ärgerliche / lästige (An-)Gewohnheiten
at times [ət 'taɪmz]	manchmal; zuweilen
be annoyed by / at something	sich über etwas ärgern
cancer ['kænsə]	(*Krankheit*) Krebs
be relieved [rɪ'li:vd]	erleichtert sein
project ['prɒdʒekt]	Projekt
interest ['ɪntrəst] someone	jemand interessieren
company ['kʌmpəni]	Gesellschaft; Firma
politics ['pɒlətɪks]	(die) Politik
as a youngster ['jʌŋstə]	als junger Mensch
be interested ['ɪntrəstɪd] (in)	interessiert sein (an); sich interessieren (für)
I was interested ['ɪntrəstɪd] to read	ich habe mit Interesse gelesen
curry ['kʌri]	Curry (= *Gewürz und Gericht*)
protect [prə'tekt] against	schützen gegen
brain [breɪn]	Gehirn
against Alzheimer's ['æltshaɪməz] (disease [dɪ'zi:z])	gegen Alzheimer / die Alzheimerkrankheit
the beneficial [benɪ'fɪʃl] effects [ɪ'fekts] of curry	die heilsamen Wirkungen des Currys
interesting ['ɪntrəstɪŋ]	interessant
be upset [ʌp'set] by rumours ['ru:məz]	über Gerüchte bestürzt sein; sich über Gerüchte aufregen / ärgern
be involved [ɪn'vɒlvd] in a scandal ['skændl]	in einen Skandal verwickelt sein
upsetting [ʌp'setɪŋ]	bestürzend; ärgerlich; schlimm
realize ['rɪəlaɪz]	erkennen; sich darüber klar werden
he wasn't up to the job [dʒɒb]	er war der Aufgabe nicht gewachsen
offend [ə'fend]	beleidigen; kränken
silence ['saɪləns]	Schweigen

„Sich“ GrLGr S. 77 ff., 83

Für die Wiedergabe von „sich“ bestehen im Wesentlichen die drei folgenden Möglichkeiten:

1. Rückbezüglich „sich selbst“: *-self / -selves*

They help **themselves**.	Sie helfen **sich (selbst)**.

2. Reziprok „sich gegenseitig“, „einander“: *each other / one another*

They help **each other / one another**.	Sie helfen **sich (gegenseitig)**.

3. Keine direkte Entsprechung:

She broke her arm.	Sie brach **sich** den Arm.
She looked around **her**.	Sie sah **sich** um.
She apologized.	Sie entschuldigte **sich**.

6 ***Übersetzen Sie.***

a) Sie liebt sich und niemand sonst.
b) Sie lieben sich.
c) Sie umarmten und küssten sich leidenschaftlich.
d) Hoffentlich hat er sich nicht umgebracht.
e) Sie versteckten sich in einem verlassenen Haus.
f) Sie sollte sich schämen.
g) Er schämte sich seiner Tränen nicht.
h) Man sollte sich selbst nicht zu ernst nehmen.
i) Er nahm die ganze Schuld auf sich.
j) Sie knallte die Tür hinter sich zu.
k) Sie hatte ihren Pass nicht bei sich.
l) Die beiden kennen sich von der Schule.
m) Sie haben sich seit Jahren nicht gesehen.
n) Es wäre ein Fehler, sich zu früh zu spezialisieren.
o) Viele Leute waschen sich die Haare zu oft.
p) Die meisten Leute denken nur an sich.

embrace [ɪm'breɪs]	sich umarmen
passionate(ly) ['pæʃənət(li)]	leidenschaftlich
hide [haɪd] (– hid – hidden)	(sich) verstecken
a deserted [dɪ'zɜːtɪd] house [haʊs]	ein verlassenes Haus
be ashamed [ə'ʃeɪmd] (of oneself)	sich schämen
tears [tɪəz]	Tränen
take something / someone seriously ['sɪəriəsli]	etwas / jemand ernst nehmen
take (– took – taken) the blame on oneself	die Schuld auf sich nehmen
slam the door [dɔː]	die Tür zuknallen / zuschlagen
passport ['pɑːspɔːt]	(Reise-)Pass
specialize ['speʃəlaɪz] (in something)	sich (auf etwas) spezialisieren

„Sicher" = *sure, certain, safe* oder *secure?*

177 *Übersetzen Sie.*

a) Die Operation bewahrte ihn vor dem sicheren Tod.
b) Sie scheint sich ihrer Sache ja ziemlich sicher zu sein.
c) Die Polizei scheint nichts Sicheres zu wissen.
d) Nach diesem Sieg ist ihnen wenigstens der zweite Platz sicher.
e) Nichts ist sicher außer dem Tod und Steuern.
f) Aktien sind nie eine sichere Anlage.
g) Die Leute fühlen sich im eigenen Heim nicht mehr sicher.
h) In Kanada würde er vor seinen Verfolgern sicher sein.
i) Ich halte mich für einen ziemlich sicheren Fahrer.

operation [ɒpə'reɪʃn]	Operation
save someone from something	jemand vor etwas bewahren
certain death ['sɜːtn 'deθ]	der sichere Tod
police [pə'liːs] (*Ist Plural!*)	Polizei
win [wɪn] / victory ['vɪktri]	Sieg
nothing except death and taxes	nichts außer dem Tod und Steuern
shares [ʃeəz]	Aktien
investment [ɪn'vestmənt]	(Geld-)Anlage; Investition
pursuer [pə'sjuːə]	Verfolger(in)
I consider [kən'sɪdə] myself a good driver	ich halte mich für einen guten Fahrer

„Sollen“ GrLGr S. 335 f., 360 ff., 362 ff., 366 f.

Entsprechungen für „sollen“:

shall	*What* ***shall*** *I do?*	Was **soll** ich tun / machen?
want me / us to	*What* ***do you want me to*** *do?*	Was **soll** ich tun / machen?
told sb to do sth	*She* ***told me to*** *wait.*	Sie sagte, ich **solle** warten.
Infinitiv	*I don't know what* ***to do****.*	Ich weiß nicht, was ich tun **soll**.
be meant to	*The drug* ***is meant to*** *calm her down.*	Das Mittel **soll** sie beruhigen.
be intended to	*≈ be meant to / be supposed to*	
be to	*The conference* ***is to*** *take place in Geneva.*	Die Konferenz **soll** in Genf stattfinden.
„biblisch“	*Thou* ***shalt*** */ You* ***shall*** *not steal.*	Du **sollst** nicht stehlen.
„angeblich“	*He* ***is supposed to*** *be very smart.*	Er **soll** sehr clever sein.
„Gerücht“	*She* ***is said to*** *be very rich.*	Sie **soll** sehr reich sein.
„Schicksal“	*I* ***was*** *never* ***to*** *see Tom again.*	Ich **sollte** Tom nie wiedersehen.

78 ***Übersetzen Sie.***

a) Welchen soll ich kaufen?
b) Soll ich es noch einmal versuchen?
c) Soll ich warten? (= Wollen Sie, dass ich warte?)
d) Sie sagte, wir sollten nächstes Mal unsere Gitarren mitbringen.
e) Ich weiß nicht, wie ich es machen soll.
f) Der Film soll zum Nachdenken anregen.
g) Was geschehen soll, wird geschehen.
h) Das Programm soll die Arbeitslosigkeit senken.

i) Wir sollen die fehlenden Wörter einsetzen.
j) Du sollst nicht ehebrechen.
k) Komödien sollen ja komisch sein.
l) Was soll denn das heißen?
m) Die Vorfahren der Indianer sollen aus Asien gekommen sein.
n) Das Wasser aus dieser Quelle soll Heilkräfte besitzen.
o) Es war ein Buch, das er nie vollenden sollte.
p) Diese Entdeckung sollte die Welt verändern.
q) Unser Glück sollte nicht von Dauer sein.

buy [baɪ] (– bought [bɔːt] – bought)	kaufen
try [traɪ]	(es) versuchen
wait [weɪt]	warten
guitar [gɪ'tɑː]	Gitarre
be thought-provoking ['θɔːt prəvəʊkɪŋ]	zum Nachdenken anregen
happen ['hæpn]	geschehen; passieren
programme ['prəʊgræm]	Programm
bring down unemployment	die Arbeitslosigkeit senken
put [pʊt] (– put – put) in the missing words	die fehlenden Wörter einsetzen
commit adultery [kəmɪt ə'dʌltəri]	ehebrechen
comedy ['kɒmədi]	Komödie
funny ['fʌni]	komisch; lustig; witzig
ancestors ['ænsestəz]	Vorfahren
native Americans [neɪtɪv ə'merɪkənz]	Indianer
Asia ['eɪʒə]	Asien
spring [sprɪŋ]	Quelle
healing powers ['hiːlɪŋ paʊəz]	Heilkräfte
finish ['fɪnɪʃ] a book [bʊk]	ein Buch vollenden
discovery [dɪ'skʌvəri]	Entdeckung
change [tʃeɪndʒ] the world [wɜːld]	die Welt verändern
happiness ['hæpinəs]	Glück
(to) last [lɑːst]	von Dauer sein

„Sympathisch"

Sympathetic [sɪmpə'θetɪk] ist nicht „sympathisch":

I have always found her a **sympathetic** listener.	Ich habe in ihr immer eine mitfühlende / verständnisvolle Zuhörerin gefunden.
She was very **sympathetic** when I told her about my problems.	Sie zeigte großes Mitgefühl, als ich ihr von meinen Problemen erzählte.

Das deutsche „sympathisch" wird dagegen etwa so ausgedrückt:

I like her very much.	Sie ist mir sehr sympathisch.
I don't like her at all.	Sie ist mir gar nicht sympathisch.
I dislike her.	Sie ist mir unsympathisch.
I took to her at once.	Sie war mir gleich sympathisch.
She's an extremely **likeable** person.	Sie ist ein äußerst sympathischer Mensch.
She has an **amiable** ['eɪmiəbl] manner.	Sie hat eine sympathische Art.
Peebles is a **pleasant** ['pleznt] little town south of Edinburgh.	Peebles ist eine sympathische kleine Stadt südlich von Edinburgh.
She's a highly **unpleasant** [ʌn'pleznt] woman.	Sie ist eine höchst unsympathische Frau.

79 *Übersetzen Sie.*

a) Er ist ein sympathischer Mann, aber nicht sehr fähig.
b) Er ist mir schlicht unsympathisch.
c) Er war mir gleich unsympathisch.
d) Das wäre mir die sympathischste Lösung.
e) Wir waren uns gleich sympathisch.
f) Er ist einer der sympathischsten Menschen, die mir je begegnet sind.
g) Was für ein unsympathisches Gesicht er doch hat!
h) Das Hotel hat eine sympathische Atmosphäre.

he's not very competent ['kɒmpɪtənt] / capable ['keɪpəbl]	er ist nicht sehr fähig
simply ['sɪmpli]	schlicht; einfach
solution [sə'lu:ʃn]	Lösung
she's the best teacher I've ever come across	sie ist die beste Lehrerin, die mir je begegnet ist
hotel [həʊ'tel]	Hotel
atmosphere ['ætməsfɪə]	Atmosphäre

„Werden"

Idiomatische englische Entsprechungen für „werden" sind u. a. *will, be going to, be, get, go, turn, become* und *come*. Verzweifeln Sie nicht, wenn Sie bei den folgenden Sätzen nur eine geringe Trefferquote erreichen. Studieren Sie den Lösungsschlüssel und machen Sie die Übung gegebenenfalls noch einmal, dann haben Sie viel Nützliches dazugelernt.

180 *Übersetzen Sie.*

a) Er wird wohl Ende des Jahres in Rente gehen.
b) Wir werden uns mit der Angelegenheit befassen und notwendige Schritte unternehmen.
c) Sie wird die Firma im Mai verlassen.
d) Ich glaube, mir wird schlecht.
e) Das Stück wird heute nicht sehr oft aufgeführt.
f) Der Bahnhof wird (gerade) gründlich modernisiert.
g) Er wird schnell müde.
h) Sie ist auf einem Auge blind und wird auch langsam taub.
i) Ich dachte, ich würde verrückt.
j) Wir wollen doch nicht, dass das Fleisch schlecht wird, oder?
k) Ihr Gesicht war aschfahl geworden.
l) Der Traum ist zu einem Albtraum geworden.
m) Es muss alles anders werden.
n) Sie will Pianistin werden.
o) Er ist gerade 60 geworden.
p) Sie wird am 10. Mai 60 Jahre alt.
q) Es wird höchste Zeit, dass etwas dagegen getan wird.
r) Mir wird kalt und es wird dunkel – lass uns nach Hause gehen.
s) Was ist aus unseren moralischen Grundsätzen geworden?

t) Aus ihm wird nie etwas werden.
u) Wer weiß, was daraus werden wird?

retire [rɪ'taɪə]	in Rente gehen
go (– went – gone [gɒn]) into a matter	sich mit einer Angelegenheit befassen
take (– took – taken) necessary ['nesəsəri] steps	notwendige Schritte unternehmen
leave (– left – left) the company ['kʌmpəni] / firm	die Firma verlassen
perform [pə'fɔːm] a play	ein (Theater-)Stück aufführen
thoroughly ['θʌrəli]	gründlich
modernize ['mɒdənaɪz]	modernisieren
get tired [get 'taɪəd]	müde werden
blind [blaɪnd] in one eye [aɪ]	auf einem Auge blind
deaf [def]	taub
crazy ['kreɪzi] / mad [mæd]	verrückt
ashen ['æʃn]	aschfahl; kreidebleich
nightmare ['naɪtmeə]	Albtraum
pianist ['piːənɪst]	Pianist(in)
do (– did – done [dʌn]) something about it	etwas dagegen tun
moral ['mɒrəl] principles ['prɪnsəplz]	moralische Grundsätze / Prinzipien
he will never amount [ə'maʊnt] to anything / to much	aus ihm wird nie etwas werden

„Wollen"

1 *Übersetzen Sie.*

a) Sie wollen eine bessere Zukunft.
b) Was wollen Sie von mir?
c) Sie will Ärztin werden.
d) Willst du wirklich nach Hause?
e) Willst du wirklich, dass ich nach Hause gehe?
f) Ich will lieber verlieren als durch Betrug gewinnen.
g) Ich will lieber zu Hause bleiben.
h) Sie wollten meinen Scheck nicht annehmen und verlangten Barzahlung.
i) Er will unbedingt alles selbst tun.
j) Er weiß mehr darüber, als er zugeben will.
k) Ich wollte dir nicht wehtun.
l) Was willst du damit sagen?
m) Was wollten Sie gerade sagen?

n) Ich wollte es ihr sagen, habe es dann aber doch nicht getan.
o) Ich wollte dich gerade anrufen.
p) Sie will einfach nicht nachgeben.
q) Ich habe ihr das immer wieder gesagt, aber sie wollte einfach nicht hören.
r) Wollen wir es noch einmal versuchen?

future ['fju:tʃə]	Zukunft
I would rather lose [lu:z]	ich würde / will lieber verlieren
win (– won [wʌn] – won) by cheating ['tʃi:tɪŋ]	durch Betrug gewinnen
I would prefer [prɪ'fɜ:] to stay	ich würde es vorziehen zu bleiben; ich will lieber bleiben
refuse [rɪ'fju:z] to do something	sich weigern etwas zu tun; etwas nicht tun wollen
accept [ək'sept] a cheque	einen Scheck annehmen
demand [dɪ'mɑ:nd] cash [kæʃ]	Barzahlung verlangen
insist [ɪn'sɪst] on doing something	darauf bestehen, etwas zu tun; etwas unbedingt tun wollen
(not) care [keə] to do something	etwas (nicht) tun wollen
admit [əd'mɪt] something	etwas zugeben
hurt (– hurt – hurt) someone	jemand wehtun
call [kɔ:l] someone	jemand anrufen
give in (– gave – given) [gɪv 'ɪn]	nachgeben

Gemischte Wortgebrauchsprobleme

182 ***Übersetzen Sie.***

a) auf seine Kosten
b) hausgemachte Marmelade / Probleme
c) humane Behandlung von Gefangenen
d) ein Auszug aus einem Roman von Martin Amis
e) eine rhetorische Frage
f) ein sensibler Mensch
g) eine seriöse Firma
h) ein seriöser Vorschlag
i) das neueste Modell
j) in die Politik gehen
k) die Ausländerpolitik der deutschen Regierung
l) einen Kranken besuchen
m) einen Gottesdienst besuchen
n) illegal über die Grenze gehen

o) nicht genug Platz für so viele Einwanderer
p) im Gegensatz dazu sagt Jack ...
q) das Für und Wider der Immigration
r) Argumente, die für die Einwanderung sprechen
s) wirtschaftlich starke Länder wie Deutschland
t) die Methode hat mehrere Vorteile
u) er ist der Meinung, dass ...
v) Einwanderer, besonders illegale, verrichten Arbeiten ...
w) fast die Hälfte von ihnen kamen ...
x) Textstellen, wo der Erzähler etwas erklärt

jam [dʒæm]	Marmelade; Konfitüre
treatment of prisoners ['prɪznəz]	Behandlung von Gefangenen
novel ['nɒvl]	Roman
proposal [prə'pəʊzl]	Vorschlag
(divine [dɪ'vaɪn]) service	Gottesdienst
cross the border	über die Grenze gehen
immigrant ['ɪmɪgrənt]	Einwanderer / Einwanderin
narrator [nə'reɪtə]	Erzähler(in)

Versuchen Sie sich die unregelmäßigen Verben in der nachstehend einigermaßen systematisierten Form einzuprägen.

Zur Bedeutung der drei ersten Spalten beachten Sie:

Erste Spalte:	Infinitiv / Grundform	z. B. *lie* = liegen
Zweite Spalte:	*past tense* / Präteritum / Vergangenheit	z. B. *lay* = lag
Dritte Spalte:	*-ed*-Partizip / Perfektpartizip	z. B. *lain* = gelegen

1. Verben, bei denen alle drei Formen gleich sind:

burst	*burst*	*burst*	platzen
cast [ɑː]	*cast* [ɑː]	*cast* [ɑː]	werfen
cost [ɒ]	*cost* [ɒ]	*cost* [ɒ]	kosten
cut	*cut*	*cut*	schneiden
dig	*dug*	*dug*	graben
hit	*hit*	*hit*	treffen, schlagen
hurt	*hurt*	*hurt*	verletzen
let	*let*	*let*	lassen
put [ʊ]	*put* [ʊ]	*put* [ʊ]	legen, stellen, „tun"
shut [ʌ]	*shut* [ʌ]	*shut* [ʌ]	schließen
split	*split*	*split*	(sich) spalten
spread [e]	*spread* [e]	*spread* [e]	(sich) ausbreiten
set	*set*	*set*	setzen, stellen
upset	*upset*	*upset*	umstoßen, aufregen

2. Verben, bei denen die zweite und dritte Form gleich sind:

bend	*bent*	*bent*	(sich) biegen
lend	*lent*	*lent*	(ver)leihen
send	*sent*	*sent*	schicken
spend	*spent*	*spent*	ausgeben, verbringen
lay	*laid* [eɪ]	*laid* [eɪ]	legen, (Tisch) decken
pay	*paid* [eɪ]	*paid* [eɪ]	(be)zahlen
say	*said* [e]	*said* [e]	sagen
bleed	*bled*	*bled*	bluten
breed	*bred*	*bred*	züchten
feed	*fed*	*fed*	füttern, sich ernähren

lead	*led*	*led*	führen
read [iː]	*read* [e]	*read* [e]	lesen
flee	*fled*	*fled*	fliehen
stand	*stood*	*stood*	stehen
understand	*understood*	*understood*	verstehen
sell	*sold* [əʊ]	*sold* [əʊ]	verkaufen
tell	*told*	*told*	erzählen, sagen
deal	*dealt* [e]	*dealt* [e]	handeln
feel	*felt*	*felt*	fühlen
leave	*left*	*left*	(ver-/zurück)lassen
creep	*crept*	*crept*	kriechen
keep	*kept*	*kept*	halten
sleep	*slept*	*slept*	schlafen
sweep	*swept*	*swept*	fegen
weep	*wept*	*wept*	weinen
meet	*met*	*met*	begegnen
mean	*meant* [e]	*meant* [e]	meinen
shoot	*shot*	*shot*	schießen
lose [uː]	*lost*	*lost*	verlieren
get	*got*	*got*	bekommen
cling	*clung*	*clung*	(sich) anklammern
fling	*flung*	*flung*	schleudern, werfen
sting	*stung*	*stung*	stechen
hang	*hung*	*hung*	(auf)hängen
swing	*swung*	*swung*	(sich) schwingen
win	*won* [ʌ]	*won* [ʌ]	gewinnen
dig	*dug*	*dug*	graben
stick	*stuck*	*stuck*	stecken, kleben
strike	*struck*	*struck*	treffen, schlagen
bind	*bound*	*bound*	binden
find	*found*	*found*	finden
grind	*ground*	*ground*	mahlen
unwind [aɪ]	*unwound* [aʊ]	*unwound* [aʊ]	sich entspannen
bring	*brought* [ɔː]	*brought* [ɔː]	bringen
buy	*bought* [ɔː]	*bought* [ɔː]	kaufen
seek	*sought* [ɔː]	*sought* [ɔː]	suchen

fight	*fought* [ɔː]	*fought* [ɔː]	kämpfen
think	*thought* [ɔː]	*thought* [ɔː]	denken
catch	*caught* [ɔː]	*caught* [ɔː]	fangen
teach	*taught* [ɔː]	*taught* [ɔː]	lehren, unterrichten
build	*built*	*built*	bauen
hear	*heard* [ɜː]	*heard* [ɜː]	hören
hold	*held*	*held*	halten
make	*made*	*made*	machen
sit	*sat*	*sat*	sitzen

3. Verben, bei denen die erste und dritte Form gleich sind:

come	*came*	*come*	kommen
become	*became*	*become*	werden
run	*ran*	*run*	rennen, laufen

4. Verben, bei denen alle drei Formen verschieden sind:

bear	*bore*	*borne / born*	(er)tragen, gebären
swear [eə]	*swore* [ɔː]	*sworn* [ɔː]	schwören, fluchen
tear [eə]	*tore* [ɔː]	*torn* [ɔː]	(zer)reißen
wear [eə]	*wore*	*worn*	(Kleidung) tragen
begin	*began*	*begun*	beginnen
drink	*drank*	*drunk*	trinken
ring	*rang*	*rung*	läuten, anrufen
shrink	*shrank*	*shrunk*	schrumpfen, einlaufen
sing	*sang*	*sung*	singen
sink	*sank*	*sunk*	sinken
spring	*sprang*	*sprung*	springen
swim	*swam*	*swum*	schwimmen
blow	*blew* [uː]	*blown* [əʊ]	blasen
draw	*drew* [uː]	*drawn* [ɔː]	ziehen, zeichnen
withdraw [ɔː]	*withdrew* [uː]	*withdrawn* [ɔː]	(sich) zurückziehen
grow	*grew* [uː]	*grown* [əʊ]	wachsen
know	*knew* [njuː]	*known* [əʊ]	wissen, kennen
throw [əʊ]	*threw* [uː]	*thrown* [əʊ]	werfen

show	*showed*	*shown* [əʊ]	zeigen
fly	*flew* [u:]	*flown* [əʊ]	fliegen
rise	*rose*	*risen* [ɪ]	(an)steigen, aufstehen
arise	*arose*	*arisen* [ɪ]	entstehen
choose	*chose*	*chosen*	(aus)wählen
freeze	*froze*	*frozen*	(ge)frieren
break	*broke*	*broken*	(zer)brechen
speak	*spoke*	*spoken*	sprechen
steal	*stole*	*stolen*	stehlen
drive	*drove* [əʊ]	*driven* [ɪ]	fahren, treiben
give	*gave*	*given*	geben
forgive	*forgave*	*forgiven*	vergeben
strive	*strove* [əʊ] *	*striven* [ɪ]	streben
bite	*bit*	*bitten*	beißen
write	*wrote*	*written*	schreiben
eat	*ate* [eɪt] / [et]	*eaten*	essen
beat	*beat*	*beaten*	schlagen
forbid	*forbade* [eɪ] / [æ]	*forbidden*	verbieten
hide	*hid*	*hidden*	verstecken
ride	*rode*	*ridden*	reiten
take	*took*	*taken*	nehmen
shake	*shook*	*shaken*	schütteln
wake	*woke*	*woken*	aufwachen, wecken
fall	*fell*	*fallen*	fallen
see	*saw* [ɔ:]	*seen*	sehen
lie	*lay*	*lain*	liegen
do	*did*	*done* [ʌ]	tun
go	*went*	*gone* [ɒ]	gehen, fahren
forget	*forgot*	*forgotten*	vergessen

33 ***Setzen Sie die passende Verbform ein.***

a) This solution has (cost) us virtually nothing.
b) I asked him and he (say) he (put) the money back in the bag after he counted it.
c) She (shut) her website down nearly a year ago.
d) I (lend) him the money even though I was pretty sure I wouldn't get it back.
e) My boss (read) the letter only this morning.
f) They (win) six games and (lose) seven last season.

g) A Moldavian proverb says that your life has been worth living if you (build) a house, (bring) up a son, planted a tree and (dig) a well.
h) The last man (hang) in Australia (go) to the gallows in Melbourne in February 1967.
i) As he looked around, something (catch) his eye. A large oil painting (hang) on the wall – a seascape on which the moon (cast) its silver rays.
j) The cuckoo is often (hear) but seldom (see).
k) Many animals are (think) to have been (catch) alive and smuggled out of the country for sale to private zoos and collectors.
l) In 1917, the average Russian woman had (bear) six children; by 1991, that number had (fall) to two.
m) William Shakespeare was (bear) in 1564 and died in 1616.
n) 85 per cent of all youths in prison (grow) up without a father.
o) I'm dead tired right now because I (go) to sleep at around two o'clock this morning and (wake) up at six.

solution [sə'lu:ʃn]]	Lösung
virtually ['vɜ:tʃuəli] nothing	buchstäblich nichts
count [kaʊnt]	zählen
shut down [ʃʌt 'daʊn]	schließen; zumachen; stilllegen
even though [i:vn 'ðəʊ]	obwohl
pretty sure [prɪti 'ʃɔ:]	ziemlich sicher
only this morning ['mɔ:nɪŋ]	erst heute Morgen
Moldavian [mɒl'deɪviən]	moldawisch
proverb ['prɒvɜ:b]	Sprichwort
has been worth [wɜ:θ] living	ist lebenswert gewesen
bring up a child [tʃaɪld]	ein Kind großziehen / aufziehen
dig a well	einen Brunnen graben
gallows ['gæləʊz]	Galgen
catch one's eye	einem in die Augen fallen
oil painting ['ɔɪl peɪntɪŋ]	Ölgemälde
seascape ['si:skeɪp]	Seestück
silver rays [sɪlvə 'reɪz]	silberne Strahlen; Silberstrahlen
cuckoo ['kʊku:]	Kuckuck
average ['ævrɪdʒ]	durchschnittlich; Durchschnitts-
youth [ju:θ] – youths [ju:ðz]	Jugendlicher – Jugendliche
prison ['prɪzn]	Gefängnis
grow up [grəʊ 'ʌp]	aufwachsen
dead tired [ded 'taɪəd]	todmüde
go to sleep [gəʊ tə 'sli:p]	einschlafen

4 *Übersetzen Sie.*

a) Sie hat ihm Rache geschworen.
b) Sie hatte das Kleid nur ein- oder zweimal getragen.
c) Er war aus einem bestimmten Grund gekommen.
d) Viele Frauen haben den Ärmelkanal durchschwommen.
e) Er ist fünfmal den London Marathon gelaufen.
f) Dies ist der beste Wein, den ich je getrunken habe.
g) Er wurde beim Joggen von einem herrenlosen Hund gebissen.
h) Sie hat mehrere historische Romane geschrieben.
i) Wer hat meine Schokolade gegessen?
j) Du hättest dir leicht den Hals brechen können.
k) Ich habe mich noch nie besser als jetzt gefühlt.
l) Die Firma ist Pleite gegangen.
m) Er hat an vielen Fronten gekämpft.
n) Die beiden Piloten wurden gefangen genommen.

swear revenge [sweə rɪ'venʒ] on someone	jemand Rache schwören
wear a dress [weər ə 'dres]	ein Kleid tragen
for a specific [spə'sɪfɪk] reason ['ri:zn]	aus einem bestimmten Grund
swim the English Channel ['tʃænl]	den Ärmelkanal durchschwimmen
run the London Marathon ['mærəθən]	den London Marathon laufen
a stray dog [streɪ 'dɒg]	ein herrenloser Hund
a historical [hɪ'stɒrɪkl] novel ['nɒvl]	ein historischer Roman
break [breɪk] one's neck	sich den Hals / das Genick brechen
company ['kʌmpəni] / firm [fɜ:m]	Firma
go bankrupt ['bæŋkrʌpt]	Pleite gehen
take someone prisoner ['prɪznə]	jemand gefangen nehmen

185 ***Schreiben Sie den folgenden Text ab und setzen Sie dabei Kommas und Anführungszeichen ein.***

Beachten Sie:
1. Anführungszeichen stets oben.
2. Das Komma steht – anders als im Deutschen – **vor** den schließenden Anführungszeichen.
3. Schließlich: im Zweifel kein Komma (*when in doubt, leave it out*)!

Give it to me straight doctor asked the patient am I going to make it?
I think you'll pull through said the doctor but let's face it your condition is extremely critical.
Please doctor begged the patient do everything you can for me. And if I get well I'll donate fifty thousand dollars to the fund for your new hospital.
Months later the doctor met his former patient on the street.
How are you? he asked.
I'm feeling great the man replied cheerfully.
I've been meaning to speak to you continued the doctor about the money for the new hospital.
What are you talking about? asked the man frowning.
You said that if you got well the doctor reminded him you would contribute fifty thousand dollars.
I said that? the former patient exclaimed. Now you can see how ill I was!

give it to me straight [streɪt]	sagen Sie es mir geradeheraus
am I going to make it?	werde ich es schaffen?
pull through [pʊl 'θru:]	durchkommen
let's face [feɪs] it	machen wir uns nichts vor!
your condition is extremely [ɪk'stri:mli] critical ['krɪtɪkl]	Ihr Zustand ist äußerst kritisch
beg [beg]	inständig bitten; betteln
donate [dəʊ'neɪt]	spenden
fund [fʌnd]	Fonds
his former ['fɔ:mə] patient ['peɪʃnt]	sein früherer Patient
cheerful(ly) ['tʃɪəfəl(i)]	vergnügt; gut gelaunt
I've been meaning ['mi:nɪŋ] to speak to you	ich wollte immer schon mal mit Ihnen sprechen
continue [kən'tɪnju:]	fortfahren
frown [fraʊn]	die Stirn runzeln
get well (– got – got) [get 'wel]	wieder gesund werden
remind [rɪ'maɪnd] someone	jemand erinnern
contribute [kən'trɪbju:t]	beisteuern; spenden
exclaim [ɪk'skleɪm]	ausrufen

5 ***Schreiben Sie den folgenden Text ab und setzen Sie dabei Kommas und Anführungszeichen ein.***

Knowing that it was unethical but feeling that it was a case in which the end justified the means the defence lawyer bribed a stubborn-looking stolid unsophisticated juror to hold out for life imprisonment. It seemed that this was the only way to save his client from the death penalty.
The jury finally went out and was out for many hours. At last late on the second day the jury filed in and brought in a verdict of guilty with a recommendation that the prisoner be sentenced to life imprisonment.
As the lawyer was paying his man he asked You had a difficult time of it didn't you? I'm sure glad you succeeded in swinging the jury your way.
Yes was the answer. It was pretty tough. They were all for acquittal at first but I finally convinced them.

unethical [ʌn'eθɪkl]	unmoralisch; gegen die Standesehre verstoßend
case [keɪs]	Fall
the end justifies ['dʒʌstɪfaɪz] the means [mi:nz]	der Zweck heiligt die Mittel
defence lawyer [dɪ'fens lɔ:jə]	Verteidiger(in)
bribe [braɪb]	bestechen
stubborn-looking ['stʌbən lʊkɪŋ]	stur wirkend
stolid ['stɒlɪd]	stumpf; unerschütterlich
unsophisticated [ʌnsə'fɪstɪkeɪtɪd]	einfach; von schlichter Denk(ungs)art
juror ['dʒʊərə]	Geschworene(r)
hold (– held – held) out for something	auf etwas (unnachgiebig) bestehen
life imprisonment [ɪm'prɪznmənt]	lebenslängliche Haft
save someone from something	jemand vor etwas bewahren
death penalty ['deθ penlti]	Todesstrafe
the jury ['dʒʊəri]	die Geschworenen; die Jury
file in [faɪl 'ɪn]	(im Gänsemarsch) hereinkommen
bring (– brought [brɔ:t] – brought) in a verdict ['vɜ:dɪkt]	ein Urteil fällen
recommendation [rekəmen'deɪʃn]	Empfehlung
sentence ['sentəns] someone to something	jemand zu etwas verurteilen
lawyer ['lɔ:jə]	(Rechts-)Anwalt / Anwältin
he succeeded [sək'si:dɪd] in doing it	es gelang ihm, es zu tun
swing (– swung – swung) the jury your way	die Jury in Ihrem Sinn umstimmen
it was pretty tough [tʌf]	es war ziemlich schwierig
acquittal [ə'kwɪtl]	Freispruch
I finally convinced [kən'vɪnst] them	ich habe sie schließlich überzeugt

1

a) Although women outnumber men in the population as a whole, in the prison population men outnumber women by about 24 to 1.
b) My feet were aching, and I could feel a blister developing on my right heel.
c) I have my teeth checked twice a year.
d) It's not nice having mice in the pantry.
e) To help prevent lice, do not share personal items such as combs, brushes, hats, scarves, and towels.
f) There's a free petting zoo that features goats, sheep, calves, donkeys, ducks, geese, and rabbits.
g) The king had four wives and 24 children.
h) The leaves on the trees have started to turn brown.
i) Loaves of freshly baked bread were cooling on shelves by the window.
j) These aircraft are capable of carrying up to 350 passengers.

2

a) The United States accepts more immigrants than all the other countries of the world combined.
b) The police are allowed to stop and search suspects in the street.
c) The contents of the book are as rich and attractive as are the binding and typography.
d) The news we are getting is not encouraging.
e) I believe it is these traditions that make our country great.
f) The American people want a government that gets things done. (→ S. 206 f.)
g) The American people are not being shown the horrific devastation that the bombing is causing to civilians. (→ S. 206 f.)
h) We are a people that love(s) to laugh and to celebrate. (→ S. 206 f.)
i) All their furniture is made from rare materials such as rosewood, mahogany and walnut.
j) The acoustics of the new concert hall are far from perfect.
k) Fifty dollars is too much for a room in this dump of a hotel.
l) Ten miles is a long way if you're travelling under your own steam.
m) A large number of people have been involved in the creation of this website.
n) The number of people involved in the project is staggering.
o) Are / Is England going to win the World Cup?
p) Is Britain going to join the euro?

3

a) We have two dozen eggs in the fridge at the moment.
b) Dozens of people are feared dead after a river of molten rock poured from the volcano.
c) What is the best time to hunt wild boar (*Jagdwild!*)?
d) Both Asian and African elephants are highly intelligent and peaceful animals whose continued existence is threatened.
e) We caught three trout that averaged about five pounds each.
f) When the potatoes are tender, heat the cream and add two spoonfuls of parsley.
g) Our son is ten years old.
h) We have a ten-year-old son. (GrLGr S. 127)
i) One of the most interesting exhibits was a fifty-inch model of the Mayflower.
j) At six foot four inches, Abraham Lincoln was the tallest US president.
k) She weighs two hundred and thirty pounds.
l) The club can't afford to spend a few million euros on new players just like that.
m) The club has spent millions of euros on new players.

4

a) The industrial revolution of the 18th and 19th centuries saw a massive change in the way people lived and how this affected their health.
b) You can find a lot of information on the internet.
c) The defendant was represented by two counsel.
d) The robbers locked the cashier in the toilet and made off with the contents of the safe.
e) The worm can cause all manner of problems in your computer.
f) We all looked at each other and shook our heads in disbelief.
g) As many as ten thousand people lost their lives in the fighting.
h) The flu is being blamed for the death / deaths of two more people in Colorado.
i) People are feeling down in the mouth and glum about the future, that's why they're not spending their dollars.
j) Babies go on putting things in their mouth / mouths well into their second year.

5

a) His advice was not followed / was not acted (up)on.

b) The contents of the cases / boxes were not damaged.
c) The furniture is being delivered / will be delivered / is going to be delivered tomorrow.
d) Your glasses are on the table in the living room.
e) The goods have just arrived.
f) That's important information.
g) His knowledge of French is limited.
h) Considerable progress has been made.
i) The stairs are too steep for the dog.
j) These trousers / pants were pretty / quite / rather expensive.

6

a) Most people believe that there is nothing we can do to reverse ageing.
b) Most people believe that there is nothing we can do to reverse the ageing process.
c) Women are equal to men in theory but not in practice.
d) People don't want to hear about sin or death any more. (→ S. 206 f.)
e) (The) Jews have made great contributions to 20th century American music.
f) In Los Angeles, the automobile dominates life.
g) The Bill of Rights, passed by parliament in 1689, reduced royal power.
h) Her office is near Wall Street.
i) The shops in the High Street are more expensive than those in the back streets.
j) Lincoln Elementary School is located on Main Street, next to the town square.
k) Nelson's statue overlooks Trafalgar Square.
l) We strolled along the south bank of the Thames, across Tower Bridge (*Londoner sagen auch:* the Tower Bridge, the Westminster Bridge *etc.*), and up to Liverpool Street Station to catch our train home.
m) Have you ever walked across the Brooklyn Bridge (*im AE Brückennamen in der Regel mit* the) at sunset?
n) St Paul's Cathedral was built by Christopher Wren after the Great Fire of London. During the building of the cathedral, Wren visited the site at least once a week to check on (the) progress.
o) He believes in progress and the ability of humankind to eradicate evil.
p) At the age of 17, she left school to become a nurse.
q) We discovered that the burglars had left the school by a door on the east side of the building.

7

a) I like classical music.
b) I like the music of the great classical composers.
c) We all fear death.
d) We all fear the death of a loved one.
e) Mark Twain wrote about life on the Mississippi.
f) *Porgy and Bess* is about the life of the people of Catfish Row in Charleston, South Carolina. (→ S. 206 f.)
g) When President Lyndon Johnson declared war on poverty in 1964, little was known about the nature and extent of poverty in the United States.
h) Gandhi led his country to independence from British rule.
i) The Constitution protects the independence of the judiciary.
j) We are doing our best to promote international peace and security.
k) The United Nations was established to promote the peace of the world and the well-being of humankind.
l) The book vividly describes the life of poor people in medieval England.
m) The book vividly describes family life in the England of the Middle Ages.
n) A conflict developed between King Charles I and Parliament.
o) A conflict developed between the authoritarian king Charles I and Parliament.

8

a) Luck was not on our side.
b) He always travels first class.
c) The Millers are rolling in money.
d) May was particularly wet this year.
e) She doesn't want to go to university.
f) People like him pose a threat / are a threat to society.
g) Most people think flying is more dangerous than driving / than going / travelling by car. (→ S. 206 f.)
h) Most of the people in the refugee camps have lost hope. (→ S. 206 f.)
i) The big shops / stores on Fifth Avenue remain / stay open all evening.
j) If there was / were no death, life would be unbearable.
k) An example of this usage is to be found in line 24.
l) Unemployment has risen again and now amounts to / stands at 4 million.

m) Turkey has been a member of NATO for over 50 years.

9

a) If you wish to succeed in society, you must learn how to speak proper English.
b) The earth is my country and mankind is my race.
c) We've got to realize that times have changed radically since we were kids.
d) Most Americans agree with the president that tax cuts are good for the economy.
e) What surprised me (the) most was that nobody complained.
f) Although the children grew tremendously over the course of this project, it was their teachers who learned the most.
g) If human beings were to disappear, the world would go on little changed and would heal itself from the damage inflicted by humankind.
h) Have you ever noticed that people say the strangest things when they're under stress? (→ S. 206 f.)
i) Most people simply turn on the television out of habit or boredom and watch whatever catches their eye. (→ S. 206 f.)
j) With the exception of breakfast, we shared all of our meals together.
k) Blowing your nose in public is considered vulgar in some societies.
l) She can read authentic English texts fairly easily with the help of a dictionary.

10

a) Dutch is a very picturesque language.
b) The poet creates pictures in the mind through the use of picturesque language such as similes and metaphors.
c) What colour would you like your hair to be?
d) What an interesting colour you have there.
e) What heartening news this is for people suffering from this terrible disease.
f) What wonderful weather for this time of year.
g) What a strange way of declaring one's love.
h) What utter nonsense you're talking!

11

a) His eldest / oldest daughter is an architect.
b) Mr Curtis is head of the Department of Social Services.
c) My husband was Lord Mayor only two years ago and he's still a magistrate.
d) As a child I never worried about the future.
e) As president, I would write my own speeches and keep them short.
f) The country needs well-trained police.
g) She woke up with a headache.
h) Why are you in such a hurry?
i) When we bought the house, it was in (a) pretty bad shape.
j) The fish in the pond were obviously in a panic.
k) We've been working for hours without a break.
l) Cleaning out the pigsty is rather unpleasant work.
m) Cleaning out the pigsty is a rather unpleasant job.

12

a) We have about 100 visitors a day.
b) My lawyer / solicitor / attorney has given me a good piece of advice / a piece of good advice / some good advice.
c) The letter contained an interesting piece of information / contained (some) interesting information.
d) The book makes (for) depressing reading.
e) You might / could read a book for a change.
f) This solves only / This only solves part of the problem.
g) What luck that it was (a) Sunday and she didn't have to go to school.
h) He's a member of the local tennis club.
i) He's president of the local tennis club.
j) I know that as a Christian you're / one is supposed to love your / one's enemies, but ...
k) As prime minister you / one can't afford to love your / one's enemies.

13

a) London is much older than New York.
b) Dublin is less impressive than London.
c) For a child the father is just as important as the mother.
d) London is not / isn't nearly as / is nowhere near as warm as Milan / isn't anywhere near as warm as Milan.
e) The more people there are (here / there), the lonelier / the more lonely I feel.
f) This is the nicest / prettiest house I have ever lived / stayed in.
g) The US president / American president is one of the most powerful men in the world.

14

a) England is larger than Wales.
b) Nothing is more interesting than juicy stories about celebrities.
c) She was more successful than her predecessors.

d) The water was warmer than I had expected.
e) Forgetting is easier than remembering.
f) Negotiating peace is more difficult than waging war.
g) Many people are mentally stronger than they think.
h) Writing a poem is more difficult than composing a business letter.
i) It's actually much simpler than it looks.
j) Two heads are better than one.
k) Some statistics are worse than meaningless.
l) I find riding a bicycle more enjoyable than driving a car.
m) The average woman still earns much less than the average man.
n) There's nothing more boring than watching the commercials on TV.
o) He wanted more than I was prepared to give.

15

a) Buying this car was one of the biggest mistakes I ever made.
b) Actually, it's one of the safest and most economical cars on the road today.
c) Arabella is one of the nicest girls I ever met.
d) She's one of the most sensitive people I know.
e) The car is not always the most sensible mode of transport.
f) Franklin D. Roosevelt was one of the greatest US presidents and had the longest term of office.
g) Olivier was one of the most accomplished actors of his generation.
h) T. S. Eliot's "The Waste Land" was one of the most influential poems of the 20th century.
i) India is the world's largest democracy with 620 million voters.
j) Mr Irving is one of the party's staunchest supporters.
k) Drunk driving is one of the most dangerous crimes we have in this country.
l) This is the most up-to-date dictionary currently available.
m) English is the easiest language to speak badly, but the most difficult to use well.
n) The statistics come from the most reliable sources I can find.
o) She's one of the friendliest and solidest / most friendly and most solid people I know.
p) Parenting is the most important job in our society and the one that has been neglected most.
q) Keeping it alone in a cage is one of the cruellest / most cruel things you can do to an animal.
r) Brian was the tallest and handsomest / most handsome of the group.

16

a) You are just as bad as the others.
b) It isn't as / It's not as / It's not so easy as you may think / as you perhaps think.
c) The station is farther / further (away) from here than the airport.
d) He admired his mother more than (he did) his father.
e) Colin is my father's elder / older brother.
f) She's ten years older than her husband.
g) She already earns more than / makes more money than her father (does).
h) The quieter / The more quiet the hotel is, the better.
i) He was more dead than alive when he arrived here.
j) People are becoming more and more demanding.
k) The patient was getting / growing / becoming more and more restless.
l) Charles is her eldest / oldest brother.
m) What / Which is the shortest route to Aberdeen?
n) You can pay the bill / *AE auch* check. You've got / You have the most money.
o) The Empire State Building was once the tallest skyscraper in the world.
p) She is one of the most intelligent people I have ever met.
q) The latest news isn't / is not very encouraging.
r) If worst comes to worst, we can always buy a new one.

17

a) They reacted surprisingly quickly.
b) They reacted with surprising speed.
c) Quick approval of the plan is doubtful.
d) The plan was quickly approved.
e) Don't you think she looks wonderful?
f) Don't you think she's wonderfully clever?
g) Isn't it amazing how clever she is?
h) Isn't she an amazingly clever girl?
i) The product has been marketed extremely cleverly.
j) The marketing of the product has been extremely clever.
k) I've got a frightful workload.
l) I've got a frightfully heavy workload.
m) They apparently live in a racially mixed area.
n) It was becoming increasingly apparent that there was a lot of racial tension in the area.

o) Freshly brewed, this coffee tastes delicious.
p) Their fresh fruit cocktail tastes deliciously exotic.
q) We eagerly gathered around the buffet and cautiously tasted the strange foods.

18

a) Brian Boru won a decisive victory over the Vikings.
b) Brian Boru decisively defeated the Vikings at the battle of Clontarf.
c) A computer with a modem and a printer makes a perfectly adequate fax machine.
d) I can take care of myself perfectly adequately.
e) The cathedral is a bit of a dog's breakfast architecturally.
f) The cathedral is an architectural masterpiece possibly dating back to the 13th century.
g) The man is utterly boring.
h) The man is an utter bore.
i) The new dictionary is a superb source of quick and reliable reference.
j) The new dictionary is not only uniquely comprehensive but also superbly illustrated.
k) The illustrations are indeed superb.
l) The next best thing to knowing something is to know where it can be quickly and reliably found out.

19

a) Firearms should be more strictly controlled.
b) What they want is a home where they can feel safe and live reasonably safely.
c) It sounded like a sergeant's order – extremely short and precise.
d) The method has the enormous advantage that costs are kept as low as possible.
e) It seems ironic(al) that complaining about lack of money has become an everyday part of our life.
f) Things do go wrong with computers, but the most common problems can be repaired fairly easily.
g) The American south of 1900 was predominantly rural, experiencing industrial development and urbanization comparatively late.
h) Few Americans seem happy with current US immigration policy. Pro-immigration groups call it inhumane and economically bad for Americans, particularly in the current tight US labour market. Anti-immigration groups see it as ineffective: the number of US Border Patrol agents guarding the US-Mexican border has doubled since 1993, yet more illegal immigrants are entering the US from Mexico. Clearly, immigration reform of some type will come; it's just a question of when.
i) Supplies of natural gas are currently tight, which has led to higher prices.
j) Recently the US has caught 1,000 Chinese entering the US illegally.

20

a) She threw back her head and laughed loud / (*seltener:*) loudly and long.
b) Could you speak a little louder / a little more loudly, please.
c) The woman loudly demanded to see the manager.
d) The passengers quickly realized that something was terribly wrong.
e) People died because firefighters didn't get there quick(ly) enough.
f) Her eyes opened wide(ly) and she let out a terrible screech.
g) The University of Michigan is widely regarded as one of the world's finest research institutions.
h) I have precious / (*selten:* preciously) little time to spend with my family these days.
i) There are precious few people who would give their time so freely.
j) Why pay when you can get it free?
k) The software is freely available.
l) I had clean forgotten that it was my mother's birthday.
m) Her hands were smooth, her nails cleanly cut.
n) She had long, delicate fingers with neat, clean(ly) cut nails.
o) She could not help noticing his delicately shaped fingers with their neatly cut nails.
p) In the quiet street played half a dozen clean-faced, sturdy-legged, cleanly dressed children, who smiled shyly and after a while said "Hello" in a hesitant but eager voice.
q) Though he acted foolishly (= *obwohl er sich dumm benommen hatte*) and suffered tremendously, he has no regrets.
r) These foolish acts caused tremendous suffering.
s) A clown is supposed to amuse people by acting foolish (= *indem er den Narren spielt*).

21

a) The child was poorly dressed but looked clean and healthy.
b) Beryl was poorly (= *fühlte sich schlecht*) this morning and I had to run her to the doctor's.

c) Gerald, for once I'm not joking – I'm dead(ly) (= completely) serious. I need your help.
d) The plot is both complicated and dead(ly) boring (= *sterbenslangweilig*).
e) The device is dead easy (= *kinderleicht*) to use once you get the knack.
f) The night was bitter(ly) cold, frosty and snowy. Neither of the men was dressed for the bitter cold, and they had no bed but the cold ground.
g) Liverpool players complained bitterly that the goal should not have been allowed to stand.
h) Environmentalists, not surprisingly, expressed bitter disappointment at the court's decision.
i) It is a shocking fact that nearly one quarter of those sleeping rough (= *die im Freien übernachten*) in Britain are former members of our armed forces.
j) Shockingly (= *schockierenderweise*), researchers found that nearly one quarter of those sleeping rough in Britain were former (*Adjektiv!*) / formerly (*Adverb!*) members of our armed forces.
k) They slept solidly / (*umgangssprachlicher:*) solid for roughly ten hours, gradually waking up around noon.
l) As we slowly drove down the winding narrow road, a strong smell of burning came from the brakes.
m) My mother was driving really slowly and cautiously / (*umgangssprachlich heute auch:*) real slow and cautious so it took forever to get home.
n) She's still on morphine, but doctors describe her recovery as "slow but sure".
o) Slowly but surely / Slow but sure progress is being made.
p) She's been sleeping late lately (= *in letzter Zeit schläft sie lange*) and that's done her a lot of good.

22

a) The book quickly sold 300,000 copies.
b) They probably thought that I was dead.
c) They rapidly forgot what they had learned.
d) He confidently expects to win the case.
e) I suddenly realized how serious the situation was.
f) She carefully selected furniture for her one-bedroom apartment.
g) You obviously think that I don't know what I'm talking about.
h) She hardly ever buys expensive clothes.
i) Their father usually reads them a story before they go to sleep.
j) Our dog always barks loudly when he sees a stranger.

23

a) I always say what I think.
b) They actually wanted to sack me. / They wanted to sack me, actually.
c) She usually takes a stroll in the evening. / Usually she takes ...
d) I really didn't know what to think. / Really, I didn't know ... / I didn't know what to think, really.
e) The commission eventually accepted my proposal. / Eventually the commission accepted ... / The commission accepted my proposal eventually.
f) I eagerly grasped this opportunity of earning my living.
g) I honestly didn't realize how difficult it would be. / Honestly, I didn't realize ... / I didn't realize how difficult it would be, honestly.
h) The union originally demanded a 6 per cent wage increase. / Originally, the union demanded ... / The union demanded a 6 per cent wage increase originally.
i) The committee normally meets once every month. / Normally, the committee meets ... / The committee meets once every month, normally.
j) Make sure you wash your hands frequently. / ... you frequently wash your hands.
k) David could easily have killed Saul. / David could have killed Saul easily.

24

a) Sandburg also wrote poems for children. / Sandburg wrote poems also for children. Sandburg wrote poems for children too.
b) In London we often go to the theatre.
c) She sometimes brings her dog (with her).
d) You always treat me like a child.
e) I somehow don't like him. / Somehow I don't like him. / I don't like him somehow.
f) He still admires the former prime minister.
g) She just / only wants to live a quiet life.
h) I never thought it would happen to me.
i) You could easily have broken your leg. / You could have easily broken your leg.
j) He didn't even have a bed but usually slept on an old mattress on the floor.
k) She got / came home late last night.

25

a) She kicked him hard on the shins and punched his nose.
b) She punched him on the nose.
c) My daughter has had her hair dyed red and her nose pierced.
d) The wasp stung him on the / his foot.
e) The wasp stung his foot.
f) For a child, a sting in the throat is extremely dangerous.
g) I sat down in the chair and the dentist looked in my mouth.
h) Many people bow their heads and close their eyes when they pray.
i) The woman had died from a blow to the / (*seltener:*) her head.
j) You shouldn't look a gift horse in the mouth.
k) The fat one with the ring in his / her / the ear twisted his / her face into a sneer.

26

a) She shook her head.
b) The professor scratched / was scratching his head.
c) She kissed me on the cheek.
d) Tears ran / were running down her cheeks.
e) One of the women had a baby on her lap.
f) He carried / was carrying her on his shoulder.
g) His father patted him on the back.
h) She had a small wound on her arm.
i) He grabbed her arm / grabbed her by the arm.
j) The soldier was wounded in the leg.

27

a) The girl said she had lost her mother.
b) My whole body felt as if it was on fire.
c) Homeopathy helps the body to help itself.
d) As the heart performs its daily functions, it requires oxygen as nourishment.
e) The devil takes only what we give to him / it.
f) The way to a man's heart is through his ego.
g) When you look at my car, you would think it / she was almost new.
h) Grabbing my arm, Jessica gasped that she had seen the ghost herself, with her own eyes.
i) A fool thinks nothing is right but what he does himself.

28

a) The lion defends his / its territory; he / it makes his / its presence known by his / its roar.
b) A lion will go right into an inhabited area if necessary; it doesn't worry him / it at all if he / it thinks he / it can get food that way.
c) A rat will only eat a little bit of a new food supply and if it makes him / it sick and he / it doesn't die, he / it won't eat any more of the bait.
d) A dog will spend his / its life trying to please his / its owner.
e) A dog will live from 10 to 20 years, depending on its / his breed, size and general health.
f) Even a hare will bite when it / he is cornered.
g) A protective cow with a newborn calf will fight rather than leave her / its calf to you.
h) A newborn calf will be walking and feeding itself / himself within a few days.
i) After some days we discovered why the bird couldn't stand on its / his legs.
j) As soon as I saw the elephant I knew with perfect certainty that I ought not to shoot him / it. (*George Orwell*)

29

a) Even if a person has lost all brain function, their heart will continue to beat.
b) If a customer forgets their password they can have it e-mailed to them by simply entering their e-mail address.
c) He looked fondly at his child. The baby seemed to be smiling in his / her / its sleep.
d) A baby is born with its / their brain not yet fully developed.
e) My car is on its last legs. It's literally falling apart.
f) Nobody likes to admit that they are selfish, yet most people are.
g) Everybody thinks of changing others and nobody thinks of changing themselves.
h) The house is so large that everyone has their own room.
i) Each person is born with the natural view of themselves as the centre of the universe.
j) The question one has to ask oneself is how one can use one's intellect in a positive and constructive way.

30

Once upon a time there was an old goat who had seven little kids, and she loved them as any mother loves her children. One day she wanted to go into the forest and fetch some food. So she called all seven of them to her and said, "Dear children, I have to go into the forest, be on your guard against the wolf. If he comes in, he will devour you all – skin, hair and all. The villain often disguises himself, but you will know him at once by his rough voice and black feet." The kids said, "Dear mother, we will take good care of ourselves. Just go and don't worry about us here." The old one bleated, and went on her way with an easy mind.

31

a) Who was the best player?
b) Who(m) do you consider the best player?
c) Who do you think will win?
d) Who visited you and who(m) did you visit?
e) I don't know who(m) he visited.
f) Who works with whom?
g) Who works for whom?
h) Who works for you and who do you work for / (*förmlich:*) for whom do you work?
i) Who gave you money and who did you give money to / (*förmlich:*) to whom did you give money?
j) Who is this letter from? / (*Förmlich, situativ unwahrscheinlich:*) From whom is this letter?
k) I don't know who the letter is from. / (*Förmlich, situativ unwahrscheinlich:*) I don't know from whom the letter is.
l) Who is the parcel addressed to? / (*Förmlich:*) To whom is the parcel addressed?
m) Who do these cows belong to? / (*Förmlich:*) To whom do these cows belong? / (*Auch:*) Whose are these cows?
n) I have no idea who they belong to / (*förmlich:*) to whom they belong / whose they are.
o) Who is the product made / manufactured by? / (*Förmlich:*) By whom is the product made / manufactured?
p) Who makes / manufactures a similar product?
q) Who did you say you are?
r) Who are you talking about?
s) Who is the book about?
t) Who falls / is falling in love with whom?
u) Who does the heroine fall in love with? / (*Förmlich:*) With whom does the heroine fall in love?

32

(Beachten Sie: In den Fällen, wo sowohl *what* als auch *which* grundsätzlich möglich erscheint, fragt *what* allgemein, während *which* aus einer subjektiv als begrenzt angesehenen Zahl von Möglichkeiten auswählt.)

a) What size shoes do you wear?
b) What time does your class start?
c) What / Which time zone are you in?
d) Which is the better candidate?
e) What / Which plays by Shakespeare should I read and in what / which order?
f) What books are you reading at the moment?
g) "Which / What book has most influenced your political thinking?" – "George Orwell's *1984*."
h) What ruler would give up power voluntarily?
i) What course of action should a government take to prevent terrorist attacks?
j) (*Impliziert zwei mögliche "courses of action".*) Which course of action seems wiser?

33

a) Which / What is better, satellite or cable?
b) Which is the safest place for children to ride in a car?
c) What is the safest way to hold a baby?
d) Which is a better place to live, America or Britain?
e) What / Which is the best country to go shopping for clothes?
f) What type of government did ancient Greece have?
g) Which type of government would you prefer – democracy or benevolent dictatorship?
h) What / Which celebrity do you like best, and why?
i) Which leader do you admire more – Winston Churchill or Nelson Mandela?
j) The object of the game is to figure out which is the woman and which is the man.
k) What nationality are you?
l) Which nationality was predominant among the settlers of the thirteen colonies – Dutch, English, or German?

34

a) Which of you is Kathryn?
b) What / Which English writer was born in India?
c) Which Smith are you talking about?
d) Which glass did you drink from / out of?
e) What topics / subjects did you talk about / discuss?
f) What are you afraid of?
g) What do these people live on?
h) What can I help you with?
i) What did Frederick the Great die of?
j) What are you going to specialize in?
k) What is he complaining about / of?
l) What are we fighting for?
m) What can it be used for? / What can one / you use it for?
n) What can it be replaced with?

35

a) Did / Have you hurt yourself?
b) Did you apologize? / Have you apologized?
c) You can depend / rely on me.
d) Don't worry.
e) She turned (a)round.
f) She looked (a)round / about her.
g) These people cannot defend themselves.
h) He can hardly move.
i) She wants to divorce him.
j) I complained to the manager.
k) I introduced myself to her family.
l) You have changed a lot.

36

a) You should always have your passport on you.
b) If we win the lottery, we'll get (ourselves) a new car.
c) We were slowly approaching the summit.
d) He distinguished himself in the Crimean War.
e) They made themselves comfortable.
f) I was unable to concentrate.
g) I had to shout to make myself understood.
h) We'll have to content ourselves with a copy.
i) She made herself useful by cooking for us.
j) The museum prides itself on its excellent porcelain collection.
k) It took me over a week to acclimatize to / (*seltener:*) acclimatize myself to the hot and humid weather.
l) One must have the ability to adapt to / (*seltener:*) adapt oneself to new conditions.
m) Any sunny day in winter you might find a snake sunning itself / himself on a rock or a log in order to warm (itself / himself) up.

37

a) They met (each other) on the internet.
b) I'm sure we will see each other again one day.
c) Erasmus believed one needed to live a religious life in the middle of "temptation" rather than lock oneself away as if it didn't exist.
d) Between 1877 and 1887, four and a half million people moved to the West, and nearly half of them settled on the Great Plains.
e) If human beings were to disappear, the world would go on little changed and would heal itself from the damage inflicted by mankind.
f) I apologized for not calling him back right away.
g) She excused herself, saying she was tired from her flight and would be lying down for a while.
h) Do you find yourself preoccupied and dreamy, unable to concentrate for any length of time?
i) She recognized him at once, and they greeted each other / one another warmly.
j) Young immigrants identify more with their country of residence than with that of their birth.
k) Teamwork means that we support one another / each other, inform one another / each other and regard one another / each other with respect.
l) She bent down to pick up a coin that was lying on the road.

38

a) A blond-headed, silly-faced young man named Wilsher, whom / (*nicht falsch, aber hier der Stilebene nicht angemessen:*) who he barely knew, was inviting him with a smile to a vacant place at his table. (*George Orwell*)
b) A writer whose work I particularly admire is Thomas Hardy.
c) Anyone who / that throws good money after bad is a fool.
d) I want to thank Professor Thomas Smith, without whose help this book would not have been written.
e) We all know it's easier to remember things that / which surprise us.
f) Failures are the stuff out of which success is made / the stuff success is made out of.
g) He had affairs with the wives of two government ministers, one of whom he later married.
h) He hated bending down, which was always liable to start him coughing. (*George Orwell*)
i) One can't foresee everything that could go wrong, and shouldn't try either.
j) People who are hungry and out of a job are the stuff of which dictatorships are made.
k) She wanted the best for her pupils, whom / (*nicht falsch, aber hier der Stilebene nicht angemessen:*) who she referred to frequently as her "little chickadees".
l) The number you have called is no longer in service. (= „Kein Anschluss unter dieser Nummer.")
m) The only thing they have is their bodies, their determination, their unity, their willingness to take risks.
n) The town is ideally located as a base from which to explore the rich culture of the province.
o) The house is said to be haunted by the ghost of the man who built it, a retired sailor the locals call the Old Mariner.

39

a) He's / He is a man who's / who is at home everywhere.
b) He's a man everyone / everybody loves.
c) She ran across / bumped into Jim, who(m) she hadn't seen for years.
d) The evil that / which men do lives after them.
e) Who / Which is the only US president after *BE* / *AE* for whom one of the 50 states is named? / the only US president one of the 50 states is named after *BE* / *AE* for?
f) There were dozens of people standing / Dozens of people were standing around, none of whom had seen anything.
g) There aren't many people whose dreams come true.
h) Cricket is a game (that / which) I don't understand.
i) Foxes and wolves are wild animals which / that strongly resemble dogs.
j) The apes from which humans descended are extinct.
k) In Cuba Hemingway wrote the short novel for which he received / was awarded the Nobel Prize.
l) He owns / has thousands of books, most which he hasn't read.
m) Magnetism is something we're all familiar with / (*förmlich:*) with which we are all familar.
n) Selfishness is something that / which limits us.
o) That is something I won't put up with.

40

a) There are some things which cannot be learned quickly, and a language is one of them.
b) Are there any things that men are better at than women – or women better at than men?
c) We need to make sure there aren't any things we've overlooked, but I can't foresee there being any problems at all.
d) Some people just don't like me.
e) If there are any people out there who would like to tell their story, please contact me on the above e-mail address.
f) We didn't know any people when we moved here.
g) Do you know any people around here?
h) All animals are equal, but some animals are more equal than others. (*George Orwell*)
i) Julian, there's something you ought to know.
j) She believes that if she wants something / anything done right she must do it herself.
k) If you don't want something to go into your baby's mouth, don't leave it where it can get hold of it.
l) He's been a big loser and nobody wants anything to do with him.
m) Is there anything / (*wenn man eine Vorstellung hat, was es sein könnte:*) something I can do for you?
n) If there's anything / something that makes me blue, it's not having anything to do.
o) If there's something / anything on your mind, please let me know about it.
p) You know, if there's anything / something I can't stand, it's hypocrites.
q) Anything you can do I can do better, I can do anything better than you.

41

a) For a while I didn't realize that someone/somebody / anyone/anybody was following me.
b) Did you notice anyone/anybody following you?
c) If I can do it, anyone/anybody can do it.
d) If you know anyone/anybody/someone/somebody who might be interested, be sure to let them know.
e) If you know someone/somebody/anyone/anybody who works at the company, pump them for information.
f) We don't want to see anyone/anybody hurt.
g) Did you see anyone/anybody else in the park after you heard the gunshot?
h) If someone/somebody doesn't stand up for the truth, there won't be any truth left to stand up for.
i) Someone/Somebody somewhere must have said a prayer for me.
j) I know I have it, but I can't find it anywhere.
k) If you could live anywhere in the world, what country would you choose, and why?
l) The e-mail facility allows you to send messages to anyone/anybody, anywhere in the world, almost instantaneously.
m) The play is about an artist who lives with his extended family in a ramshackle house somewhere in rural America.

42

a) She is by far the best. / She is far and away the best.
b) I('ve) tried them all (out). This one is the best.
c) The latest version is not always the best (one).
d) The most expensive butter is not always the best.

e) This pump is no good / no use / useless. I have a / I've got a better one.
f) This is a personal website, not a commercial one.
g) The worst was yet to come.
h) It will be cheaper to buy a new vacuum cleaner (rather) than have the old one repaired / fixed.
i) The grey building on the left is the Opera House and the yellow one on the right is a museum.
j) The new / Something new is often felt to be threatening.
k) You're the one who's always moaning / whining / whing(e)ing.
l) These people are the ones who make the really important decisions.
m) For the US market British spellings have been replaced with American ones.

43

a) I usually take the tube.
b) Jack travels by tube too.
c) You get there quicker by tube.
d) It takes about 40 minutes by tube.
e) The journey takes at least 60 minutes if you go by car.
f) Most of the people around here commute by train.
g) I hope Laura has a snack on the train.
h) When we travel together, we often have a bagel on our way back.
i) Fresh bagels taste delicious.
j) It's amazing how good a fresh bagel tastes.
k) While a bagel contains less than one gram of fat, doughnuts contain about 12 grams of fat each.
l) If you eat too much animal fat, the cholesterol in your blood rises.
m) High cholesterol means you have a higher risk of heart disease.
n) In the UK, every two minutes someone has a heart attack.
o) About 300,000 Americans die of a heart attack each year just because they don't get to the hospital in time.
p) The man will die if he doesn't get to the hospital in time.

44

a) She is sleeping / She's sleeping in the spare room.
b) They are living / They're living in a suburb of Chicago.
c) He was playing a piece by Chopin.
d) The children were singing Christmas carols.
e) We have been losing / We've been losing a lot of money.
f) We have been having / We've been having a lot of problems lately.
g) I had not / I hadn't been giving her much attention.
h) We will be spending / We'll be spending about $150.
i) She may be dying.
j) I may have been looking in the wrong place.

45

a) If you want to go to Bexley, you're sitting on the wrong train.
b) I hope I'm not keeping you from your dinner.
c) The uglier a man's legs are, the better he plays golf.
d) When a stupid man does something he is ashamed of, he always declares it is his duty. (Shaw)
e) What is John doing? – He's in the garden mending the fence.
f) What does John do? – He's an engineer.
g) Were you (being) serious when you talked about getting married?
h) The driver was talking on a cell phone when he drove through a stop sign and crashed his truck into a car.
i) While Shakespeare's immortal lines were being delivered on the stage, a mobile phone suddenly rang.
j) What have you been doing with yourself since we last met?
k) What has he done to deserve this terrible fate?
l) If you hadn't found me, I wouldn't be sitting here with you right now.
m) A friend and I were having breakfast at a restaurant when a man at the next table leaned over to join our conversation.
n) For many years we had lunch together once a month and chatted about what had been going on in our lives.
o) It must have been snowing all night; there's at least six inches on the ground and it's still coming down.

46

While the well-heeled residents of Palm Beach sit / are sitting at dinner, burglars help themselves to their jewellery and other valuables.
The burglars sneak in while the family is happily dining – and the alarms are switched off because everyone is at home.

The burglars usually come between 6.30 pm and 8.30 pm. They enter the homes quickly and quietly through unlocked upper-floor windows.
Once inside they search the bedrooms and have got safely away / have got away safely / have safely got away with their haul by the time their victims polish off / are polishing off dessert.
A police spokeswoman said that all the victims had wired their homes with sophisticated alarm systems, but none of them ever thought to turn them on when they were at home. "People who switch off their alarms and keep their upper-floor windows open are really asking for trouble," she said.

47

a) My wife returned from the Mediterranean last night.
b) She divorced her third husband a month ago.
c) She left a minute ago.
d) I read the article over breakfast this morning.
e) Jeremy came in while you were asleep.
f) Health care costs rose 11 per cent last year.
g) The report was published as soon as it was available.
h) I bought the tickets on the internet.
i) Within hours of the bombing the police arrested a suspect. / The police arrested a suspect within hours of the bombing.
j) It was during one of these walks that I made my decision.

48

a) The United States has always been a country of immigrants.
b) The first humans came to the Americas about 30,000 years ago.
c) The Declaration of Independence was signed by 56 men.
d) The Declaration of Independence has been called the birth certificate of the United States, and it is its adoption that Americans celebrate each year with fireworks on the Fourth of July.
e) More than 70 million people have migrated to the US since the signing of the Declaration of Independence.
f) Up to 1970, the vast majority of migrants came from Europe.
g) Since 1970, the ethnic makeup of the new immigrants has changed / has been changing.
h) Since it was founded, the United States has taken in more immigrants than the rest of the world combined.
i) Today nearly ten per cent of Americans were born in another country.
j) The Fourth of July has been a great national holiday in the US since the beginning of the 19th century.

49

a) Your parcel has arrived.
b) Your parcel has just arrived. (*AE auch:*) Your parcel just arrived.
c) Your parcel arrived yesterday morning.
d) Your parcel arrived this morning.
e) Have you ever been to Ireland?
f) Weren't you in / Didn't you go to Ireland last year?
g) We were in / We went to Ireland this summer.
h) Have you seen my glasses?
i) I think I saw them somewhere a little while ago.
j) I've lost my job.
k) Tens of thousands of people lost their jobs last year.
l) She has already signed the contract.
m) She signed the contract a short time / while ago.
n) She signed the contract during / on her last / latest visit here.

50

a) I have known her (ever) since I was a kid.
b) I have known him (for) about ten years.
c) We have been working on this problem for some years now.
d) He has been living / He has lived at this address for over 15 years.
e) He has been living / He has lived with his daughter (ever) since his wife died. / (Ever) Since his wife died, he has been living / he has lived with his daughter.
f) Since 1983 it has been an offence not to wear a seat belt.
g) Ever since we first met in May 2000, she has been a wonderful friend. / She has been a wonderful friend ever since we first met in May 2000.
h) Humans have been enjoying / have enjoyed wine for thousands of years.
i) His wife has been confined to a wheelchair for nearly a decade. / For nearly a decade, his wife has been confined to a wheelchair.
j) She has been avoiding me for some time. / For some time, she has been avoiding me.
k) A politician doesn't become a statesman until he has been dead (for) ten or fifteen years.

l) This is something I have been wanting / I have wanted to do for quite some time now.
m) How long have you been living / have you lived alone?
n) How long have you had a mobile phone?
o) How long have you been having / have you had trouble sleeping?
p) He has so far not had much time to read books. / So far, he has not had much time to read books. / He has not had much time to read books so far.
q) Up to now, these projects have been heavily subsidized. / These projects have been heavily subsidized up to now.

51

a) I know him.
I've / I have known him for years.
b) I'm / I am at home.
I've / I have been at home since two o'clock.
c) She has / She's got a German passport.
She has had / She's had a German passport for eight years.
d) Look, it's raining.
It has been / It's been raining since last night / since yesterday evening.
e) Do you play chess?
How long have you been playing / have you played chess?
f) I've got / I have a pain in my back.
I've had / I have had a pain in my back all week.
g) We usually spend our holidays *BE* / *AE* vacations in the Scottish Highlands.
We've been / We have been spending our holidays *BE* / *AE* vacations in the Scottish Highlands for years.
h) I'm / I am afraid of dogs.
Ever since I was bitten by an Alsatian / by a German shepherd as a child / kid, I have been / I've been afraid of dogs.

52

a) Since when has Turkey been a member of NATO?
b) Since when does "no" mean "yes"?
c) Since when does a villain help the good guy escape?
d) Since when has Leeds had a university? / (*Oder wenn man der Meinung ist, dass Leeds gar keine Universität hat:*) Since when does Leeds have a university?
e) Since when have they been using plastic instead of steel?
f) Since when have you had / been having this fever?
g) Since when have you had this account?
h) Since when have you been learning English?
i) Since when is it a crime to be old?
j) Since when is "boys" spelled "boyz"?
k) Since when have mobile phones been around?

53

a) Maybe he'll call / phone / ring me.
b) When will you be back?
c) "When's she coming?" – "Today. She's going to phone when she gets to / arrives at Paddington."
d) The president will be staying at the royal palace.
e) What time of the year will you be taking your holiday *BE* / *AE* vacation?
f) What will I be doing in ten years, / in ten years' time, / ten years from now, I wonder.
g) Do you know what I'm going to do next Saturday? I'm going to be singing in a charity concert.
h) There's going to be real trouble.
i) Just imagine – I'm going to be sitting right next to the president!
j) Where are you going to be staying – at the Savoy?
k) Take my word for it – when we get back, he's going to be standing on the platform with a bunch of flowers.
l) We're not going to be seeing share prices rise / rising again any time soon.
m) We're leaving tomorrow at daybreak.
n) We're having a street party next weekend.
o) We're moving (house) next week.
p) Dave has a / It's Dave's birthday next week. He'll be 10. What are we going to give him?
q) Two of my colleagues retire next year.
r) What time do we get to / do we arrive in / at Aberdeen? (*Wenn der Flughafen gemeint ist:* at.)

54

a) If anyone tries to steal your car, the alarm will go off.
b) A new edition of this popular handbook is coming / will be coming / will come / comes out this summer.
c) I imagine you'll be better than me when you're my age.
d) The treaty has been signed by 139 states but the US has said that it will not ratify / isn't going to ratify it.
e) The next bus won't be for hours. I suppose we'll have to walk.

f) She says she'll believe it when she sees it in writing.
g) When will you be able / When are you able / When are you going to be able to start work?
h) If you take public transport, you won't / don't have to worry about finding a parking space.
i) I'll help you if you'll / if you help me.
j) When will you need / are you going to need / will you be needing the money?
k) Writer Melanie Adams will be reading / will read from her book *Long Time No See* at 7:30 pm on Thursday, May 9, at Brown's Bookstore.
l) Shuttle buses will be waiting for you when the boat docks at approximately 9:00 pm.
m) I know I made a hash of things this time, but there's no way I'm going to make / I'll make the same mistake next year.

55

a) I've been taken to the cleaners. It isn't going to happen / It won't happen again. In future I'll be more careful.
b) Nobody knows when the terrorists will strike / are going to strike again.
c) What are you going to do / What will you do if a customer doesn't pay you or files bankruptcy?
d) If you're going to rob a bank, it's a good idea to wear a wig and a fake beard.
e) Forget the picnic. I just checked the weather; it's going to be raining / it's going to rain / it will rain / it will be raining all day.
f) Take my word for it, you'll love / you're going to love this novel! We're going to be hearing / to hear a lot about its author in the future.
g) My parents are celebrating / will celebrate / will be celebrating / are going to celebrate / are going to be celebrating / celebrate their golden wedding anniversary next year.
h) I'm leaving / I'll be leaving / I'm going to be leaving / I leave for Australia in a couple of hours and I'm not done packing.
i) We're getting / We'll be getting / We're going to be getting married in August.
j) We'll move / We're moving / We're going to move / We're going to be moving to the suburbs as soon as we can afford to do so.
k) The Opening Ceremony takes place / will take place on Thursday, Feb. 13, from 4:15 to 5:15 pm.
l) I'll e-mail you details as soon as I know what's going to happen.
m) I go / I'm going on duty in about half an hour – if I see him then, I'll tell him.

56

a) I'll lose my job if I lose my driving licence.
b) If you drive under the influence of alcohol, your reaction time is / will be slower.
c) I'd die if anyone knew!
d) If I had my way I'd / I would tear this building down.
e) It won't / It will not be my fault if that happens.
f) They'd shoot me if I blew the whistle on them.
g) If there is hope, it lies in the proles. (*George Orwell*)
h) If you want to sell your house, you need / you'll need / you will need to lower your price.
i) If I had my life to live over, I'd / I would dare to make more mistakes next time.
j) If people drove slower, there'd be fewer accidents. (→ GrLGr S. 116, 148)
k) I'll twist your bloody head off if you get fresh with me. (*George Orwell*)
l) If I knew the answer, I wouldn't be asking / wouldn't ask you.
m) If your chicken is undercooked, you risk / you'll risk / you will risk getting a salmonella infection.
n) If Tom was home he'd / he would put it right in a moment.
o) How long would she live if she didn't have the operation?

57

a) If you want to sell larger quantities, you must lower the price.
b) If we really put / set our mind(s) to it, we can overcome any hurdle.
c) How much could we save if we really put / set our mind(s) to it?
d) If the bank loaned / lent us half a million, we could buy the necessary equipment / machinery / machines.
e) If she had the operation, she might be able to see again.

58

a) If we had more money, we'd have fewer / less worries. (→ GrLGr S. 116, 148)
b) If I had a million dollars, I'd quit my job this very day.
c) If we had a dog, we wouldn't need an alarm system.
d) If I had more time, I'd visit him / call on him.
e) If the economic situation was better, we would have less unemployment.
f) If we took an earlier train, we'd have more time for sightseeing.

g) If we had a car available / a car at our disposal, we could get it done quicker / more quickly.
h) If we had children / kids, we wouldn't live here.
i) If she didn't have the baby, she'd go out to work.
j) If Germany had a king, he would probably live / be living in Bellevue Palace.

59

a) Life would be dull if people weren't so funny / strange / odd.
b) If there weren't so many cars, the air would be cleaner.
c) I'd be happier if I was less pedantic.
d) I'd long be dead if it wasn't for her. / I would have died a long time ago it it hadn't been for her.
e) It would be nice if that was possible.
f) It wouldn't be better if things were different.
g) It would be a pity if that was so.
h) If I were you, I wouldn't be so sure.
i) Would it be cheaper if we rented / hired a car?

60

a) I would have done the same if I had been in your place.
b) Many people wouldn't have voted for him if these facts had been known to them.
c) If we had known then what we know now, we would never have bought this house.
d) I wouldn't have signed if I had read the small print.
e) If he had known where she worked, he would have tried to meet her somewhere on her way home.
f) If the strike had gone ahead, around 10 percent of the world's air space would have been affected.
g) If they had taken a closer look at the figures, they would have made a different decision.
h) He could easily have helped us if he had wanted to.
i) If it hadn't rained / If it hadn't been raining, I could have done my laundry or gone to the park.
j) If the crowd could have got / had been able to get their hands on the prisoners, they would have torn them to pieces.
k) The man might have lived if the ambulance had come sooner.
l) He might have survived the crash if he had been wearing a seat belt.
m) If Churchill had not been Prime Minister during the Second World War, history might have taken a different course.

61

(Statt *would have* auch stets *would've* und umgekehrt. Entsprechendes gilt für *not* und *-n't*.)
a) A package holiday would have been cheaper.
b) With a happy ending the film / movie would have been more successful commercially / commercially more successful.
c) If there had / there'd been been an accident, it would have been your fault.
d) I would have bought it if it hadn't been so expensive.
e) If the lecture / talk had been more interesting, I wouldn't have fallen asleep.
f) I would have enjoyed the music more if it had been less loud.
g) This wouldn't have happened if my husband had been around / there.
h) If it had been possible for us to stay another week, we would have done so.
i) If the animal hadn't been found in time, it would have died.
j) If it hadn't been for the children, they would have got a divorce.

62

a) If you lose your way, you can call me on my mobile.
b) If the bottle had fallen a split second earlier, it would have hit me straight on the head.
c) I am sure if I had not / hadn't pulled her out, she would have drowned.
d) What would you do if you found a burglar in your home?
e) If he had gone into politics he might have made it to the White House.
f) If there is a God, why is there so much suffering?
g) If there is a God, he will not punish me for simply being wrong.
h) To be on the safe side, I think it would be better if we bought a new lock.
i) If there is a war, there could be a high number of civilian casualties.
j) If Kennedy had not died, Lyndon Johnson would never have become President.
k) What would you save if the house was on fire?
l) If we had a million dollars, we could buy ourselves a decent house.
m) If we'd had more money, we could have bought a better house.
n) Had he remained in the army he would have risen high.
o) If you make that kind of mistake, you're / you are / you'll be / you will be out.

p) Maybe I wouldn't have dropped out of college if I'd been studying / I'd studied what I wanted to.
q) I don't think the club would be taking a fair and intelligent decision if they sacked me.
r) If you hadn't saved my life, we wouldn't be sitting / wouldn't sit here talking philosophy.

63

a) Should you fail to pay the premium, your insurance will be terminated.
b) Had she come earlier perhaps things might have turned out differently.
c) Should you find that the item you ordered is defective, we will replace it immediately upon return within 30 days.
d) Had anyone opened the huge steel door at the end we would have drowned like rats.
e) Should there be any further problems please contact Lynda Murphy at (908) 522–2009.
f) Had we handled the ball better we would have won tonight.
g) Should he fail to return within a year, he would lose his right to the throne.
h) The death toll could have been much worse had the crash occurred on a weekday.
i) Additional troops would be needed should the situation escalate.

64

a) She said (that) she was surprised to hear that.
b) I was sure (that) she was lying.
c) The author said (that) the story was based on his/her own experiences and experiences of people he/she knew.
d) She said (that) she lived in Brighton.
e) She said (that) she realized she'd / she had made a mistake.
f) She said (that) she thought she'd / she had found what she was looking for.
g) He claimed (that) he needed more details before he could make a decision.
h) He maintained (that) he didn't know anything about it.
i) She said (that) it hadn't been / wasn't her fault she missed the train.
j) He claimed (that) he hadn't forced / didn't force anybody to sign.
k) She pretended (that) she hadn't heard me coming in the previous night / didn't hear me coming in last night.
l) He said (that) he'd / he had never met Miss Davenport and didn't know anything about her.
m) She said (that) she'd / she would think about it.
n) She assured me (that) she'd / she would do everything she could to help me.
o) He said (that) he couldn't understand why that (had) made me so angry.
p) They admitted (that) there might be problems in some cases.
q) They said (that) the company must advertise more aggressively.

65

a) She didn't know where her shoes were.
b) The teacher demanded to know why he/she wasn't / they weren't in his/her/their classroom.
c) They asked me whether / if the handwriting was mine.
d) I had no idea why she wasn't at home.
e) The doctor asked me whether / if I often felt tired.
f) I wondered whether / if she liked me.
g) The police wanted to know whether I had been carrying a mobile phone.
h) She asked him how he liked her new hairstyle.
i) He wondered how much they had paid for their tickets.
j) They wanted to know how long I / we (had) stayed in Scotland.
k) His mother asked him what he had done with his sandwiches.
l) The boss asked me whether / if I had followed his instructions.
m) She asked me whether / if I had ever been in love.
n) The hotel people wanted to know what time I / we would be back.
o) I doubted whether I'd / I would be able to help her.

66

a) Nowadays / These days I normally use a digital camera. / I normally use a digital camera nowadays / these days.
b) Most amateurs are still using / still use traditional systems.
c) The next time / Next time I'm in town, I'm going to buy / I'll buy a new camera.
d) I think I'll buy a digital camera this time. / This time(,) I think I'll buy a digital camera.
e) I bought a new camera today.
f) Did you take these pictures with an automatic camera?
g) Why didn't you use a flash?
h) I (have) just bought a new camera.

i) Have you ever taken / Did you ever take photos with a digital camera?
j) I (have) always wanted to have / own a Leica.
k) I (have) always had the wish to own such a camera.
l) I've been using a digital camera for almost / nearly a year (now).

67

a) How long have you had (= owned!) this camera?
b) How long have you been having (= experiencing!) these problems?
c) I've been intending / planning for some time to buy a digital camera.
d) A digital camera would be ideal for this purpose.
e) A digital camera would have been ideal for this purpose.
f) If I were you, I'd / I would buy a digital camera.
g) If I were you, I wouldn't be standing here now.
h) If you used a digital camera, you could see the pictures instantly / immediately.
i) If I had known that, I would have / would've bought a digital camera.
j) If you had taken these pictures with a digital camera, they would probably have turned out better.
k) I wish you could have / could've seen the pictures.
l) It's (high) time you got (yourself) a digital camera.

68

a) I know him.
b) I have known him since my first year in college.
c) We have known each other / one another for years.
d) I wish I knew him personally.
e) I wish I had known him.
f) Although / (Even) Though I had known him for years, we were not on first-name terms.
g) He is here.
h) He has been here. / He was here.
i) He has been here (for / these) two hours.
j) He has been waiting (for / these) two hours.
k) He was here briefly two hours ago.
l) I wish he was / were here.
m) I wish he had been here.
n) If he had been here, all this / that wouldn't have happened.
o) I have / I've got a car.
p) I've bought a new car.
q) I'm having trouble with my car.
r) I've had this car (for) ten years.
s) I've been driving / I've driven this car (for) ten years.
t) I bought this car second-hand ten years ago and it's still running strong / perfectly / well.
u) When I bought this car, I wasn't yet married.

69

a) How's the weather / What's the weather like at your end / with you? (Over) Here the rain's coming down in sheets / buckets / torrents.
b) When I was out with the dog this morning, it was raining too.
c) In Ireland it rains often / It rains often in Ireland – it's good for the skin.
d) Whenever I arrive in Limerick, it's raining.
e) I wish it wasn't raining / didn't rain / wouldn't rain all the time.
f) I wish it would stop raining.
g) Look, it's (= it has) stopped raining.
h) It's (= It has) been raining for days.
i) When did it start raining?
j) Has it rained at all today? / Did it rain at all today?
k) Do you play chess?
l) How about a game of chess?
m) I haven't played chess in a long time, but I played a lot in college / in my college days.
n) Incidentally / By the way, Julia plays chess too. Her father was a keen / an enthusiastic / an ardent chess player, and he taught her.
o) We played / had a game of chess yesterday, and she wiped the floor with me / made mincemeat of me / trounced me.
p) I've never played / I never played that / so badly / poorly.
q) Never before have I played / did I play that / so badly / poorly.
r) But maybe it's no wonder (that) I played so badly / poorly. I only play chess when I'm on holiday *BE* / *AE* vacation.
s) How long have you been playing chess?

70

a) She is respected by her colleagues.
b) These songs are sung by children all over the country.
c) He was murdered by the Mafia.
d) The parents were informed by the school principal.
e) The website has been designed by 14-year-olds.
f) These proposals have been rejected by the unions.

g) The plan is being criticized by environmentalists.
h) The form must be signed by both parents.
i) This book should be read by everyone interested in healthy living.

71

a) A qualified mountain guide leads the group.
b) Every year, thousands of tourists from all over the world visit the castle.
c) Several neighbours heard the shots.
d) Dozens of people saw the UFO.
e) Dozens of people have seen the UFO.
f) Dozens of people seem to have seen the UFO.
g) Millions of people will read the article.
h) Millions of people are likely to read the article.
i) Most critics have praised the film.
j) The activists claimed the police were harassing them.

72

a) The children are being looked after by trained staff.
b) The bank was held up by a man who brandished a gun and demanded money.
c) Allende's government was overthrown by a military coup in 1973.
d) The weapons could easily be stolen by terrorists.
e) The weapons could easily have been stolen by terrorists.
f) The journalist appears to have been killed by a hired assassin.
g) Repairs should (only) be (only) carried out (only) by skilled personnel (only).
h) The test must be taken by all applicants whose native language is not English.
i) The couple may have been killed by burglars.
j) In the drawer was a small gold chain which must have been forgotten by the previous occupant of the room.
k) An increasing number of comets are being discovered by automatic telescopes.

73

a) Your body can't feel good if it isn't fed properly.
b) The decision was hotly debated.
c) Hundreds of books have been written about this problem.
d) I don't know if the car has been found yet.
e) The containers had been used to store chemicals.
f) Graffiti should be removed as quickly as possible.
g) That kind of threat shouldn't be taken too seriously.
h) Access to clean and affordable drinking water must be regarded as a fundamental human right.
i) Before the first factory could function, a workforce had to be found and trained.
j) Those tariffs are going to be reduced by 20 per cent.
k) The novel is now being made into a movie.
l) Some of these old machines are still being used.
m) She doesn't seem to have been asked.
n) If I had interfered, I'd probably have been killed.
o) Must they be invited?
p) Can she be trusted?

74

a) She wasn't allowed to work while she went to school.
b) I was assured that the matter would be investigated.
c) They can't be expected to work weekends.
d) He had to be helped up to the platform.
e) We were joined by a large number of volunteers.
f) She was shown how to operate the machine.
g) They were told to be there at 8.30.
h) We were forced to cancel the event.
i) I was invited to talk about my research.
j) You are warned not to leave your purse or valuables in your car.

75

a) The windows are cleaned once a month.
b) A black umbrella was found near the body.
c) The school was founded by monks in the 15th century.
d) Serious / Grave mistakes have been made.
e) The competition / contest has never been won by a local man.
f) Since then she has never been seen again.
g) This problem could easily be solved / could be solved easily.
h) Part of the stomach had to be removed.
i) The event will probably have to be cancelled. / The event will have to be cancelled, I suppose.
j) This question is being discussed everywhere at the moment.
k) I suspect that I'm still being shadowed.
l) Who was this photo taken by? / (*Förmlich:*) By whom was this photo taken?
m) Who was this mail sent to? / (*Förmlich:*) To whom was this mail sent?
n) Stravinsky once remarked that his music was best understood by children and animals.

76

a) He isn't / He's not very intelligent.
b) He doesn't seem to be very intelligent.
c) He wasn't very intelligent.
d) He didn't seem to be very intelligent.
e) She hasn't lost her self-respect.
f) She doesn't have / hasn't got / (*seltener:*) hasn't a great voice.
g) She hasn't got / doesn't have / (*seltener:*) hasn't a mobile phone.
h) She doesn't have lunch in the canteen.
i) She didn't have / (*seltener:*) hadn't (got) the courage to protest.
j) I don't know her.
k) She doesn't know me.
l) She doesn't often go by train.
m) She didn't often go by train.
n) I didn't want to take a taxi.
o) That didn't surprise me.
p) His ignorance doesn't surprise me.

77

a) I don't always go / I never go by train.
b) A small town isn't always / is never boring.
c) Small towns aren't always / are never boring.
d) Nobody knows / Everybody doesn't know about it.
e) The president's ignorance didn't surprise everyone / anyone. / The president's ignorance surprised no one.
f) That wouldn't be too difficult.
g) I won't / (*selten:*) shan't [ʃɑːnt] be surprised if she accepts.
h) I wouldn't be surprised if she accepted.
i) I wouldn't have been surprised if she'd accepted.
j) You shouldn't go by taxi.
k) You shouldn't have taken a taxi.
l) You oughtn't to have gone alone.
m) Small towns (*am häufigsten:*) didn't used to / (*seltener:*) didn't use to / (*altmodisch:*) usen't to / (*sehr selten:*) usedn't to be boring.
n) You mustn't (= *darfst nicht*) leave / You don't need to / have to leave / needn't leave (= *brauchst nicht*) the key in the lock.
o) You mustn't (= *darfst nicht*) / needn't take / don't need/have to take the 7.15 train.
p) Life can't be boring here.
q) He can't be very intelligent.
r) He can't have been surprised.
s) She can't have known about it.

78

a) Is it safer to pay by credit card?
b) Is there another entrance at the back?
c) Was it meant as a compliment?
d) Will I quickly get a replacement?
e) Do her parents like the music she's into?
f) Do you really need a car here?
g) Does she speak Spanish too?
h) Does your husband like his job?
i) Does she have to do everything herself?
j) Do you have to be a member to get in?
k) Could there be a mistake somewhere?
l) Will the government survive the crisis?
m) Will I be in trouble if I don't sign?
n) Will she do it on her own?
o) Should he wear a tie?
p) Would he spend the extra money on drink?
q) Would I have recognized her?
r) Did they arrest him on the spot?
s) Did the president know about this?
t) Did he go there by car?
u) Had she been there before?
v) Did he have to give evidence in court?
w) Would he have to give evidence in court?

79

a) What nationality are you?
b) What / Which country are you from?
c) Who was the greatest Briton of all time?
d) Which of your classmates do you find particularly likeable?
e) What boy doesn't love to dig and build?
f) Which of you is the tallest?
g) What / Which Shakespearean character had an uncle named Claudius?
h) What / Which car is the most fuel-efficient?
i) Which car is yours?
j) What colour is your car?
k) Which of the following statements is false?
l) What time will you arrive?
m) Which country poses the greatest danger to world peace?
n) New York or Boston – which is the better place to live?
o) What types of people do you have problems working with?
p) Who do you know in England?
q) Which of us can hold our hand up and say that we have never broken the speed limit?

80

a) Which member of the group is the most popular?
b) Which of the three is the murderer?
c) What brand of toothpaste do you use?
d) Which is easier to learn – French or English?

e) What kind of people go there?
f) What / Which person do you most admire?
g) Who do you most despise?
h) What sort of people do you enjoy working with?

81

a) When did Liz and Paul Young get divorced?
b) For whose sake are they still living together?
c) What would the dogs do if Liz and Paul weren't there for them?
d) When did the couple get the dogs?
e) How have they always treated the dogs?
f) What did they want to do when their divorce came through?
g) Why did they decide against splitting up the dogs?
h) What did they decide to do?
i) How do the Youngs go about their business now?
j) Where do they sleep?
k) What do they do by themselves?
l) Who do they hardly ever talk to?
m) But when do they act as if everything was normal?

82

a) What is the legislative branch of the US government?
b) How many chambers does the Congress consist of?
c) What are the two chambers?
d) Who are the members of Congress elected by?
e) How many seats does the House of Representatives have?
f) How many Representatives does California send to Washington?
g) What (kind of) state is represented by only one member?
h) Which chamber has 100 seats?
i) How many people does each of the 50 states send to the Senate?
j) What are the most important powers held by the Congress?
k) What is called a bill?
l) Where is a bill debated and voted on?
m) When is a bill called an act?
n) Where does the act then go?
o) Who is the act sent to if the other chamber also approves it?
p) When does the act become a law?
q) What can the President also do?
r) What can a Presidential veto be overridden by?

83

a) Hardly had we sat down when the waitress appeared to take our order.
b) Barely had they got out of their cars when scores of fans surrounded them for autographs and pictures.
c) Scarcely had we started eating when there was a loud knock on the door.
d) No sooner had we got on our bikes than it started chucking it down.
e) Never could I have foreseen such a development.
f) On no account should luggage be left unattended.
g) Very rarely do people on motorcycles escape a collision without injury.
h) Hardly ever does she do anything for herself.
i) Only gradually did we realize how desperate our situation really was.
j) In vain did the old woman beg the soldiers to spare her grandson.
k) Little did she suspect that she would soon meet the great man in the flesh.

84

a) Under no circumstances should you divulge your password to anyone.
b) On no account should one / you pay in advance.
c) Only seldom did I feel welcome.
d) Not once did he thank me.
e) Only once did she miss a day of work / a day's work.
f) In no way did I mean / want to offend anyone.
g) Only seldom / rarely does she say anything at all.
h) Not for nothing does the word "fan" come from "fanatic".

85

a) Why aren't you going to the meeting?
b) Why isn't she at her desk?
c) Why isn't there any hope?
d) Why aren't they coming?
e) Why aren't there any toilets here?
f) Why wasn't he given bail?
g) Why weren't there any taxis outside the station?
h) Why haven't you answered my e-mail?
i) Why hasn't this bill been paid?
j) Why haven't we got a system of our own?
k) Why can't the graffiti be removed?
l) Why wouldn't you hire her?
m) Why wouldn't there have been enough time?

n) Why couldn't they have stayed at a hotel?
o) Why don't you like me?
p) Why doesn't he want to accept the money?
q) Why didn't they stay for dinner?
r) Why didn't you want to pay by credit card?

86

a) Isn't she American?
b) Wasn't he at home?
c) Why weren't you there?
d) Haven't you got / Don't you have any money on you?
e) Couldn't you have helped her?
f) Don't you know how to do that?
g) Doesn't it look great / splendid / magnificent [mæg'nɪfɪsnt] / superb [su'pɜ:b]?
h) Didn't Shaw write some novels too?
i) Didn't he die a natural death?
j) Aren't you going to stay / Won't you be staying / Aren't you going to be staying at the Savoy?

87

a) Don't you have / Haven't you got anything / something cheaper?
b) Can't you go / drive a little / a bit faster?
c) Haven't you got any self-respect?
d) Isn't that exactly what we wanted (to have)?
e) Mustn't we talk about that too?
f) Why don't you ever read a book?
g) Why didn't they teach me this at school?
h) Why don't we discuss / aren't we discussing the really important questions / issues?

88

a) Can you see him?
Are you going to see / Will you see / Will you be seeing him?
Do you want to see him?
b) Who gave her money?
Who did she give money to?
What did he give her?
c) She didn't want to invite us.
She couldn't invite us / was unable to invite us.
She didn't have / need to invite us.
She has to invite so many people these days / nowadays.
d) He doesn't hate me but doesn't love me either.
He hates not knowing what's going on / what's happening.
He doesn't like to be / doesn't like being disturbed / like it when someone/somebody disturbs him.
e) She invited not only her colleagues but also all her students / but all her students too / as well.
She didn't invite her students.
Who invited them / her?
Who(m) did she invite and who(m) didn't she invite / did she not invite?
f) Is it icy / slippery outside? – I think so.
Is the dog still outside? – I don't think so.
Is it coincidence? – I think not. / I don't think so.
Will he be able to play (on) Saturday? – I hope so.
Is it something / anything serious? – I hope not.
g) Don't be disappointed.
Don't get excited / worked up / upset / in a state.
Don't bother me with unpleasant facts.
(Now) Don't (you) get impatient.
Let's not talk / Don't let's talk about it.
h) I don't have to wait till she comes back, do I? / I won't have to wait till she comes back, will I?
We don't need a visa, do we?
We'd / We had better go straight away, hadn't we?
You aren't mad at / angry with me, are you?
i) Haven't you read / Didn't you read my e-mail?
Haven't you had breakfast yet? / Didn't you have breakfast yet?
Haven't you got / Don't you have anything to eat in the house?
Haven't you got / Don't you have a mobile (phone)?
Don't you occasionally have guests (over)? / Don't you have guests (over) occasionally?

89

a) Do we have / Have we got (any) milk in the house?
b) Do you have / Have you (got) any brothers or sisters?
c) Did you have frequent / Did you frequently have ear infections as a child?
d) Did she have a bath last night?
e) When do you normally have breakfast?
f) Why did you have to do that? / What did you have to do that for?
g) How many young do elephants normally have?
h) She hasn't found the right guy / man yet.
i) I wish you hadn't done it.
j) He hasn't had much / a lot to laugh about lately.
k) We don't have many burglaries.
l) I didn't have school today. / I had no school today.
m) Don't you have any pride? / Haven't you (got) any pride?

n) Don't you have your piano lesson (on) Wednesdays?
o) Why didn't you have a group photo(graph) taken?

90

a) She knows more about it than I do.
b) She is more intelligent than I am.
c) Your mother can answer that question better than I can.
d) You put / expressed / said it better than I could.
e) I don't practise as much as I ought to / as I should.
f) I don't work as hard as you do. / I'm not working as hard as you are.
g) Why don't you treat me as I do you?
h) I will / shall never love anyone / anybody as I do you.

91

a) Do you like this music? – Yes, I do. / No, I don't.
b) Did you like the show yesterday? – Yes, I did. / No, I didn't.
c) He looks like Hugh Grant. – Yes, he does.
d) Mum *BE* / *AE* Mom would let me go. – No, she wouldn't.
e) I read a lot. – So do I.
f) I don't drink whisky. – Nor / Neither do I.
g) He speaks German and so does his wife.
h) I was not impressed and neither were my friends.
i) They'll all be at the stadium, and so will I.
j) I didn't lie and neither did Sue / and Sue didn't either.
k) He's not a saint and neither / nor am I.
l) I liked the hotel. – So did I.
m) I didn't like that at all. – Neither / Nor did I.
n) Your life isn't easy, but neither is mine / but mine isn't either.
o) I love you. – I love you too.
p) I don't mind mice. – But 'I do!
q) Why didn't you tell her? – But I 'did!

92

a) We've never met before, have we?
b) You didn't break it, did you?
c) Jack's not well liked, is he?
d) Come on, boys, you're not going to make trouble for an old friend of mine, are you?
e) And that's the sad thing about it, it doesn't matter if they won or lost, does it?
f) I never told you what to do, did I?
g) No one ever told you how to do it, did they?
h) Grey clouds can't hang around forever, can they?
i) Let's get started, shall we?
j) I'll make you some eggs, shall I?
k) I'm sorry, but anyone over the age of ten ought to know the difference between a city and a state, oughtn't they / he?
l) Nobody had been hurt, had they?

93

a) Business is bad, isn't it?
b) That's a million-dollar idea, isn't it?
c) I was talking, wasn't I?
d) It was you who took it from his desk, wasn't it?
e) We do have such a good time together, don't we?
f) She knows that, doesn't she?
g) He's got to practise more, hasn't he / doesn't he?
h) You'd had a couple of drinks already, hadn't you?
i) You're both dead tired. Michael, you'll stay the night, won't you?
j) She can't do this to me, can she? After all, I'm trying, aren't I?
k) Anyone can do it, can't they?
l) He's making a million bucks a year, so I guess he must be doing something right, mustn't he?
m) If someone's making a million a year, they must be on the right track, mustn't they?

94

a) There's nothing like a fresh baked muffin first thing in the morning, is there?
b) Things look different in the cold light of morning, don't they?
c) We hardly know them, do we?
d) You seldom see foxes round here, do you?
e) (It / That) Sounds funny, doesn't it?
f) So they laugh at me, do they? (→ GrLGr S. 374)
g) So you want to be rich and famous, do you? (→ GrLGr S. 374)
h) You used to smoke a lot, didn't you?
i) I think the noise came from over there, didn't it?
j) I bet I've scared you, haven't I / have I?
k) You'd never do that again, would you?
l) We needn't quarrel about it, need we?
m) Things won't ever be the same again, will they?
n) Tell Brian I want to see him, will you?
o) Don't make so much noise when you come in, will you?

95

a) He chose / selected five men to accompany him on his expedition.
b) She needs someone / somebody to talk to.

c) She didn't have to suffer. That's something to be grateful / thankful for.
d) Paula is not a woman to do things by halves.
e) He takes an interest in / He's interested in everything to do with her work.
f) There's nothing to indicate that the murderer is left-handed.
g) We're not the only ones to say this / that.
h) I was one of the last (ones) to see him alive.
i) Clare would have been the first to admit that / it.
j) We didn't have much to laugh about in those days.

96

a) I didn't know what to say.
b) We had no idea / didn't have any idea / hadn't (got) any idea how to get there.
c) You must learn / You've got to learn / You have to learn how to handle criticism.
d) I can't decide whether to buy or lease.
e) A wise man / person knows when to speak and when to be silent.
f) We don't know who(m) to invite to our wedding.
g) I'm thinking about / I'm wondering which dress to wear / to put on.
h) They quarrelled / were quarrelling over / about where to spend their holiday.

97

a) We are not here to enjoy / amuse ourselves.
b) He got / stood up to fetch / get another drink.
c) We do this / are doing this to protect you.
d) I went out to get some fresh air.
e) She stopped to catch her breath for a moment.
f) She called / phoned / rang to make an appointment.
g) We met to talk about / discuss the new project.
h) He probably said that to impress us.
i) A lot of / Many tourists come to London to see the sights / do the sights / look at the sights.
j) I know it sounds odd / strange, but you have / one has to eat to lose weight.
k) I bought a fat novel to have something to read on the long journey / trip.
l) To translate something like this I need a dictionary.
m) To attend this seminar, you must be / have to be a US citizen / a United States citizen.

98

a) They allowed / permitted me to use their fax machine.
b) Allow me to introduce myself.
c) I advised him not to give in.
d) We don't know what caused / induced / prompted them to change their tactics.
e) We couldn't get him to swallow the pills / tablets.
f) The law cannot force anyone / anybody to love / cannot make anyone / anybody love their neighbour.
g) I hate people to stare at me.
h) I love you to read to me in the evening.
i) We would prefer you to pay by / via credit card.
j) I know that some people believed me to be crazy / mad / insane / out of my mind.
k) Nobody expects you to apologize.
l) She doesn't want the dog to sleep on the sofa.

99

a) She was allowed to use the library.
Es wurde ihr erlaubt, die Bibliothek zu benutzen. / Sie durfte die Bibliothek benutzen.
b) We were advised to bring sleeping bags.
Uns wurde geraten, / Man riet uns, Schlafsäcke mitzubringen.
c) I was asked to write an article about the exhibition.
Ich wurde gebeten, / Man bat mich, einen Artikel über die Ausstellung zu schreiben.
d) People are expected to work more for less money.
Von den Menschen wird erwartet, / Man erwartet von den Menschen, dass sie für weniger Geld mehr arbeiten.
e) We were forced (by the inclement weather) to be indoors most of the time.
Wir waren (durch das unfreundliche Wetter) gezwungen, die meiste Zeit im Haus zu bleiben.
f) This is not the kind of work he was hired to do.
Dies ist nicht die Art von Arbeit, für die er eingestellt wurde / für die man ihn eingestellt hat.
g) Can you be persuaded to come along?
Kann man dich überreden mitzukommen?
h) They were told not to touch anything.
Es wurde ihnen gesagt, dass sie nichts anfassen / berühren sollten.
i) They must be warned not to lean over the railing.
Sie müssen davor gewarnt werden / Man muss sie davor warnen, sich über das Geländer zu lehnen.
j) She was never heard to complain.
Man hat sie nie klagen gehört.
k) Five men were seen to run out of the building.
Man sah fünf Männer aus dem Gebäude laufen.

l) The prisoners were made to stand at attention for hours.
Man ließ die Gefangenen / Die Gefangenen mussten stundenlang stillstehen.

100

a) What is to be done first?
b) That was a dangerous thing to do.
c) These complications were not to be foreseen.
d) The situation is still fluid and the outcome is difficult to foresee.
e) The article is well researched and interesting to read.
f) Poetry is meant to be read aloud.
g) The next morning the storm had passed and not a cloud was to be seen.
h) The country's economy is in dire straits, and the reasons are not far to seek.
i) A lot of hard work remains to be done before we can sit back and relax.
j) Vehicles are not to be parked in front of or near the gate.
k) Dogs are to be kept on leads at all times.
l) Hurry up, we've a train to catch.
m) Getting laid off can be a traumatic experience, especially when you have a family to support and big bills to pay.
n) The threat of infection is very real, and not to be taken lightly.
o) Many people think that professional politicians are not to be believed.
p) The news was so good that she found it hard to believe.
q) The results were too good to believe / to be believed.
r) The windows were hard to open and in need of repair.
s) She left strict orders that the windows were not to be opened.
t) A house is meant to be lived in.
u) The house badly needs repair; in its present state it is not fit to live in.
v) One key question is yet to be answered.
w) The government has a few questions yet to answer on this matter.

101

a) Putting on her coat / Putting her coat on, she left the house.
b) Putting down the (news)paper / Putting the (news)paper down, she went to the kitchen.
c) Taking her in his arms, he kissed her.
d) Opening her handbag, she took out some letters.
e) Hailing a taxi, he told the driver to follow the black BMW.
f) Pulling out a gun he aimed / pointed it at the cashier.
g) Gathering up her things as quickly as she could, she hurried / rushed to the office to fax the article to her paper.

102

a) Being very hungry, I didn't care / mind what I ate / was eating.
b) Seeing that they didn't have a chance, they surrendered.
c) Believing himself to be / Considering himself invincible / undefeatable, he became arrogant and cruel.
d) When she found him, he was sitting on a bench eating a pretzel.
e) (On / Upon) Arriving at the airport, they discovered / found that their flight had been cancelled.
f) Feeling his end drawing near / approaching, he summoned his children and blessed them.
g) After reading / Having read / After having read the letter, she picked up the phone and dialled his number.
h) While recovering from an operation she read a book that changed her life.
i) When writing an essay you / one should try to vary vocabulary and sentence structure.
j) She slipped and fell down the stairs, breaking her right arm and two fingers.

103

a) They insisted on me / my staying to supper.
b) You don't mind me / my / You don't object to me / my calling you Piggy(, do you)?
c) I remember you / your mentioning his name.
d) I can't imagine him / his doing such a thing / doing a thing like that.
e) The success of the programme *BE* / *AE* program depends on everyone doing their part.
f) There's no sense in us / our taking unnecessary risks.
g) You can't light a fire here without someone noticing.
h) I'm sick of everyone / everybody asking me when we're going to get married.
i) I'm surprised at a man like you paying attention to rumours *BE* / *AE* rumors.
j) You can't always count on someone / somebody helping you out.

104

a) The road connecting the two towns is very narrow.
b) We should all keep an eye on old people living alone.
c) Inside every fat person is a thin one wanting to get out.
d) An increasing number of youngsters applying for work are hardly literate.
e) We must make sure that everyone wishing to speak gets a chance to do so.
f) People staying at the hotel were always very taken with the view.
g) We're a company full of smart, creative people striving to do our jobs better every day.
h) The number of patients suffering from this disease has increased rapidly in recent years.
i) The students attending her workshops come from all over the world including Britain and Australia.

105

a) The burglars looked everywhere, even behind the pictures that / which hung on the walls.
b) Unemployment is one of the major problems that / which face our society.
c) The name "Mississippi" is derived from an Indian word which / that means "great waters" or "father of waters".
d) Many Americans think that the number of legal and illegal immigrants who settle in the country each year is too high.
e) Anyone who saw me there would have thought I was a lunatic.
f) The majority of the people who live in this part of the city cannot afford to have computers in their homes.
g) Motorists who exceed the speed limit by one to ten miles per hour in a school zone can be fined from $170 to $200.
h) The woman who showed me to my seat in the theatre whispered to me that the gardener was the murderer.
i) Most of the big companies that / who / which advertise on TV include their web address in their ads.

106

a) All the paintings displayed / shown / exhibited here are originals.
b) Some of the machines used by us are over 50 years old.
c) The damage caused / done / brought about by the war is immense / incalculable.
d) The salaries paid by the company are above average.
e) Some of the suggestions / proposals made by the committee are highly innovative.
f) None of the arguments advanced / put forward / offered by the opposition is convincing.
g) Everywhere soldiers armed with submachine guns were to be seen.
h) Is it really true that novels written by women are mainly read by women?

107

a) the characters described in the story
b) the proposals contained in the report
c) the measures taken by the government
d) the stylistic devices used by the author
e) illegal immigrants caught by the US Border Patrol
f) Mexicans crossing the border illegally
g) children suffering from malnutrition
h) farmers / peasants working in the fields
i) the people seeing this film / movie
j) the people living in the poorest countries of the world

108

a) The water coming / running from the tap was very hot.
b) Some of the suggestions made / submitted / put forward by him are quite reasonable.
c) After having / eating / enjoying / taking a light supper we went up to our room.
d) What would be a suitable souvenir to bring / take home from Scotland?
e) She won second prize in a playwriting competition run / organized by the BBC.
f) Neighbours should keep an eye on old people living alone.
g) The work (being) done by the committee is of great value to all of us.
h) We're looking for a woman wearing a green trouser suit.
i) We're looking for a woman dressed in a green trouser suit.
j) I was one of the last people to see him alive.
k) She didn't suffer – that's something to be grateful for.
l) The film showing / running / being shown at the Odeon cinema is said to be very good.
m) The police officer questioning / interrogating her about the accident was very polite.

n) The statistics contained in / given in / referred to in the book are completely out of date.
o) The children attending this school / going to this school are mostly from immigrant families.

109

a) Several officials have **admitted** taking bribes.
b) Police officers **attempted** to arrest him, but he resisted.
c) The candidate carefully **avoided** making any promises.
d) We are so glad we **chose** to stay here.
e) Police have **declined** to say who tipped them off.
f) The officer **demanded** to see her passport.
g) She **denied** ever taking a substance to enhance her performance.
h) The board **discussed** opening a branch in China.
i) I **dislike** looking at the same thing over and over again.
j) She **enjoys** looking after her two grandsons.
k) When you have **finished** writing your text, use the spellchecker to correct any spelling errors.
l) Even on the worst day at work I can't **imagine** doing anything else.

110

a) She **loathes** having to smile at rude customers.
b) I **managed** to convince them that I was completely harmless.
c) A witness **mentioned** seeing a white pickup at the scene of the robbery.
d) I don't **mind** being called old-fashioned.
e) She **neglected** to inform us of her new address.
f) The authors **omitted** to mention that they had received funding from the tobacco industry.
g) He **pretended** not to notice how upset she was.
h) They have **promised** to support the project financially.
i) I don't **recollect** ever seeing her since.
j) I **resent** being called an egoist.
k) He never **stopped** loving her, but he had **stopped** believing that they could be happy again.
l) During her walk round the town she occasionally **stopped** to talk to someone she knew.
m) He said the road was impassable and **suggested** going by boat.

111

a) He lacks the **ability** to motivate others.
b) She made no **attempt** to conceal her dislike.
c) He is in no **danger** of overworking himself.
d) I don't understand how he can take **delight** in torturing animals.
e) It's a **delight** to watch children grow.
f) She has a remarkable **determination** to succeed.
g) Our graduates have no **difficulty** (in) finding employment.
h) We have the **freedom** to believe whatever we want, but not the **freedom** to do whatever we want.
i) It's not my **habit** to offer advice unless it's asked for.
j) I'm not in the **habit** of offering advice unless it's asked for.
k) I don't have much **hope** of getting my money back.
l) He gave the **impression** of being rather bored.

112

a) Only one thing was left: the **instinct** to survive.
b) I have no **intention** of retiring / to retire.
c) She has just announced her **intention** to retire / of retiring at the end of the year.
d) He eventually made up his **mind** to accept the offer.
e) There would have been no **point** in continuing the conversation.
f) I'm afraid I'm not in a **position** to do anything about it.
g) We look forward to the **privilege** of working with you.
h) What are your **reasons** for wanting to change your job?
i) She had the **reputation** of being hard to please.
j) You have every **right** to express your opinion but you don't need to be insulting.
k) To combat the rumours, the company took the unusual **step** of calling a press conference.

113

a) She threatened to report him to the police.
b) Most people have an aversion to reporting others to the police.
c) The athlete refused to use illegal drugs.
d) The athlete resorted to using illegal drugs.
e) They admitted to killing the old man.
f) They attempted to kill the old man.
g) He devotes much of his time to raising money for research.
h) They have been tireless in their efforts to raise money for research.
i) Holding benefit concerts would be a wonderful way to raise money for research.

j) He objects to being called a liar.
k) Nobody likes to be called a liar.
l) I was looking forward to reading the book.
m) I tried to read the book, but became so bored that I couldn't go on.
n) When I finally got around to reading the book, I was disappointed.
o) I'm not used to being treated like this.
p) I used to be treated like royalty.
q) I don't deserve to be treated like this.
r) Americans are constantly searching for ways to slim down without changing their lifestyles.
s) The key to slimming down is changing your lifestyle.
t) The president said there was no alternative to waging war.
u) The president said the country had no alternative but to wage war.

114

a) He confessed his love to her.
b) She confided a secret to him.
c) She dedicated the book to her youngest daughter.
d) The cashier described the robber to the police.
e) I explained the rules to the children / kids.
f) Can you explain that to me?
g) She introduced me to her parents.
h) He never mentioned that to me.

115

a) She showed me the letter but not the photos.
b) She showed the letter to quite a few people.
c) She showed it to me.
d) She showed it to her lawyer / solicitor *BE* / *AE* attorney.
e) Who did she show the letter to? / (*Veraltet, sehr förmlich:*) To whom did she show the letter?
f) Who did she show it to? / (*Veraltet, sehr förmlich:*) To whom did she show it?
g) The letter was shown to the judge.
h) The judge was shown the letter but not the photos.
i) Why wasn't I sent a copy of the letter?
j) Who was the letter shown to?

116

a) May I ask you a few questions / a couple of questions?
b) I don't (be)grudge her the money in the least / at all.
c) I bet you 50 pounds / (*umgangssprachlich auch:*) 50 quid that I can do it quicker / more quickly.
d) He charged us 50 dollars / (*umgangssprachlich auch:*) 50 bucks for the tyre *BE* / *AE* tire.
e) This / That adventure almost cost him his life.
f) I don't envy him the job he has taken on.
g) Can you forgive me my cruelty?

117

a) She brought the books back three weeks later. / Three weeks later she brought the books back.
She brought them back.
She brought back the books but not the CDs. / She brought the books back but not the CDs.
b) Did you send off the application form / send the application form off? / Have you sent off ...?
Did you send it off? / Have you sent it off?
Did you send off / Have you sent off the application form and the other documents?
c) I'm determined to give up smoking / (*selten:*) to give smoking up.
I'm determined to give it up.
He gave up smoking and drinking and became an ascetic.
d) Did you turn / switch off the lamp? / Have you turned / switched off the lamp? / Did you turn / switch the lamp off? / Have you turned / switched the lamp off?
Did you turn / switch off all the lamps and electrical appliances? / Have you turned / switched off ...
Did you turn / switch everything off? / Have you turned / switched everything off? / Did you turn / switch off everything? / Have you turned / switched off everything?
e) If you lend him money, you'll never get it back.
I must try to get back the money I lent him. / I must try to get the money back that I lent him.
I must try to get it back.

118

a) I have always considered you my friend.
b) This was generally considered a bold move.
c) They unanimously elected her their leader.
d) Franklin Roosevelt was elected President of the United States four times.
e) In 1999 she was appointed United States Ambassador to New Zealand.
f) On 2 December 1804 / December 2, 1804, Napoleon crowned himself emperor of the French.
g) In 1941 the 4th of July was declared a legal holiday in the United States.
h) After defeating / After he (had) defeated Harold at the Battle of Hastings, William proclaimed himself king of England.

i) The president made her his closest foreign-policy adviser.

119

a) The United States has always been a country of immigrants.
b) About 30,000 years ago the first humans came from Asia to the Americas / to the Americas from Asia by way of the Bering Strait. / The first humans came from Asia to the Americas / to the Americas from Asia by way of the Bering Strait about 30,000 years ago.
c) The 56 people who signed the Declaration of Independence in 1776 were white, male, and of European descent.
d) During the following 200 years more than 50 million people migrated to the United States, the vast majority of them coming from Europe.
e) Since about 1970, however, the ethnic makeup of the new immigrants has been changing. / However, since about 1970 the ethnic makeup of the new immigrants has been changing.
f) Currently, the majority of immigrants entering the US are from Latin American and Asian countries.
g) America's cultural and ethnic diversity is unmatched anywhere in the world.
h) The country's multiculturalism is increasingly being reflected / is being increasingly reflected in school and college curriculums and in the composition of the political establishment.
i) The US takes in more immigrants than the rest of the world combined.
j) Today nearly ten per cent of Americans were born in another country.
k) There are hundreds of Spanish-language radio stations and newspapers in the United States. / In the United States there are hundreds of Spanish-language radio stations and newspapers.
l) About 13 per cent of Americans speak languages other than English at home.
m) More than 100 languages are spoken in the school systems of New York City, Chicago, and Los Angeles. / In the school systems of New York City, Chicago, and Los Angeles more than 100 languages are spoken.
n) Many Americans think that the number of legal and illegal immigrants settling in the country each year is too high.
o) "They take away our jobs, burden the welfare rolls, and increase the crime rate," complains a construction worker. / A construction worker complains, "They take away ... crime rate."
p) "We're importing millions of unskilled and low-skilled workers that we have no use for," worries an executive. / An executive worries, "We're importing ... use for."
q) An economist, however, says (that) the immigrants are good for the economy because they work hard and do work (that) Americans don't want to do.
r) A banker observes that immigrants have a better chance of becoming millionaires than native-born Americans.
s) A sociologist is convinced that immigrants enrich American culture by making it more diverse.
t) And statistics reveal that, since 1901, 30 per cent of America's Nobel Prize winners have been immigrants.

120

a) I often see him at / in the club.
b) I saw him at / in the club yesterday. / Yesterday I saw him at / in the club.
c) I saw only him at / in the club yesterday.
d) You can sometimes see strange people at / in the club. / At / In the club you can sometimes see strange people.
e) I (have) read the book.
f) I read it on my holiday.
g) I probably read it on my holiday.
h) I never read the paper when (I'm) on holiday.
i) I'm going to read this book on my holiday.
j) I've read the book. Now I'm going to see the film / movie.
k) Only my father knew the truth.
l) My father was the only one who knew the truth.
m) My father only knew / knew only what Jack had told him.
n) My father obviously knew nothing about it.
o) She protested her innocence.
p) During / In the interrogations she constantly protested / she kept protesting her innocence.
q) In vain did she protest her innocence. / In vain she protested her innocence. / She protested her innocence in vain. (→ GrLGr S. 400 f.)
r) You really could have done / You could really have done that for me.

121

a) Are you going to the theatre tonight / this evening?
b) In (the) winter we sometimes go to the theatre in the evening(s).

c) She doesn't go to the theatre very often. / She doesn't very often go ...
d) Couldn't we go to the theatre more often?
e) Why don't we go to the theatre more often?
f) Why don't we go to the theatre tonight / this evening?
g) Tonight / This evening we're going to the theatre.
h) In the evening(s) we sometimes go to the theatre in London.
i) In London we sometimes go to the theatre in the evening(s).
j) She asked why we didn't go to the theatre more often.
k) We can't go to the theatre as often as we'd like (to).
l) As a rule, theatre tickets are very expensive nowadays / these days.
m) From time to time, you / one can still see an excellent production here. / (*Oder:* from time to time *ans Satzende.*)
n) In January 1593 London's theatres had to close because (the) plague had broken out.

122

a) By the time we **arrived** at the station the last train was gone.
b) She **arrived** late for the appointment.
c) She was scheduled to **arrive** home on the morning of September 11, 2001.
d) A three-year-old **died** of / from heart failure brought on through obesity, it emerged today.
e) She **died** of cancer at the age of 87.
f) Her only son **died** by suicide in 2004
g) Macbeth learns that his wife has **died** by her own hand.
h) Each year thousands of people **die** from fire-related injuries.
i) Other people would **jump** at an offer like this.
j) As the band started to play, the crowd **jumped** to their feet and started dancing wildly.
k) Can you **jump** (over) that fence and not touch it?
l) They **lived** by selling vegetables from their garden.
m) He has never worked a day in his life and **lives** off his parents.
n) Astronomers say that the moon is **made** of green cheese.
o) Cheese and yoghurt are **made** from milk.

123

a) Welcome to London!
b) Welcome home!
c) The water smells of chlorine.
d) What do you mean by USP?
e) She loves me in spite of my faults.
f) He was wounded in the leg.
g) The First World War lasted from 1914 to 1918.
h) I have an account with Lloyds Bank.
i) When we arrived in London it was raining.
j) I don't envy him his job.
k) He had a job but was still living with his parents.
l) Half the world's population lives on less than two dollars per day.

124

a) Under torture people will **confess** to crimes they never committed.
b) We are a specialty shop and **deal** in things that are not always easy to find in the larger stores.
c) If we don't **deal** with this problem now, it will come back to haunt us.
d) Nobody **laughed** at the jokes about him more heartily than he did himself.
e) We **left** the dog with a neighbour when we went on holiday.
f) All efforts to prolong human life with animal organ transplants have **met** with failure.
g) She was rushed to hospital, where she was immediately **operated** on.
h) What if I have **paid** for the goods, but the seller doesn't send them?
i) A creative person can never be **replaced** by / with a computer.
j) The wounded man was **screaming** in / with pain.
k) This shop **specializes** in large sizes.
l) She **spends** most of her spare money on books.
m) The ice cream **tastes** of soap.

125

a) She was killed / She died in a car **accident**.
b) Can't we talk about something else for a **change**?
c) He sleeps by **day** and works by night.
d) Do you have a map to / at **hand**?
e) Most of the work is done by **hand**.
f) She played the sonata from **memory**.
g) We're a bit short of cash at the **moment**.
h) Where were you on the **morning** of September 11 / of the eleventh of September?
i) We couldn't sleep for the **noise**.
j) Lewis won the fight on **points**.
k) She had heard it on the **radio**.
l) He is under **suspicion** of murder.
m) "I love you," she said in a low **voice**.
n) Let's go for a **walk** in the park.

126

a) I wrote a cheque for $1500 but there was only $1450 in my **account**.
b) We offer our customers a discount of 10 per cent on **condition** that they pay within four weeks.
c) My parents' neighbours will not go out together for **fear** of being burgled if the house is empty.
d) He's become an old **hand** at speaking in public.
e) When she heard that her husband was alive, she wept for / with **joy**.
f) The children laughed with **joy** and excitement.
g) I had to skip my exercises for **lack** of time.
h) Everyone is in such a hurry in the **morning.**
i) He said that he did not know anyone by the **name** of Steve Holden.
j) She wrote a number of books under the **name** of Patricia Williams.
k) It may seem a good idea, but in my **opinion** it won't work in the present situation.

127

a) He bought a plot of land, built a nice house on it, and sold it at a handsome **profit**.
b) At the time of the collision, the train was going at a **speed** of about 130 kilometres an hour.
c) A 20-year-old man from Easington was arrested on **suspicion** of stealing a car.
d) If our train arrives on **time**, we'll be in **time** for dinner.
e) The highlight of our stay was our **tour** of the Lake District with David as / (*AE auch:*) for our guide.
f) Our room has a wonderful **view** of the mountains and the ocean.
g) These photos were taken during our **visit** to New Orleans in the summer of 2003.
h) There were some family photos on the **wall**, but I didn't recognize anyone in them.
i) For over 40 years, the Empire State Building was the tallest building in the **world**.

128

a) They are **clever** at getting around / round regulations.
b) As a full-time employee you will be **entitled** to a number of benefits, among them health insurance at a minimal cost.
c) Many people are **frightened** of expressing their opinions in public.
d) The book is particularly **good** on Shakespeare movies.
e) I am not very **good** at remembering phone numbers.
f) She is said to be seriously **ill** with pneumonia.
g) The dog is **jealous** of / toward(s) the baby.
h) Charles I was **married** to a Catholic and was sympathetic to that religion.
i) The region is **rich** in natural resources.
j) The cat is still **shy** of strangers and frightened of the dog.
k) They are fond of playing a game that is **similar** to soccer.
l) This reaction is **typical** of someone who's completely ignorant of the rest of the world.

129

a) The pilot had apparently lost control of the plane.
b) Contractions and ellipses are characteristic of the spoken language.
c) Quick-witted, wealthy, and beautiful, Portia embodies the virtues that are typical of Shakespeare's heroines.
d) Like all prosperous countries, Britain will always be attractive to immigrants.
e) We had to analyse an excerpt from a novel by Thomas Hardy.
f) This article is a perfect example of poor journalism.
g) Immigrants are often accused of taking jobs away from Americans.
h) It is argued that illegal immigrants live at the expense of the taxpayer.
i) Baby squirrels are rarely seen unless they are in need of help.

130

a) He came immediately / at once **after** I called.
b) She came **(even) though** she was ill / **although** she was ill.
c) The situation is getting worse **and** worse.
d) It's nice **and** cool in here.
e) Only little Tom was unhappy **as** / **since** he had no one to play with.
f) I wish I could write like her / **as** she does / (*umgangssprachlich:*) **like** she does.
g) **As** / **So far as** I know, the building no longer exists.
h) She looked **as if** she was sleeping / asleep / (*umgangssprachlich:*) like she was sleeping / asleep.
i) **As long as** they don't make too much noise, they're welcome to play here.
j) I'll tell him **as soon as** he comes / arrives.
k) It was **as if** / **as though** I had never been away.

131

a) She's unhappy **because** she's alone.
b) Do your homework **before** you go.
c) **By the time** we meet again, she'll have forgotten the whole thing.
d) **Even if** nothing comes of it – it was nice of you to think of me.
e) The lights / lamps are always on, **even when** no one is at home.
f) I doubt **if** / **whether** this problem can be solved.
g) Here's my phone number **in case** you change your mind.
h) **Now (that)** he's dead, he's hailed as a hero.
i) **Once** you've started it's hard to stop.
j) Come early **or else** you might not get a seat.
k) The event will be held in the open (air), **provided (that)** it doesn't rain.

132

a) A lot has changed **since** you were here last.
b) **Since** I didn't know his address, I couldn't write to him.
c) I didn't know his address, **so** I couldn't write to him.
d) He won't eat **unless** I feed him.
e) We can't wait **until** / **till** she comes.
f) She looked tired **when** I last saw her.
g) What do you do **when** (= *bei Gelegenheiten wo*) / **if** (= *falls*) it rains?
h) **If** we don't come / arrive in time / **If** we're not in time, we won't get anything to eat.
i) **Whenever** she comes to visit / see us, she brings presents for the children.
j) The burglars came **while** we were sleeping / asleep.

133

a) When they no longer needed him, they dropped him like a hot potato.
b) Among all those strangers I felt like a fish out of water.
c) Though she eats like a horse, she's as skinny as a stick.
d) He's a slimy little creep and I avoid him like the plague.
e) His men fought like devils and the enemy suffered terrible losses.
f) He was a long-legged guy and could run like greased lightning.
g) I can never remember names but my wife has a memory like an elephant.
h) His debts hung like a millstone around his neck.
i) The futuristic glass building on our block sticks out like a sore thumb.
j) He wants to go to Paris, she wants to go to Tenerife, so to Tenerife they go. He's like putty in her hands.
k) There are not enough trains, and passengers are packed like sardines during peak hours.
l) The virus spread like wildfire, damaging peoples' files and overloading e-mail systems.
m) The old duchess drinks like a fish, smokes like a chimney and swears like a trooper.
n) I worked like a dog during the day and slept like a log at night.

134

a) The news spread like wildfire.
b) The party dropped him like a hot potato.
c) I hate this kind of work like the plague.
d) You should have heard him when the machine broke down. He swore like a trooper.
e) He dashed off like greased lightning.
f) I feel like a fish out of water here.
g) In / With that dress you'll stick out like a sore thumb.
h) "How did you sleep?" – "Like a log."

135

a) Her hair is as **black** as ink.
b) "So what?" she said, **bold** as brass, and looked me straight in the face.
c) She's a beautiful woman, but **cold** as ice.
d) Everything was going wrong, I was flipping out, but she was **cool** as a cucumber.
e) It hadn't rained in months and the ground was **dry** as a bone.
f) The movie was as **dull** as dishwater.
g) Using the new software is as **easy** as 1-2-3.
h) Cycling in Holland is the easiest thing in the world because the country is as **flat** as a pancake.
i) Sue keeps her promises. Her word is as **good** as gold.
j) Most of the time she's very sweet and affectionate, but she can be as **hard** as nails when the going gets tough.
k) Normally he's arrogant, but in court he was as **meek** as a lamb.
l) Don't listen to what he says. He's as **nutty** as a fruitcake.
m) In this business you have to be as **sly** as a fox.
n) He was old, but still **strong** as a bull and **brave** as a lion.
o) He's as **thick** as two short planks and needs a teacher as **patient** as Job.

p) As she heard the news, her face turned **white** as a sheet and it looked like she was going to pass out.

136

a) He keeps blowing hot and cold. You never know where you are with him.
b) I don't think she's ill. When I saw her yesterday, she was alive and kicking.
c) If you think it's all my fault, you're barking up the wrong tree.
d) In Brazil, environmentalists have been murdered for blowing the whistle on illegal logging operations.
e) We've got enough to worry about without opening up that can of worms.
f) Michelle looked like a million dollars in her pink dress.
g) We'd just moved into a larger flat, so the rise was just what the doctor ordered.
h) What are you doing at the weekend? I suppose I'll be burning the midnight oil to prepare for Monday's exam.
i) When it looked like he was going to win, more and more people jumped on the bandwagon.
j) The authorities know about the problem but are dragging their feet on it.
k) You know the whole thing was your idea, so don't expect me to carry the can.

137

a) I'm at my wits' end.
b) You're a woman after my own heart.
c) You can say that again.
d) I love you from the bottom of my heart.
e) He has a finger in every pie.
f) She's on the go all day.
g) You mustn't put all your eggs in one basket.
h) That's old hat. / That's all (ancient) history now.
i) I have a memory like a sieve.
j) We shouldn't throw the baby out with / We shouldn't throw out the baby with the bath water.
k) You('ve) backed the wrong horse.
l) He knows the area like the back of his hand.
m) The whole thing left a bad taste in my mouth.

138

a) We've made our proposal / suggestion, the ball's in their court now.
b) Stop beating about the bush.
c) I couldn't believe my eyes.
d) The noise here drives / is driving me round the bend / drives / is driving me mad/crazy/nuts / drives / is driving me up the wall.
e) Can't we try to / try and kill two birds with one stone?
f) They killed him in cold blood.
g) For all I care, he can wait till the cows come home / till he's blue in the face.
h) The tickets are selling like hot cakes.
i) I call the shots around / round here.
j) There's something I have to get off my chest.
k) She was on cloud nine.
l) I think we're talking at cross purposes.
m) Make sure you don't jump / fall / get from the frying pan / out of the frying pan into the fire.

139

a) = b)
b) = g)
c) ≈ j)
d) = i)
e) = n)
f) = d) / ≈ c)
g) = k)
h) = f)
i) = e)
j) = s)
k) = k)
l) = m)
m) ≈ q)
n) = h)
o) = r)
p ≈ q)
q) = p)
r) = d) / ≈ c)
s) = l)
t) ≈ m)
u) ≈ a) / ≈ o)

140

a) the ongoing discussion
b) the current ['kʌrənt] situation
c) a solution to the current problems
d) current events
e) current women's fashions / the latest women's fashions
f) a book of topical interest
g) topical news (stories)
h) the article is still relevant ['reləvənt]

141

a) All citizens are equal before the law.
b) The trains run every ten minutes.

c) She's an angel and everybody loves her.
d) These fanatics are capable of anything.
e) You know I'd do anything for you.

142

a) I hope / Let's hope all goes well.
b) They all know about it.
c) I want all of you / you all to see the picture.
d) Not all politicians are like that.
e) All three novels are set in New York City.
f) I have a list of all the novels she has written.
g) Life here is anything but pleasant.
h) In this small / little town everyone / everybody knows everything about everyone / everybody.
i) Drink a glass of water every two hours.
j) Every customer counts.
k) Every third American is overweight.
l) Everyone / Everybody knew what (they had) to do.
m) Each of them / Every one of them knew what was at stake.
n) You can call me (at) any time.
o) Anyone / Anybody can say that.
p) We have spent all our money.
q) The whole town knew about it.
r) She's a completely different person when she's on stage / onstage / on the stage.
s) On the whole / By and large / All in all / All things considered our situation isn't (any) worse than (it was) last year.
t) The whole thing was a disaster.

143

a) You, too, / Even you will have to admit / concede that.
b) I also told him that we didn't have the money.
c) He speaks Spanish too / as well. / He also speaks Spanish.
d) She knows that too. / She, too, knows that.
e) She doesn't know that either.
f) That would be unwise / ill-advised and also dangerous / and dangerous too.
g) He can be both charming and cruel. / He can be charming as well as cruel.
h) I'm surprised. – So am I.
i) I'm not surprised. – Nor / Neither am I.
j) I've got an invitation. – Me, too. / So have I. / I have an invitation. – Me, too. / So do / have I.
k) I haven't got a clue. – Nor me. / Nor / Neither have I. / I haven't a clue. – Nor me. / Nor / Neither do / have I. / I don't have a clue. – Nor me. / Nor / Neither do I.
l) I would lend her the money. – So would the bank.
m) I wouldn't lend her (any) money. – Nor / Neither would I.
n) She became an actress, and so did her sister.
o) She didn't like it there, and neither / nor did her sister.

144

a) You generally pay rent at the beginning of the month.
b) There will be a written exam at the end of the course.
c) In the end, the hero prevails and the villain gets the punishment he deserves.
d) At the end of the novel the hero dies and the heroine enters a convent to become a nun.
e) He likes to read the children stories and rock them to sleep at the end of a long day.
f) At / In the beginning most people thought it was a just war; at / in the end they knew they had been duped.
g) At the beginning of the first chapter there is a brief outline of the book.
h) In the end the dictator died by his own hand with his "Thousand-Year Reich" in ruins around him.
i) At the beginning of the 20th century many people believed in war, empire and conquest.

145

a) I find both solutions unsatisfactory.
b) There's not much / There's no great difference between the two parties.
c) Both stories end tragically / have a tragic ending.
d) These names are both on the list. / Both (of) these names are on the list.
e) His sisters both became doctors. / Both of his sisters became doctors.
f) I miss them both so much. / I miss both of them so much.
g) Both of these drugs may produce undesirable side effects.
h) Such a partnership would benefit both of us / would benefit us both.
i) Such an arrangement wouldn't benefit either of us / would benefit neither of us.
j) We believe that neither parent / neither of the parents is able to care / is capable of caring for the child.
k) The two men disappeared on May (the) tenth / on the tenth of May, and neither of them has ever been seen again.

146

a) How long are you going to stay here / will you be staying here?
b) Why don't you stay for supper?
c) A lot of work remains to be done.
d) Whether this strategy will be successful remains to be seen.
e) Everyone / Everybody remained standing until / till the queen had taken her seat.
f) He remained her friend until / till he died in 1995.
g) Despite these / In spite of these disagreements / differences (of opinion) we have always remained / stayed friends.
h) I had difficulty staying / keeping awake.
i) In such a situation it's important to stay / remain / keep calm and act rationally.
j) To keep in shape / To stay in form you have to practise daily.
k) For a while we kept / stayed in touch with each other / with one another.
l) The shop *BE* / *AE* store is closed on Sundays and (public / national) holidays.
m) Many murders go undetected.
n) Many questions remained unanswered / were left unanswered.
o) Our efforts didn't go unnoticed.
p) It's always wise to stick to the truth.
q) Use as few words as possible, avoid long sentences, and stick to the point.

147

a) A holiday abroad needn't cost / doesn't have to cost / doesn't need to cost the earth.
b) Your employer doesn't need to know / There's no need for your employer to know what (kind of) illness you had.
c) It doesn't have / need to be done / It needn't be done immediately / at once.
d) She did it of her own accord; she didn't have to be reminded (of it) / she didn't need reminding (of it).
e) You only have / need to say so / You need only say so, and I'll do it.
f) You needn't have worried.
g) Do you still need help?
h) I think we're going to need some more chairs.
i) How long will it take you? / How long is it going to take you? / How long are you going to take / need?
j) How long will it take us / is it going to take us to repay the loan? / How long will we take / are we going to take to repay the loan?
k) As a rule I only take / need 20 minutes to get ready.
l) The jurors took 13 hours / It took the jurors 13 hours to reach this verdict.
m) We're both tired and could do with a holiday.

148

a) Bring me a bottle of wine from the cellar, will you?
b) Last summer brought us a lot of rain.
c) The new law has brought us nothing but trouble.
d) I couldn't bring myself to kill the animal.
e) Take these things to the cleaners, will you?
f) After taking the dishes to the kitchen, they made themselves comfortable in front of the TV / they settled down to watch TV.
g) Have my things / bags taken / brought up to my room, please / will you.
h) I think we'll have to have her taken to hospital *BE* / *AE* to the hospital.
i) He was taken to the police station.
j) Can / May I see / take you home?
k) Granny / Grandma is putting the children / kids to bed.
l) Don't put any foolish ideas into his head.
m) We deliver the goods to your home.
n) My work involves a lot of / a great deal of travelling.
o) She has made a lot of sacrifices to achieve this.
p) We must get our customers to pay more promptly.
q) I tried to make him laugh / to get him to laugh / to get him laughing, but I didn't succeed.

149

a) The editor didn't give any reason(s) for rejecting my article.
b) A lack of self-esteem is one of the causes of corruption.
c) She refused to go into the reasons for her decision.
d) The causes of the First World War are not easy to explain.
e) Research has given us new insights into the cause(s) of migraine.
f) There is not a single good reason for the average citizen to own a gun.
g) Carpets are a possible cause of air pollution in the home.
h) I'm not making an excuse for what she did but I am only offering a possible reason for her actions.

i) One of the reasons for the delay was that documents could only be officially released when ready in all six official languages.
j) Harriet Beecher Stowe's novel *Uncle Tom's Cabin* has often been cited as one of the causes of the American Civil War.

150

a) His sentences often consist of / contain only one word.
b) How many states constitute / make up the United States of America?
c) Much of the universe is composed of / made up of matter we can't see.
d) My job involves spending a lot of time on the telephone.
e) The anthology includes an audio CD containing examples of many of the songs and speeches.
f) The committee currently consists of / comprises / includes the following members.
g) The country's ethnic minorities constitute about eight per cent of its total population.
h) Courage consists in being afraid but going on all the same.
i) Women make up / comprise / constitute 50 per cent of the total workforce but only 23 per cent of the scientists and engineers.
j) Government make-work schemes consist in / involve spending without producing or investing.
k) The excerpt comprises / contains a dialogue between the two men about the pros and cons of immigration.

151

a) Are we allowed to use / May / Can we use our dictionaries?
b) You are not allowed / permitted to use your mobile (phone) / cell phone during the exam(ination).
c) You mustn't believe everything I say.
d) Smoking is not permitted on the trains.
e) May / Can I ask you a favour?
f) May / Can I / Am I allowed to go in(to) the water?
g) The dog isn't allowed on the sofa.
h) We mustn't miss the last bus.
i) In this country you aren't allowed to own a gun just like that.
j) You may not park / You're not allowed to park your vehicle on the lawn.
k) Texts and illustrations may not be used without permission.
l) When you lie to people like that, you shouldn't be surprised if nobody ever believes you again.
m) Even his wife was not allowed to visit him. / Not even his wife was allowed to visit him.
n) She hopes to be allowed to visit him tomorrow.
o) I wanted to say something, comfort / console her, but I knew (that) I mustn't.
p) The boy would have liked to stay / to have stayed longer but he wasn't allowed to.
q) Will we be allowed / Are we going to be allowed to use the large hall?
r) This should be easy to prove.
s) We should never have lost this / that game.

152

a) Complete / Finish your studies first.
b) I'll have to discuss that with my wife first.
c) Yes, I'm coming / Yes, I'll come, but I('ll) have to make / get breakfast for the children first.
d) First of all, many thanks for your detailed response / reply / answer.
e) First of all, you must think of / consider your family. / You must think of / consider your family first.
f) I saw him only yesterday.
g) She has only just arrived.
h) I learnt / learned about it only this morning.
i) Thank God it's only six o'clock so we still have time.
j) The official opening is not / isn't until / till tomorrow.
k) We're not moving out until / till we've found something new.
l) It wasn't until / till I got home that the pain set in again.

153

a) He was betrayed by a false friend.
b) I can't believe that he wilfully gave false testimony.
c) Raising taxes would be the wrong policy.
d) Sorry, that's the wrong answer.
e) The robber was probably wearing a false beard.
f) Yellow would be the wrong colour for you.

154

a) She (*wenn sie noch lebt:*) has spent / (*wenn sie nicht mehr lebt:*) spent her whole life here. / She (has) lived here all her life.
b) He (has) put all his energy into this book.
c) There isn't another shop like it / that in the whole of England.

d) The entire / whole workforce was sacked / made redundant / fired.
e) He had put all his money into that project / venture.
f) What are you going to do with all that junk?
g) On the whole / By and large I'm happy / comfortable with the way I look.
h) How do you like the novel as a whole?
i) I'm afraid you'll have to start right from the beginning again.
j) You're quite right.
k) That's quite a good idea actually.
l) I've learnt / learned quite a lot here.
m) I quite agree with you.
n) It wasn't quite what we had expected.
o) The fields are still all / completely covered with / in snow.
p) The children were all ears.
q) Since no one would help her she did it all by herself.
r) That was a really bad mistake / a terrible blunder.
s) Have you forgotten me completely?
t) I wasn't in the least surprised.
u) I'm particularly fond of this picture here.

155

a) A big boy like you shouldn't be crying about things like that.
b) A large / big crowd had gathered outside the presidential palace.
c) A poplar can grow extremely tall in the right conditions.
d) At 1,468 feet, the Sears Tower in Chicago was once the tallest building in the world.
e) Berlin is Germany's largest city.
f) Her family were high up in society and her father was someone big in the government.
g) He's over six feet tall now.
h) His mother is a tall thin woman.
i) I'm not a great lover of green cabbage.
j) In the doorway he almost collided with a young man wearing a yellow sports jacket, who seemed to be in a great hurry.
k) It was a great / big mistake to trust him.
l) Prussia's Frederick II is generally regarded as a great king.
m) Saudi Arabia has the world's largest / biggest oil reserves.
n) She has great influence with the president.
o) Thank you for the invitation. I accept it with great pleasure.
p) The big bosses of our nation's labor unions just don't get it.
q) The lamp is too big / large for such a small room.
r) The market is controlled by a few large / big companies.
s) There has been a big / great increase in the demand for glass
t) Unemployment is one of the big issues of the campaign.
u) You have done me a great service.

156

a) Isn't it tragic when a comic actor fails to be comic(al)?
b) "My soul is bleeding," she said in a comically serious voice.
c) The audience found the scene extremely comic(al).
d) Living on a small pension they have to be very economical.
e) Only a company that's economically successful can afford to invest money in ecological projects.
f) The dire economic situation forces us to be extremely economical with our money.
g) Doctors are sometimes economical with the truth when telling patients about their medical condition.
h) In 510 BC, the city-state of Athens created the first democratic government.
i) In a democracy the people are governed by democratically elected leaders.
j) Although the setting of the novel is historical and some of the characters are, almost none of the events have any historical basis.
k) If a building is historically significant, it cannot be demolished.
l) It doesn't really matter whether Odysseus was a historical or merely a mythical character.
m) Winston Churchill used the term "iron curtain" in a historic speech at Fulton College, Missouri, in 1946.
n) Isn't it ironic (*selten:* ironical) that those who want to help can't and those who can help don't?
o) The opening sentence of Jane Austen's novel *Pride and Prejudice* is wonderfully ironic / ironical.
p) Many people misunderstood that statement because they didn't realize that it was meant ironically.
q) Political problems should be solved politically, not by force.
r) It is neither polite nor politic to get into other people's quarrels.

s) Details of the plan have not been publicly announced, so we are unable to discuss them.
t) Major national issues should be open to public discussion.
u) The reports about child labour in sweatshops led to a public outcry.
v) More than four centuries after her execution, the romantic reign and tragic fate of Mary Queen of Scots still fascinates people.

157

a) I have no money. / I don't have any money. / I haven't (got) any money.
b) To stay in / at a hotel you need money, and we didn't have any / and we had none.
c) She doesn't have / She hasn't got a / She has no mobile (phone) / cell phone.
d) She didn't say a word, just sat there smiling.
e) You mustn't be afraid.
f) I have absolutely no idea what to give him.
g) No one / Nobody else knew about it.
h) We no longer have any hope. / We have no hope left.
i) No mother would have let her child suffer like that.
j) No one knows what exactly happened on that day.
k) Xenophobia / Hatred of foreigners isn't much of a problem here.
l) No one / Nobody wanted to take the responsibility.
m) No one / Nobody knows what she meant by that / what she intended.
n) None of them wanted to take the responsibility.
o) None of us had an answer to this / that question.
p) Neither (of them / of the two) wanted to take (on) the responsibility.
q) Neither of the two proposals / Neither proposal is acceptable.
r) I didn't like any / I liked none of the houses we saw.
s) She didn't marry either of them. / She married neither of them.

158

a) Can / Could you play something by Brahms?
b) She doesn't speak (any) English.
c) She can't do it on her own any more.
d) They were able to / They managed to win both games / matches.
e) We couldn't find / were unable to find a suitable candidate.
f) I have never been able to understand that decision.
g) You won't be able to sell it at / for that / this price.
h) I'll probably be unable / I probably won't be able to come.
i) It was nice being able to / to be able to unwind a bit.
j) I couldn't have expressed / put / said it better.
k) What(ever) made you marry him? / How (on earth) could you marry him? / How (on earth) were you able to marry him? / How were you ever able to marry him? I have never been able to stand him.
l) I could have sworn that it was her.

159

a) Can / May I please use your phone? / Can / May I use your phone, please?
b) Why can't she marry / Why may she not marry a divorced man?
c) You can / (*förmlich:*) may take my car.
d) You can't park here.
e) You can / may take only one piece of luggage / baggage on board.
f) You may be right (there).
g) You might / could be right (there).
h) I thought the pills / tablets might / could help.
i) The train may / can be late.
j) It's quite possible that the train was late.
k) The train may have been late.
l) The train might have been late.
m) She might have missed the train.
n) She set out / set off so early; she can't have missed the train.

160

a) Let me think.
b) They let me stay / allowed me to stay with them / stay at their place.
c) The police had to let him go.
d) Let me go.
e) Let me carry / (*förmlich:*) Allow me to carry the bag (for you).
f) Let me have a go. / Let me do it.
g) He never lets me finish (speaking) / allows me to finish (speaking).
h) I wanted to go, but my parents didn't / wouldn't let me.
i) We let ourselves be / allowed ourselves to be persuaded to stay another night.
j) She didn't want to have her photo / picture taken. / She wouldn't let herself be / wouldn't allow herself to be photographed.

k) You can let the potatoes boil for another five minutes.
l) Don't let him pester you too much.
m) I'd / I would let him stew in his own juice.

161

a) To be on the safe side, she left some lights on.
b) Why did you leave the door open?
c) Leave me alone!
d) You can't leave the dog alone / leave the dog on its / his / her own in the house all day.
e) It isn't going to rain. / It's not going to rain. / It won't rain. You can leave your umbrella at home.
f) Oh my goodness! I left my umbrella on the bus.
g) You / One shouldn't leave the engine running unnecessarily. / The engine shouldn't be left running unnecessarily.
h) You can't leave him in the lurch now.
i) To be quite honest, the film / movie left me completely cold.

162

a) I have my eyes checked regularly.
b) Many men, too, have their faces lifted.
c) The dictator had the conspirators executed.
d) The king had several sumptuous palaces built (for himself).
e) We had our breakfast brought to our room.
f) She had the tooth pulled / extracted [ɪk'stræktɪd]. / She had the tooth (taken) out.
g) You can have a pizza delivered to your home (at) any time.
h) We can't afford to have the house completely renovated / refurbished.
i) We must have the roof mended / repaired / fixed.
j) You shouldn't have your hair cut so short.
k) She likes to have / enjoys having her picture / photo taken.
l) She had the students write an essay on this topic.
m) She had the culprits come to her office.

163

a) She made the boy tidy up / clean up his room.
b) He made the prisoners do push-ups until they were exhausted.
c) Cruel bosses made their slaves work until they dropped dead.
d) They made me feel that I was welcome. / I was made to feel that I was welcome.
e) They were made to stand for hours in the freezing cold.

164

a) You can't stop brooding, can you? / You're unable to stop brooding, aren't you?
b) Stop your stupid babbling, I'm trying to think.
c) Stop making these stupid / silly remarks.
d) She just can't stop / She's simply unable to stop smoking.
e) Will you stop that!
f) Can't you stop quarrelling / arguing?
g) For goodness' sake, stop that nonsense.
h) He just can't stop nagging.

165

a) You can take your time.
b) It can't be helped.
c) The file can't / cannot be opened.
d) We had to send for the doctor.
e) She kept me waiting (for) over an hour.
f) But you've got to / you have to hand it to her, she never gives up.
g) Ken's parents are getting a divorce / are getting divorced / are going to divorce.
h) She wants to divorce me.
i) My wife doesn't want me to grow a beard.
j) She dropped an expensive vase only yesterday.
k) He's got to have / He has to have an operation on his knee.
l) He wasn't in the least impressed by that.

166

a) You're getting tired. Shall I make some coffee?
b) Have you done / Did you do your homework?
c) There is nothing more to be done, he's dead.
d) What are you doing (there)?
e) How's your work going?
f) How's your dog (doing)?
g) To cut a long story short, they didn't take me.
h) Anger can make you ill.
i) The noise is driving / drives me mad / crazy.
j) She has made it her duty to help the homeless.
k) I have made it a rule to do unpleasant things at once.
l) I've made an interesting discovery.
m) Churchill made history and wrote about it.

167

a) You'd better take / make some notes.
b) Did you make / do the beds? / Have you made / done the beds?
c) Did you do / Have you done the bathroom too?
d) I must have / I've got to have my hair done.
e) You should have the roof seen to.

f) I don't know what to do.
g) Get a move on!
h) They've turned the old factory into a shopping centre.
i) He made her his assistant.
j) That's / That makes 63 euros altogether.
k) He made off with the money.
l) This cheese is made from goat's milk.
m) She tried in vain to make herself understood. / In vain did she try to make herself understood.

168

a) One / You can't be too careful.
b) One never knows. / You never know. / One/You never can tell. / One/You can never tell.
c) They say Shakespeare invented something like 3,000 words.
d) I suppose / guess we'll never know the truth. / We'll probably never know the truth.
e) People used to believe that (the) Earth was the centre of the universe.
f) People are wearing hats again. / Hats are being worn again.
g) Life is meant to be enjoyed.
h) I was told the machine was out of order.
i) That sort of thing isn't done / is just not done. / People/You just don't do things like that / that sort of thing.

169

a) You must do what your conscience tells you.
b) Why must you always be / do you always have to be so pessimistic?
c) You mustn't always be so pessimistic.
d) I had to do it.
e) He had to be operated on immediately / straight away / at once.
f) We must all do our duty. / We all have to do our duty. /
g) There's no direct train to London; you have to change at Crewe.
h) You can attend the service, but you don't have to.
i) I'm afraid I'll have to go now.
j) She'll have to stay / remain in hospital *BE* / *AE* in the hospital for at least another week.
k) I've had to make many / a lot of sacrifices in my life.
l) She must have suffered a lot.
m) I have to be at the office by 8 am tomorrow because we're getting furniture delivered.
n) I have to go to the doctor tomorrow morning.
o) You must go / You've got to go to the doctor, Clare.
p) It must have been raining / have rained hard / heavily.
q) She really should have known that. / She ought to have known that.
r) Our politicians are having to make decisions that / which are highly unpopular.
s) Oil prices are rising and we are having to spend more money on petrol / gas(oline).

170

a) She became a victim of her own greed.
b) The civil war has already claimed thousands of victims.
c) Many intellectuals fell victim to the Stalinist purges.
d) The king wanted to offer a sacrifice to the gods.
e) When times are tough / hard, everyone has to make sacrifices.
f) The open-air concert [ˈkɒnsət] was called off because of the rain.

171

a) People just want to be entertained.
b) Most people need more love than they deserve.
c) Most of the people who live here built their houses themselves.
d) If people continue to cut down the bamboo forests, giant pandas will die out.
e) The people must decide who they want to be governed by.
f) People must decide themselves how they want to work and live.
g) The peoples of the Middle East urgently need peace and stability.
h) (The) People in the Middle East long for peace and stability.
i) (The) Americans regard themselves as a people who love peace and freedom.
j) Among many other important works Churchill also wrote a "History of the English-speaking Peoples".

172

a) He said that he loved her.
b) He told her that he loved her.
c) "You are like me," she said to him.
d) She told him that he was like her.
e) He said he'd been to Japan.
f) He told me that he'd been to Japan [dʒəˈpæn].
g) Why didn't you tell her that you'd lost it?
h) Did she actually say that?

i) That's not what she told me when I last saw her.
j) He said something that I didn't understand.
k) He said something to me but I didn't take much notice.
l) He told me something that sounded rather confused.
m) Tell me who your friends are and I will tell you who you are.

173

a) She said (that) she had just arrived.
b) She told him that she had just arrived.
c) She said that to annoy / irritate him.
d) She said the same (thing) as you (did). / She said the same thing that you did.
e) She was telling / She told the truth.
f) One / You should always tell the truth.
g) That's easier / more easily said than done.
h) That's what I told her (too).
i) What exactly did you tell her / say to her?
j) She told herself that she, too, had a right to make mistakes.
k) She told him to be careful with the glasses.

174

a) Is the taxi here yet?
b) What? The taxi's already here?
c) She('s) already told me.
d) Has she left yet?
e) Aren't we paying enough taxes already / as it is?
f) The police have already arrested one suspect.
g) Are you being served / attended to?
h) She's been dead a long time.
i) He's only 25 and has already written his autobiography.
j) That's something I've wanted / I've been wanting to do for a long time.
k) Have you known him long?
l) I was going to tell her but she already knew.
m) Have you met my husband (yet)?
n) We're an odd couple / pair, aren't we?
o) This car has (already) caused me a lot of trouble.
p) I'm already looking forward to the weekend.
q) The offensive has already started.
r) How long have you been teaching at this school?
s) She could read and write when she was only four.
t) Is it (already) time for you to go? / Do you have to go just yet?

175

a) There might still be a chance but I doubt it very much.
b) The outcome of the election is still very much / (*seltener:*) much in doubt.
c) It's very doubtful that the moon has any direct effect on the weather at all.
d) The speech didn't impress me much / very much.
e) We were very / much / very much impressed by his speech.
f) It wasn't a very impressive speech.
g) His arrogant behaviour annoyed me very much.
h) He has some very annoying habits.
i) At times I am very / much / very much annoyed by his behaviour.
j) When the doctor told us that it was not cancer, we were very / much / very much relieved.
k) The project interested me very much, so I wrote to the company to find out more.
l) Politics never interested me much / very much as a youngster.
m) I was very / (*seltener:*) very much interested to read that curry could help protect the brain against Alzheimer's disease.
n) The article about the beneficial effects of curry is very interesting.
o) She was very / (*seltener:*) very much / much upset by rumours that her father might be involved in the scandal.
p) It was very upsetting for her to realize that he simply wasn't up to the job.
q) Fifty years ago a woman would have been very / much / very much offended by this kind of behaviour.
r) Her silence offended me very much.

176

a) She loves herself and no one / nobody else.
b) They love each other / one another.
c) They embraced and kissed passionately.
d) I hope / Let's hope he didn't kill / hasn't killed himself.
e) They hid in a deserted house.
f) She should be / ought to be ashamed of herself.
g) He wasn't ashamed of his tears.
h) One shouldn't take oneself too seriously.
i) He took all the blame on himself.
j) She slammed the door behind her.
k) She didn't have her passport with / on her.
l) The two know each other / one another from school.
m) They haven't seen each other / one another for years.

n) It would be a mistake to specialize too early.
o) A lot of / Many people wash their hair too often.
p) Most people think only of themselves / think of themselves only.

177

a) The operation saved him from certain death.
b) She seems to be fairly sure of what she is doing.
c) The police don't seem to know anything certain.
d) After this win / victory they can be sure / certain of at least second place.
e) Nothing is certain except death and taxes.
f) Shares are never a safe / secure investment.
g) People no longer feel safe in their own homes.
h) In Canada he would be safe from his pursuers.
i) I consider myself a reasonably ['ri:znəbli] / fairly safe driver.

178

a) Which one shall I buy?
b) Shall I try again?
c) Do you want me to wait?
d) She told us to bring / She said we should bring our guitars next time.
e) I don't know how to do it.
f) The film is meant to be thought-provoking.
g) What is meant to happen will happen.
h) The programme is intended / meant / supposed to bring down unemployment.
i) We have to / We are (supposed) to put in the missing words.
j) Thou shalt not / You shall not / You must not / Don't commit adultery.
k) Comedies are supposed to be funny(, aren't they?).
l) What's that supposed to mean?
m) The ancestors of the native Americans are supposed / said to have come from Asia.
n) The water from this / that spring is said to have healing powers.
o) It was a book he was never to finish.
p) This discovery was to change the world.
q) Our happiness was not to last.

179

a) He is a likeable / pleasant / an amiable man but not very competent / capable.
b) I simply don't like him.
c) I disliked him from the start.
d) That's the solution I'd like best.
e) We liked each other / one another at once / right away / immediately. / We took to each other …
f) He's one of the most likeable / amiable people I've ever come across.
g) What an unpleasant face he has!
h) The hotel has a pleasant atmosphere.

180

a) He'll probably retire / He's probably going to retire at the end of the year.
b) We will look / go into the matter and take any necessary steps.
c) She is going to leave / will be leaving the company / firm in May.
d) I think I'm going to be sick.
e) The play is not performed very often today.
f) The station is (just) being thoroughly modernized.
g) He easily gets tired / gets tired easily.
h) She is blind in one eye and is slowly going deaf too.
i) I thought I was going crazy / mad.
j) We don't want the meat to go bad, do we?
k) Her face had turned ashen.
l) The dream has turned into a nightmare.
m) Everything must change / will have to change.
n) She wants to be / become a pianist.
o) He has just turned 60 / sixty.
p) She will be 60 / sixty on May 10(th) / on 10(th) May.
q) It's high time (that) something was done about it.
r) I'm getting cold and it's getting dark – let's go home.
s) What has become of our moral principles?
t) Nothing much will ever become of him. / He'll never amount to anything / to much.
u) Who knows what will come of it?

181

a) They want a better future.
b) What do you want from / of me?
c) She wants to be a doctor.
d) Do you really want to go home?
e) Do you really want me to go home?
f) I'd rather lose than win by cheating.
g) I'd prefer to stay at home.
h) They refused to accept my cheque and demanded cash.
i) He insists on doing everything himself.
j) He knows more about it than he cares to admit.
k) I didn't mean to hurt you.
l) What do you mean to say by that?
m) What were you going to say?
n) I was going to tell her (about it) but then didn't.

o) I was about to call you / phone you / ring you (up).
p) She simply won't give in.
q) I told her again and again but she just wouldn't listen.
r) Shall we have another try? / Do you want us to try once more / again?

182

a) at his cost [kɒst] / expense [ɪk'spens]
b) homemade jam / problems ['prɒbləmz]
c) humane [hju'meɪn] treatment of prisoners
d) an excerpt ['eksɜ:pt] / extract ['ekstrækt] from a novel by Martin Amis ['eɪmɪs]
e) a rhetorical [rɪ'tɒrɪkl] question
f) a sensitive ['sensətɪv] person
g) a reputable ['repjʊtəbl] company / firm
h) a serious proposal [prə'pəʊzl]
i) the latest model ['mɒdl]
j) go into politics ['pɒlətɪks]
k) the German government's immigration [ɪmɪ'greɪʃn] policy ['pɒləsi]
l) visit / call on / go to see a sick person
m) attend [ə'tend] a service
n) cross the border illegally [ɪ'li:gəli]
o) not enough room for so many immigrants ['ɪmɪgrənts]
p) Jack, by contrast ['kɒntrɑ:st], says [sez]
q) the pros [prəʊz] and cons of immigration
r) arguments ['ɑ:gjumənts] in favour ['feɪvə] of immigration
s) economically [i:kə'nɒmɪkli] strong countries such as Germany
t) the method ['meθəd] has several advantages [əd'vɑ:ntɪdʒɪz]
u) he thinks that ... / he believes that ... / he takes the view [vju:] that ... / he is of the opinion [ə'pɪnjən] that ...
v) immigrants, especially / particularly [pə'tɪkjʊləli] illegal [ɪ'li:gl] / undocumented [ʌn'dɒkjuməntɪd] ones, do work / jobs ...
w) nearly half of them came ...
x) places in the text where the narrator [nə'reɪtə] explains [ɪk'spleɪnz] something

183

a) This solution has cost us virtually nothing.
b) I asked him and he said he put the money back in the bag after he counted it.
c) She shut her website down nearly a year ago.
d) I lent him the money even though I was pretty sure I wouldn't get it back.
e) My boss read the letter only this morning.
f) They won six games and lost seven last season.
g) A Moldavian proverb says that your life has been worth living if you (have) built a house, brought up a son, planted a tree and dug a well.
h) The last man hanged in Australia went to the gallows in Melbourne in February 1967.
i) As he looked around, something caught his eye. A large oil painting hung on the wall – a seascape on which the moon cast its silver rays.
j) The cuckoo is often heard but seldom seen.
k) Many animals are thought to have been caught alive and smuggled out of the country for sale to private zoos and collectors.
l) In 1917, the average Russian woman had borne six children; by 1991, that number had fallen to two.
m) William Shakespeare was born in 1564 and died in 1616.
n) 85 per cent of all youths in prison grew up without a father.
o) I'm dead tired right now because I went to sleep at around two o'clock this morning and woke up at six.

184

a) She has sworn revenge on him.
b) She had only worn the dress once or twice. / She had worn the dress only once or twice.
c) He had come for a specific reason.
d) Many women have swum the English Channel.
e) He has run the London Marathon five times.
f) This is the best wine I have ever drunk.
g) He was bitten by a stray dog while jogging.
h) She has written several historical novels.
i) Who has eaten my chocolate?
j) You might / could easily have broken your neck.
k) I have never felt better than now.
l) The firm / company has gone bankrupt / bust.
m) He (has) fought on many fronts.
n) The two pilots were taken prisoner.

185

"Give it to me straight, doctor," asked the patient, "am I going to make it?"
"I think you'll pull through," said the doctor, "but let's face it, your condition is extremely critical."
"Please(,) doctor," begged the patient, "do everything you can for me. And if I get well, I'll donate fifty thousand dollars to the fund for your new hospital."
Months later the doctor met his former patient on the street.

"How are you?" he asked.
"I'm feeling great," the man replied cheerfully.
"I've been meaning to speak to you," continued the doctor, "about the money for the new hospital."
"What are you talking about?" asked the man, frowning.
"You said that if you got well," the doctor reminded him, "you would contribute fifty thousand dollars."
"I said that?" the former patient exclaimed. "Now you can see how ill I was!"

186

Knowing that it was unethical(,) but feeling that it was a case in which the end justified the means, the defence lawyer bribed a stubborn-looking, stolid, unsophisticated juror to hold out for life imprisonment. It seemed that this was the only way to save his client from the death penalty.
The jury finally went out and was out for many hours. At last, late on the second day, the jury filed in and brought in a verdict of guilty(,) with a recommendation that the prisoner be sentenced to life imprisonment.
As the lawyer was paying his man, he asked, "You had a difficult time of it, didn't you? I'm sure glad you succeeded in swinging the jury your way."
"Yes," was the answer. "It was pretty tough. They were all for acquittal at first, but I finally convinced them."

Die Zahl bezeichnet jeweils die Seite, auf der die Behandlung des betreffenden Themas beginnt.

Q

R

S

Y

Z